行·业·会·计·财·税·丛·书

行政事业单位
全流程财税处理

（会计核算＋政策解析＋账务处理）

会计真账实操训练营◎编著

中国铁道出版社有限公司

CHINA RAILWAY PUBLISHING HOUSE CO., LTD.

北 京

图书在版编目（CIP）数据

行政事业单位全流程财税处理:会计核算＋政策解析＋
账务处理/会计真账实操训练营编著.—北京:中国铁道
出版社有限公司,2024.6
（行业会计财税丛书）
ISBN 978-7-113-31088-2

Ⅰ.①行… Ⅱ.①会… Ⅲ.①行政事业单位-税收管理-中国
Ⅳ.①F812.42

中国国家版本馆 CIP 数据核字（2024）第 052063 号

书　　名：**行政事业单位全流程财税处理**（会计核算＋政策解析＋账务处理）
XINGZHENG SHIYE DANWEI QUAN LIUCHENG CAISHUI CHULI (KUAIJI
HESUAN＋ZHENGCE JIEXI＋ZHANGWU CHULI)

作　　者：会计真账实操训练营

责任编辑：王淑艳　　　编辑部电话：(010)51873022　　　电子邮箱：554890432@qq.com
封面设计：末末美书
责任校对：安海燕
责任印制：赵星辰

出版发行：中国铁道出版社有限公司（100054，北京市西城区右安门西街 8 号）
网　　址：http://www.tdpress.com
印　　刷：河北宝昌佳彩印刷有限公司
版　　次：2024 年 6 月第 1 版　2024 年 6 月第 1 次印刷
开　　本：710 mm×1 000 mm 1/16　印张：22　字数：360 千
书　　号：ISBN 978-7-113-31088-2
定　　价：88.00 元

前　言

　　行政事业单位会计核算与业务处理以《政府会计准则》《政府会计制度——行政事业单位会计科目和报表》为依据。《政府会计准则》包括《政府会计准则——基本准则》《政府会计准则第 1 号——存货》《政府会计准则第 2 号——投资》《政府会计准则第 3 号——固定资产》《政府会计准则第 4 号——无形资产》《政府会计准则第 5 号——公共基础设施》《政府会计准则第 6 号——政府储备物资》《政府会计准则第 7 号——会计调整》《政府会计准则第 8 号——负债》等。本书依据以上准则、制度编写，全流程介绍预算会计科目与财务会计科目的具体应用及主要业务和事项的账务处理。

　　自 2019 年至今，财政部陆续印发政府会计准则、制度的通知，涉及行政事业单位相关会计核算规定、制度实施等内容，本书也将这部分内容编入行政事业单位会计核算与业务处理案例中。

　　章节介绍

　　本书共分 9 章：第 1 章介绍政府会计准则、制度制定，以及会计做账流程；第 2 章介绍资产类科目的设置与应用；第 3 章介绍负债类科目的设置与应用；第 4 章介绍净资产类科目的设置与应用；第 5 章介绍收入类科目的设置与应用；第 6 章介绍费用类科目的设置与应用；第 7 章介绍预算会计科目的设置与应用；第 8 章介绍决算报表的编制方法；第 9 章介绍财务报告的编制。

　　编写特色

　　◆ 突出流程。根据行政事业单位业务流程编写，详解财务会计与预算会计平行登记的处理；系统介绍了政府会计记账原理、政府会计的科目使用规则、常见经济业务与事项的会计分录编写，以及政府会计报表的编制实务等内容。

　　◆ 实操性强。将《政府会计准则》《政府会计制度》及相关内容编入书中，针对具体业务进行账务处理，使读者能正确掌握预算会计与财务会计的内容。

◆图文并茂。本书尽量用图、表的形式呈现，适合零基础的读者，实现从"0"到"1"的飞跃。

行政事业单位的会计人员，应尽量掌握以上准则、制度，提高专业知识与业务技能，做好财务核算分析与预算工作。

虽然我们力求完美，但由于时间有限，编写过程中难免存在不足与遗憾，希望广大读者多提宝贵意见。电子邮箱 wcj19761010@126. com，欢迎来信交流与指正。

编　者

目 录

第3章
行政事业单位负债的核算

第4章
行政事业单位净资产的核算

第5章
行政事业单位收入的核算

第6章
行政事业单位费用的核算

第1章
政府会计

政府会计是指用于确认、计量、记录和报告政府和行政事业单位财务收支活动及其受托责任的履行情况的会计体系。本章主要介绍政府会计适用范围、会计要素、会计科目及会计核算流程。

1.1 政府会计准则、制度的制定

自 2019 年 1 月 1 日起，全国各级各类行政事业单位全面施行《政府会计准则》、《政府会计制度——行政事业单位会计科目和报表》（财会〔2017〕25 号）（以下简称"准则、制度"）具体包括国家机关、政党组织、社会团体、事业单位和其他单位。简单地说，准则、制度不再区分行政类和事业类，事业单位也不再区分行业，统一执行新准则、制度。

1.1.1　政府会计核算新模式

《政府会计制度》按照改革方案和《政府会计准则——基本准则》的要求，构建"财务会计和预算会计适度分离并相互衔接"的会计核算模式，具有以下特色：

➡ 1. "双功能"

"双功能"即在同一会计核算系统中实现财务会计和预算会计双重功能，如图 1-1 所示。

图 1-1　"双功能"

➡ 2. "双基础"

政府会计核算财务会计采用权责发生制，预算会计采用收付实现制，国务院另有规定的，依照其规定。

➡ 3. "双报告"

政府会计"双报告"是指政府会计主体应当编制决算报告和财务报告，如图 1-2 所示。

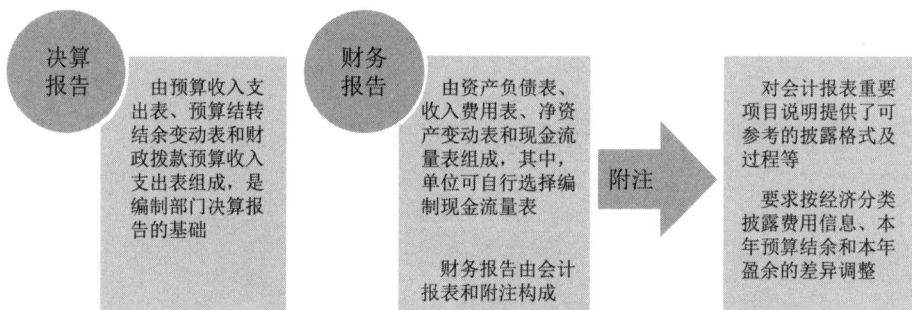

图 1-2　"双报告"

通过预算会计核算形成决算报告，通过财务会计核算形成财务报告。

（1）预算会计核算流程如图 1-3 所示。

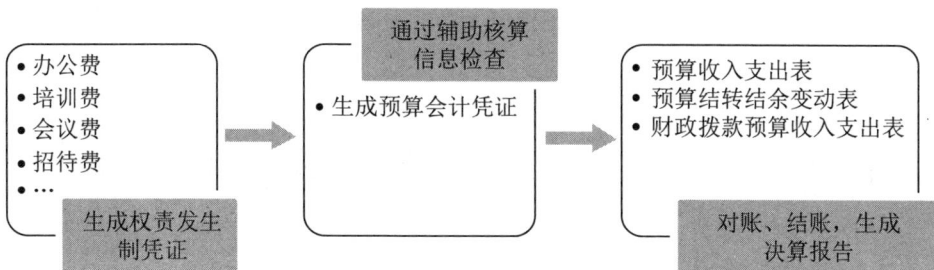

图 1-3 预算会计核算流程

（2）财务会计核算流程如图 1-4 所示。

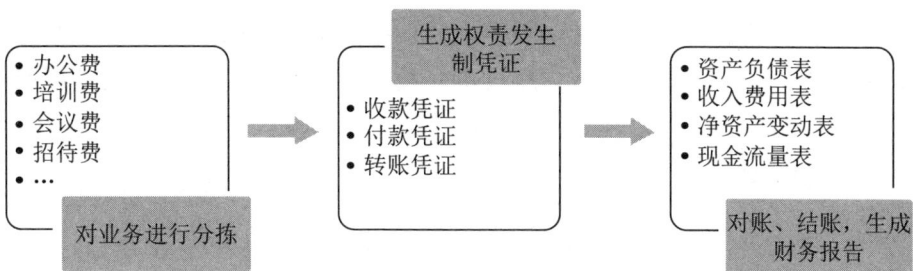

图 1-4 财务会计核算流程

▶ 4. "双记账"

对纳入部门预算管理的现金收支进行"平行记账"。对于纳入部门预算管理的现金收支业务，在进行财务会计核算的同时也应当进行预算会计核算，包括国库直接支付财政拨款资金、银行存款、库存现金及其他货币资金。对于其他业务，仅需要进行财务会计核算。

例如，2024 年 2 月，某行政单位收到银行存款利息 22 500 元；支付银行手续费 69 元。

平行登记	财务会计		预算会计	
	借：银行存款	22 500	借：资金结存——货币资金	22 500
	贷：利息收入	22 500	贷：利息预算收入	22 500
	借：业务活动费用	69	借：行政支出	69
	贷：银行存款	69	贷：资金结存——货币资金	69

1.1.2 会计核算的前提条件

政府会计核算的基本前提，又称会计基本假设，是对会计核算所处的时间、空间环境所作的合理设定。会计核算的基本前提包括会计主体、持续经营、会计分期和货币计量。

➥ 1. 会计主体

《政府会计准则—— 基本准则》第六条规定，"政府会计主体应当对其自身发生的经济业务或者事项进行会计核算。"

➥ 2. 持续经营

政府会计核算应当以政府会计主体持续运行为前提。

➥ 3. 会计分期

政府会计核算应当划分会计分期，分期结算账目，按规定编制决算报告和财务报告。会计期间至少分为年度和月度。会计年度、月度等会计期间的起讫日期采用公历日期。

➥ 4. 货币计量

政府会计核算应当以人民币作为记账本位币。发生外币业务时，应当将有关外币金额折算为人民币金额计量，同时登记外币金额。

1.1.3 会计核算信息质量的要求

会计核算信息质量要求是指进行会计核算要遵循的一般原则，如图 1-5 所示。

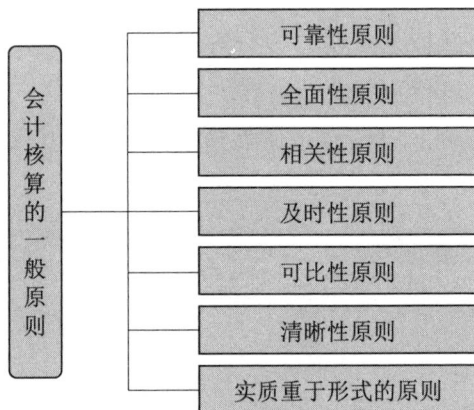

图 1-5 会计核算的一般原则

会计核算信息质量要求的具体解释，见表 1-1。

表 1-1 会计核算信息质量要求的具体解释

要　求	释　义
可靠性原则	政府会计主体应当以实际发生的经济业务或者事项为依据进行会计核算，如实反映各项会计要素的情况和结果，保证会计信息真实可靠
全面性原则	政府会计主体应当将发生的各项经济业务或者事项统一纳入会计核算，确保会计信息能够全面反映政府会计主体预算执行情况和财务状况、运行情况、现金流量等
相关性原则	政府会计主体提供的会计信息，应当与反映政府会计主体公共受托责任履行情况以及报告使用者决策或者监督、管理的需要相关，有助于报告使用者对政府会计主体过去、现在或者未来的情况作出评价或者预测
及时性原则	政府会计主体对已经发生的经济业务或者事项，应当及时进行会计核算，不得提前或者延后
可比性原则	同一政府会计主体不同时期发生的相同或者相似的经济业务或者事项，应当采用一致的会计政策，不得随意变更。确需变更的，应当将变更的内容、理由及其影响在附注中予以说明。 不同政府会计主体发生的相同或者相似的经济业务或者事项，应当采用一致的会计政策，确保政府会计信息口径一致，相互可比
清晰性原则	政府会计主体提供的会计信息应当清晰明了，便于报告使用者理解和使用
实质重于形式的原则	政府会计主体应当按照经济业务或者事项的经济实质进行会计核算，不限于以经济业务或者事项的法律形式为依据

1.1.4　会计分录和账户的对应关系

▶ **1. 会计分录**

会计分录是指对每一项经济业务，按照复式记账的要求，列示出记账方向、账户名称和应记金额的记录。在实际工作中会计分录是依据原始凭证通过记账凭证编制的。

▶ **2. 账户的对应关系**

账户之间的这种相互依存的关系，称作账户的对应关系。

▶ **3. 对应账户**

存在着对应关系的账户，称为对应账户。账户的对应关系能全面反映经济活动的来龙去脉，清楚地说明每一笔经济业务的内容。

现已发布的《政府会计准则》都是资产要素的准则，属于财务会计准则，是基于权责发生制的准则，因此，我们要从权责发生制的角度去理解这些准则。资产相关会计处理不同于现行制度中的"双分录"模式，如图 1-6 所示。

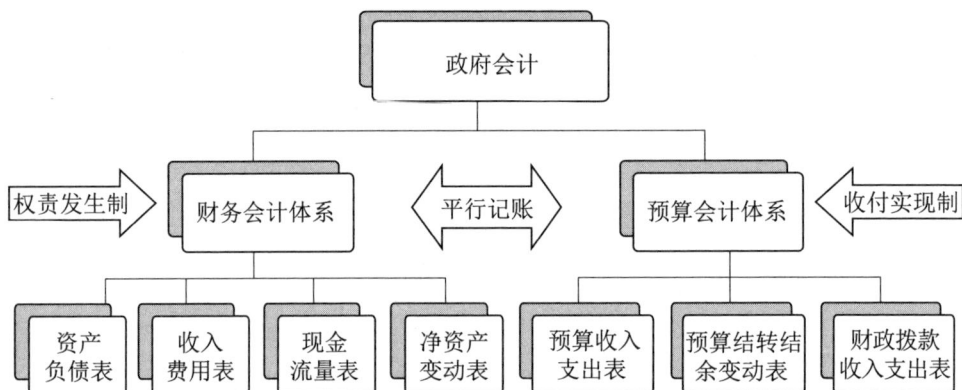

图 1-6 政府会计分录平行记账模式

【例 1-1】某事业单位为中央预算单位，于 2022 年 8 月应用预算管理一体化系统后，财政资金通过财政中央预算管理一体化系统支付。2024 年 2 月 20 日，业务部门购入一批价值 34 500 元自用材料，使用本年度预算指标（中央财政当年安排的基本支出经费）支付，且货物验收入库。2 月 22 日，业务部门使用人员发现该批材料存在瑕疵，与商家协商要求退货，商家同意退货。2 月 23 日，该笔款项被退回，财务部门已收到退回通知书，相应预算指标已恢复，业务部门同时将材料退回给商家。根据上述业务，编制会计分录如下。

	财 务 会 计	预 算 会 计
平行登记	2024 年 2 月 20 日支付时 借：库存物品　　　　34 500 　　贷：财政拨款收入　　　34 500	借：事业支出　　　　34 500 　　贷：财政拨款预算收入　　34 500
	2024 年 2 月 23 日退回时 借：财政拨款收入　　34 500 　　贷：库存物品　　　　34 500	借：财政拨款预算收入　34 500 　　贷：事业支出　　　　34 500

1.2 │ 会计要素

会计要素分为政府财务会计要素和政府预算会计要素两类。

"双体系"下的会计要素，如图 1-7 所示。

图 1-7 "双体系" 下的会计要素

1.2.1 政府预算会计要素

▶ 1. 预算会计原理

政府预算会计要素包括预算收入、预算支出与预算结余，见表 1-2。

表 1-2 政府预算会计要素

预算会计要素	含 义	确 认 条 件
预算收入	是指政府会计主体在预算年度内依法取得的并纳入预算管理的现金流入	预算收入一般在实际收到时予以确认，以实际收到的金额计量
预算支出	是指政府会计主体在预算年度内依法发生并纳入预算管理的现金流出	预算支出一般在实际支付时予以确认，以实际支付的金额计量
预算结余	是指政府会计主体预算年度内预算收入扣除预算支出后的资金余额，以及历年滚存的资金余额	预算结余包括结余资金和结转资金。 结余资金是指年度预算执行终了，预算收入实际完成数扣除预算支出和结转资金后剩余的资金。 结转资金是指预算安排项目的支出年终尚未执行完毕或者因故未执行，且下年需要按原用途继续使用的资金

符合预算收入、预算支出和预算结余定义及其确认条件的项目应当列入政府决算报表。

▶ 2. 预算会计科目

根据预算会计要素分为预算收入类科目、预算支出类科目和预算结余类科目。

（1）预算收入类科目。

预算收入类科目共九个：财政拨款预算收入、事业预算收入、上级补助预算收入、附属单位上缴预算收入、经营预算收入、债务预算收入、非同级财政拨款预算收入、投资预算收益和其他预算收入。为了预算制度和执行的需要，预算科目又分为"类""款""项""目""节"五级科目。税收票证上的"预算科目"，是指预算收入科目，例如"工商税收"类，下设"产品税"等款，款下再设"中央电力企业产品税"等项。

（2）预算支出类科目。

预算支出类一级科目共八个，行政支出、事业支出、经营支出、上缴上级支出、对附属单位补助支出、投资支出、债务还本支出和其他支出。其中"投资支出""债务还本支出"属于新增科目。

（3）预算结余类科目。

预算结余类一级科目共九个，可分为四小类。

①与财务资金相关的科目：财政拨款结转、财政拨款结余。

②与非财政专项资金相关的科目：非财政拨款结转。

③与其他资金相关的科目：专用结余、经营结余、其他结余、非财政拨款结余分配、非财政拨款结余。

④特殊预算结余科目：资金结存。

预算会计科目，见表1-3。

表1-3　预算会计科目

序号	科目编号	科目名称	序号	科目编号	科目名称
（一）预算收入类			14	7501	对附属单位补助支出
1	6001	财政拨款预算收入	15	7601	投资支出
2	6101	事业预算收入	16	7701	债务还本支出
3	6201	上级补助预算收入	17	7901	其他支出
4	6301	附属单位上缴预算收入	（三）预算结余类		
5	6401	经营预算收入	18	8001	资金结存
6	6501	债务预算收入	19	8101	财政拨款结转
7	6601	非同级财政拨款预算收入	20	8102	财政拨款结余
8	6602	投资预算收益	21	8201	非财政拨款结转
9	6606	其他预算收入	22	8202	非财政拨款结余
（二）预算支出类			23	8301	专用结余
10	7101	行政支出	24	8401	经营结余
11	7201	事业支出	25	8501	其他结余
12	7301	经营支出	26	8701	非财政拨款结余分配
13	7401	上缴上级支出			

1.2.2 政府财务会计要素

政府财务会计要素包括资产、负债、净资产、收入和费用。

▶ 1. 资产

资产是指政府会计主体过去的经济业务或者事项形成的，由政府会计主体控制的，预期能够产生服务潜力或者带来经济利益流入的经济资源。服务潜力是指政府会计主体利用资产提供公共产品和服务以履行政府职能的潜在能力。经济利益流入表现为现金及现金等价物的流入，或者现金及现金等价物流出的减少。

政府会计主体的资产按照流动性，分为流动资产和非流动资产。

流动资产是指预计在1年内（含1年）耗用或者可以变现的资产，包括货币资金、短期投资、应收及预付款项、存货等。

非流动资产是指流动资产以外的资产，包括固定资产、在建工程、无形资产、长期投资、公共基础设施、政府储备资产、文物文化资产、保障性住房和自然资源资产等。

（1）资产的确认条件。

符合资产定义的经济资源，在同时满足以下条件时，确认为资产：与该经济资源相关的服务潜力很可能实现或者经济利益很可能流入政府会计主体；该经济资源的成本或者价值能够可靠地计量。

（2）资产的计量。

资产的计量属性主要包括历史成本、重置成本、现值、公允价值和名义金额，见表1-4。

表1-4　资产的计量

形　式	计　量　方　法
历史成本	资产按照取得时支付的现金金额或者支付对价的公允价值计量
重置成本	资产按照现在购买相同或者相似资产所需支付的现金金额计量
现值	资产按照预计从其持续使用和最终处置中所产生的未来净现金流入量的折现金额计量
公允价值	资产按照市场参与者在计量日发生的有序交易中，出售资产所能收到的价格计量

无法采用上述计量属性的，采用名义金额（即人民币1元）计量。

需要注意的是，政府会计主体在对资产进行计量时，一般应当采用历史成本。采用重置成本、现值、公允价值计量的，应当保证所确定的资产金额能够持续、可靠计量。

符合资产定义和资产确认条件的项目，应当列入资产负债表。

➡ **2. 负债**

负债是指政府会计主体过去的经济业务或者事项形成的，预期会导致经济资源流出政府会计主体的现时义务。

现时义务是指政府会计主体在现行条件下已承担的义务。未来发生的经济业务或者事项形成的义务不属于现时义务，不应当确认为负债。

政府会计主体的负债按照流动性，分为流动负债和非流动负债。

（1）流动负债是指预计在 1 年内（含 1 年）偿还的负债，包括应付及预收款项、应付职工薪酬、应缴款项等。

（2）非流动负债是指流动负债以外的负债，包括长期应付款、应付政府债券和政府依法担保形成的债务等。

符合负债定义的义务，在同时满足以下条件时，确认为负债：履行该义务很可能导致含有服务潜力或者经济利益的经济资源流出政府会计主体；该义务的金额能够可靠地计量。

负债的计量属性主要包括历史成本、现值和公允价值，见表1-5。

表 1-5　负债的计量

形　式	计　量　方　法
历史成本	负债按照因承担现时义务而实际收到的款项或者资产的金额，或者承担现时义务的合同金额，或者按照为偿还负债预期需要支付的现金计量
现值	负债按照预计期限内需要偿还的未来净现金流出量的折现金额计量
公允价值	负债按照市场参与者在计量日发生的有序交易中，转移负债所需支付的价格计量

需要注意的是，政府会计主体在对负债进行计量时，一般应当采用历史成本。采用现值、公允价值计量的，应当保证所确定的负债金额能够持续、可靠计量。

符合负债定义和负债确认条件的项目，应当列入资产负债表。

➡ **3. 净资产**

净资产是指政府会计主体资产扣除负债后的净额。净资产金额取决于资产和负债的计量。

净资产项目应当列入资产负债表。

➡ 4. 收入

收入是指报告期内导致政府会计主体净资产增加的、含有服务潜力或者经济利益的经济资源的流入。收入的确认应当同时满足以下条件：

（1）与收入相关的含有服务潜力或者经济利益的经济资源很可能流入政府会计主体；

（2）含有服务潜力或者经济利益的经济资源流入会导致政府会计主体资产增加或者负债减少；

（3）流入金额能够可靠地计量。

符合收入定义和收入确认条件的项目，应当列入收入费用表。

➡ 5. 费用

费用是指报告期内导致政府会计主体净资产减少的、含有服务潜力或者经济利益的经济资源的流出。费用的确认应当同时满足以下条件：

（1）与费用相关的含有服务潜力或者经济利益的经济资源很可能流出政府会计主体；

（2）含有服务潜力或者经济利益的经济资源流出会导致政府会计主体资产减少或者负债增加；

（3）流出金额能够可靠地计量。

符合费用定义和费用确认条件的项目，应当列入收入费用表。

1.2.3 会计等式和记账方法

➡ 1. 会计等式

会计要素之间内在的关系，其数量表现为三个等式。

（1）资产＝负债＋净资产，此为编制资产负债表的依据。

（2）资产＋支出＝负债＋净资产＋收入，此为预算单位平衡会计记录的依据。

（3）收入－支出＝结余，此为编制收入支出表的依据。

➡ 2. 记账方法

政府会计核算应当采用借贷记账法记账。政府会计主体对已经发生的经济业务或者事项，应当及时进行会计核算，不得提前或者延后。

（1）借贷记账法的概念。

以借和贷为记账符号，对于会计主体所发生的任何一笔经济业务，都必须以相等的金额、相互联系地在两个或两个以上的账户中进行登记，以反映经济业务的一种复式记账法。

（2）借贷记账法下的记账规则。

在借贷记账法下，账户的基本格式和结构相同，但由于会计要素的性质不同，在记账时会遵循不同的记账规则。

借贷记账法按照会计要素，对账户分为五大类，即资产类、负债类、净资产类、收入类、费用类账户。

账户的基本结构分为左右两方，一般左方为借方，右方为贷方。各类账户的结构如图 1-8 所示。

借 资产类账户 贷		借 负债、净资产类账户 贷	
期初余额 本期增加发生额	本期减少发生额	本期减少发生额	期初余额 本期增加发生额
本期发生额 期末余额	本期发生额	本期发生额	本期发生额 期末余额

借 费用类账户 贷		借 收入类账户 贷	
本期增加发生额	本期减少发生额	本期减少发生额	本期增加发生额
本期发生额	本期发生额	本期发生额	本期发生额

图 1-8 账户结构

各类账户的期末余额，一般情况下都在登记增加额的那一方；上期的期末余额转到下期，就是下期的期初余额。

▶▶ **3. 计算公式**

期末余额计算公式：

资产类账户期末（借方）余额＝期初（借方）余额＋本期（借方）发生额－本期（贷方）发生额

负债、净资产类账户期末（贷方）余额＝期初（贷方）余额＋本期（贷方）发生额－本期（借方）发生额

一般情况下，费用类账户和收入类账户期末无余额。

根据各账户本期发生额及余额编制试算平衡表。

全部账户的期初借方余额合计数＝全部账户的贷方余额合计数

全部账户的本期借方发生额合计数＝全部账户的贷方发生额合计数

全部账户的期末借方余额合计数＝全部账户的期末贷方余额合计数

1.2.4 政府会计科目

会计科目是按照经济业务的内容和经济管理的要求，对会计要素的具体内容进行分类核算的科目，称为会计科目。

会计科目是设置账户、处理账务的依据。会计科目的设置在很大程度上决定着会计报表的内容和结构。

行政事业单位应当按照下列规定运用会计科目：

（1）应当按照本制度的规定设置和使用会计科目。在不影响会计处理和编报财务报表和决算报表的前提下，可以根据实际情况自行增设、减少或合并某些科目。

（2）根据相关制度，统一规定会计科目的编号，以便于填制会计凭证，登记账簿，查阅账目，实行会计信息化管理。单位不得打乱重编。

（3）在填制会计凭证、登记会计账簿时，应当填列会计科目的名称，或者同时填列会计科目的名称和编号，不得只填列科目编号、不填列科目名称。

行政事业单位会计科目见表1-6。

表1-6 行政事业单位财务会计科目

序号	科目代码及名称		序号	科目代码及名称	
一、资产类					
1	1001	库存现金	10	1216	应收利息
2	1002	银行存款	11	1218	其他应收款
3	1021	其他货币资金	12	1219	坏账准备
4	1101	短期投资	13	1301	在途物品
5	1201	财政应返回额度	14	1302	库存物品
6	1211	应收票据	15	1303	加工物品
7	1212	应收账款	16	1401	待摊费用
8	1214	预付账款	17	1501	长期股权投资
9	1215	应收股利	18	1502	长期债券投资

序号	科目代码及名称		序号	科目代码及名称	
一、资产类					
19	1601	固定资产	27	1802	公共基础设施累计折旧（摊销）
20	1602	固定资产累计折旧	28	1811	政府储备物资
21	1611	工程物资	29	1821	文物文化资产
22	1613	在建工程	30	1831	保障性住房
23	1701	无形资产	31	1832	保障性住房累计折旧
24	1702	无形资产累计摊销	32	1891	受托代理资产
25	1703	研发支出	33	1901	长期待摊费用
26	1801	公共基础设施	34	1902	待处理财产损溢
二、负债类					
35	2001	短期借款	43	2304	应付利息
36	2101	应交增值税	44	2305	预收账款
37	2102	其他应交税费	45	2307	其他应付款
38	2103	应缴财政款	46	2401	预提费用
39	2201	应付职工薪酬	47	2501	长期借款
40	2301	应付票据	48	2502	长期应付款
41	2302	应付账款	49	2601	预计负债
42	2303	应付政府补贴款	50	2901	受托代理负债
三、净资产类					
51	3001	累计盈余	54	3302	本期盈余
52	3101	专用基金	55	3401	无偿调拨净资产
53	3201	权益法调整	56	3501	以前年度盈余调整
四、收入类					
57	4001	财政补助收入	61	4401	经营收入
58	4101	事业收入	62	4601	非同级财政拨款收入
59	4201	上级补助收入	63	4602	投资收益
60	4301	附属单位上缴收入	64	4603	捐赠收入

序号	科目代码及名称		序号	科目代码及名称	
四、收入类					
65	4604	利息收入	67	4609	其他收入
66	4605	租金收入			
五、费用类					
68	5001	业务活动费用	71	5301	资产处理费用
69	5101	单位管理费用	72	5801	所得税费用
70	5201	经营费用	73	5901	其他费用

第2章
行政事业单位资产的核算

《事业单位财务规则》（中华人民共和国财政部令第 108 号）第三十七条，"事业单位的资产包括流动资产、固定资产、在建工程、无形资产、对外投资、公共基础设施、政府储备物资、文物文化资产、保障性住房等。"

《行政单位财务规则》（中华人民共和国财政部令第 113 号）第二十九条，"资产是指行政单位依法直接支配的、能以货币计量的各类经济资源，包括流动资产、固定资产、在建工程、无形资产、公共基础设施、政府储备物资、文物文化资产、保障性住房等。"

2.1 │ 资产概述

行政事业单位应当建立健全单位资产管理制度，明确资产使用人和管理人的岗位责任，按照国家规定设置国有资产台账，加强和规范资产配置、使用和处置管理，维护资产安全完整，提高资产使用效率。涉及资产评估的，按照国家有关规定执行。

行政事业单位应当汇总编制本单位行政事业性国有资产管理情况报告。

2.1.1　资产的计量

行政事业单位对符合资产定义的经济资源，应当在取得对其相关的权利并且能够可靠地进行货币计量时确认。符合资产定义并确认的资产项目，应当列入资产负债表。

行政事业单位的资产应当按照取得时实际成本进行计量。除国家另有规定外，行政事业单位不得自行调整其账面价值。下面具体介绍几种资产的计量方式。

（1）应收及预付款项应当按照实际发生额计量。

（2）以支付对价方式取得的资产，应当按照取得资产时支付的现金或者现金等价物的金额，以及所付出的非货币性资产的评估价值等金额计量。

（3）取得资产时没有支付对价的，其计量金额应当按照有关凭据注明的金额加上相关税费、运输费等确定。

（4）没有相关凭据但依法经过资产评估的，其计量金额应当按照评估价值加上相关税费、运输费等确定。

（5）没有相关凭据也未经评估的，其计量金额比照同类或类似资产的市场价格加上相关税费、运输费等确定。

（6）没有相关凭据也未经评估，其同类或类似资产的市场价格无法可靠取得，所取得的资产不以货币计量入账，应当按照资产的实物数量登记实物账。

2.1.2　资产摊销与折旧

行政事业单位应当按照制度的规定对无形资产进行摊销；对无形资产计提摊销的金额，应当根据无形资产原价和摊销年限确定。

按照规定对固定资产、公共基础设施计提折旧的，折旧金额应当根据固定资产、公共基础设施原价和折旧年限确定。

2.2 "库存现金"科目的应用

行政事业单位的现金是指库存现金，即存放于单位内部，用于满足日常开支的货币资金。

2.2.1 现金管理

现金是流动性最强的一种货币性资产，可以立即投入到流通领域，既可随时用于购买物品，支付费用，偿还债务，也可随时存入银行。因此，对于现金的核算以及管理便显得十分的重要。

现金管理的内容，如图 2-1 所示。

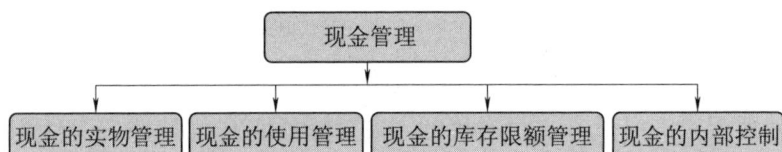

图 2-1 现金管理的内容

▶ 1. 现金的实物管理

对库存在单位的现金实物，应切实做好保管工作，防止遗失、被盗及私自毁损。首先应该建立健全现金实物管理的各种制度。其次应该明确现金管理的主要责任人，各单位的现金应由出纳保管，出纳应是第一责任人。同时可采取一些相关的安全措施，如使用保险柜，安装防盗门、防盗窗、报警器，配备保安人员，配备防火设施，减少库存数量，逐日清点等。

▶ 2. 现金的使用管理

（1）遵守现金使用范围。根据相关规定，对现金的支付范围做了明确限定，各单位应在规定的范围内使用现金，不属于现金结算范围的款项收付，一律通过银行进行转账结算。各单位可在下列范围内使用现金，如图 2-2 所示。

（2）行政事业单位应严格执行现金收付手续，遵守现金管理的相关规定，注意图 2-3 所示的"五不准"。

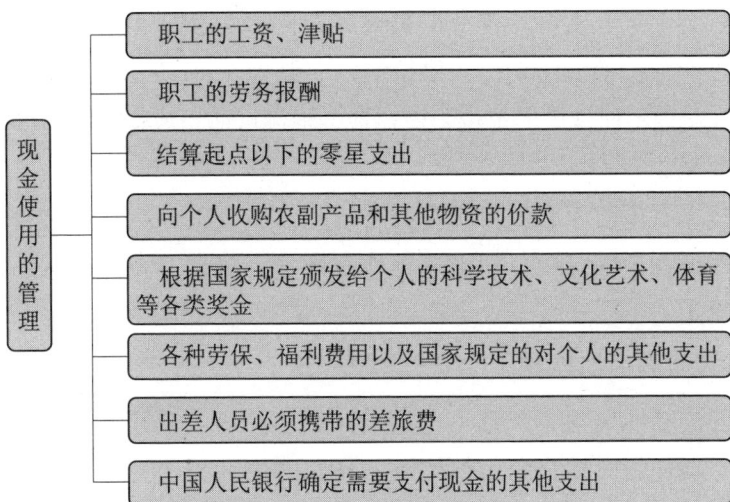

图 2-2 现金使用的管理

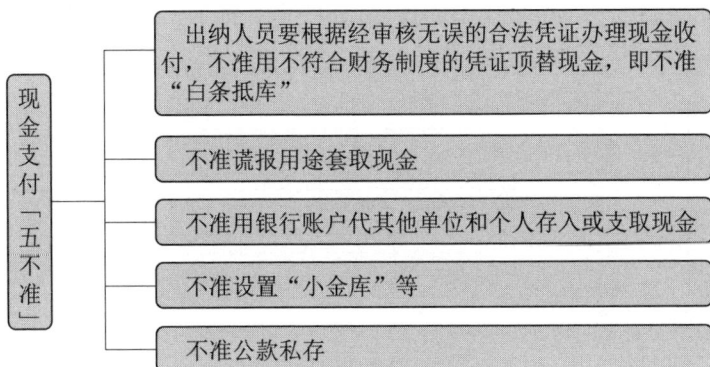

图 2-3 现金支付"五不准"

（3）各单位收入的现金应于当日送存银行，当日送存确有困难，由开户银行确定送存时间。需要支付现金时，从本单位限额库存的现金中支付，或从银行提取，不得从单位的现金收入中直接支付，即不得"坐支"。若因特殊情况确需坐支现金的，应事先报经开户银行审查批准，由开户银行核定坐支范围和限额。坐支单位应定期向开户银行报送坐支金额和使用情况。

▶▶ **3. 现金的库存限额管理**

现金库存限额是指为了保证事业单位日常零星开支的需要，允许单位留在单位现金的最高数额。现金限额的管理主要包括以下内容。

（1）日常零星开支所需现金的最高库存限额由事业单位提出申请，开户银行根据事业单位的实际情况予以核定，一般为 3～5 天的日常零星开支需要量。边远和交通不便地区的单位，库存现金限额可适当放宽，但不得超过 15 天的正常需要量。

（2）每天下班时库存现金结存数不得超过核定的限额，超过部分应送存银行，以保证现金的安全。如需调整库存限额，应向开户银行提出申请，由开户银行核定。

▶ **4. 现金的内部控制**

现金的流动性最强，诱惑力也最大，最容易被人挪用和侵吞。因此，任何单位都必须加强对现金的内部控制。现金的内部控制并不是主要在于发现差错，而是要减少发生差错、舞弊、欺诈的机会。

为保证现金的安全完整，还需要利用内部控制制度来加强管理，防止意外。内部控制制度一般包括以下内容，如图 2-4 所示。

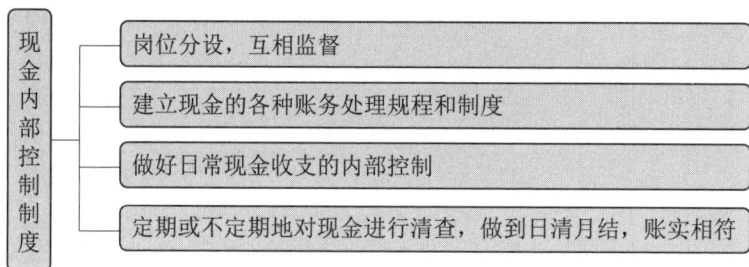

图 2-4　现金内部控制制度

2.2.2　现金科目设置

为了满足单位在一个会计信息系统中同时进行财务会计和预算会计核算的需要，制度要求单位进行"平行记账"，即对于纳入预算管理的现金收支，在采用财务会计核算的同时，进行预算会计核算。

一般情况下对于财务会计下"财政拨款收入""库存现金""银行存款""其他货币资金"科目发生增加变动时，预算会计应同时进行会计处理。

▶ **1. "库存现金"科目的设置**

行政事业单位应当严格按照国家有关现金管理的规定收支现金，并按照本制度规定核算现金的各项收支业务。

本科目下设"受托代理资产"明细科目，核算单位受托代理、代管的现金。

库存现金的科目编码为1001，如果企业有外币业务，可设置二级科目或明细科目，二级科目代码长度一般分两级，如100101、100102、100103等。三级、四级直到十级，每一级都增设两位数字即可。企业可根据实际需要，设计级数，见表2-1。

表2-1　库存现金会计科目编码的设置

科目代码	总分类科目（一级科目）	明细分类科目3	
		二级明细科目	三级明细科目
1001	库存现金		
100101	库存现金	人民币	
100102	库存现金	外币	
10010201	库存现金	外币	美元
10010202	库存现金	外币	日元
...			
100103	库存现金	受托代理资产	
10010301	库存现金	受托代理资产	人民币
10010302	库存现金	受托代理资产	外币

▶▶ **2. "库存现金"科目账务处理**

（1）从银行等金融机构提取现金，账务处理如图2-5所示。

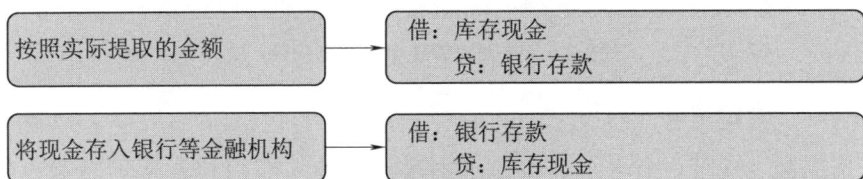

图2-5　提取现金账务处理

（2）因内部职工出差等原因所借的现金，账务处理见表2-2。

表 2-2 因员工出差等所借现金的账务处理

业务情形	财务会计	预算会计
职工出差等借出现金	借：其他应收款 　　贷：库存现金	—
出差人员报销差旅费	借：业务活动费用/单位管理费用等（实际报销金额） 　　库存现金（实际报销金额小于借款金额的差额） 　　贷：其他应收款 或 借：业务活动费用/单位管理费用等（实际报销金额） 　　贷：其他应收款	借：行政支出/事业支出等（实际报销金额） 　　贷：资金结存——货币资金

（3）因提供服务、销售商品或者其他事项收到现金，账务处理见表 2-3。

表 2-3 提供服务、销售商品收到现金账务处理

业务情形	财务会计	预算会计
因开展业务等其他事项收到现金	借：库存现金 　　贷：事业收入/应收账款等	借：资金结存——货币资金 　　贷：事业预算收入等
因购买服务、商品或其他事项支出现金	借：业务活动费用/单位管理费用/应付账款等 　　应交增值税——应交税金 　　贷：库存现金	借：行政支出/事业支出等 　　贷：资金结存——货币资金

（4）收到受托代理、代管的现金时，账务处理如图 2-6 所示。

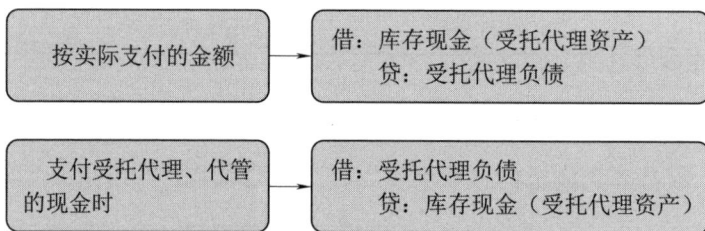

图 2-6 收到代管现金时账务处理

▶ **3. "资金结存"科目**

按照制度规定，资金结存科目是用来核算纳入部门预算管理的资金的流入、流出、调整和滚存的情况。

（1）资金结存和其他科目的关系。

资金结存＝财政拨款结转＋财政拨款结余＋非财政拨款结转＋非财政拨

款结余＋专用结余

当期的资金结存数额增减＝当期预算收入－当期预算支出

（2）资金结存的明细科目设置。

按照制度要求，需要设置"货币资金""财政应返还额度"等。

2.2.3 现金收入的核算

为了有效地反映单位库存现金的收入、支出以及结存情况，应设置"库存现金"账户，从而有效地核算和管理库存现金。现金账户属于资产类账户，借方反映现金的增加，贷方反映现金的减少，期末的借方余额反映单位库存现金的数额。

【例2-1】某事业单位财务部门2024年2月发生如下现金业务。

（1）2月7日，开具现金支票（如图2-7所示），从银行提取现金15 000元作为备用金。财务人员根据"现金支票存根联"，账务处理如下。

中国工商银行

现金支票存根

IV3432134

科　　目：

对方科目：

收款人：本单位

金　额：¥15 000.00

用　途：备用金

出票日期 2024 年 2 月 7 日

单位主管：蒋杰　　会计：杨青莲

图 2-7　现金支票存根

借：库存现金　　　　　　　　　　　　　　　　　15 000

　　贷：银行存款　　　　　　　　　　　　　　　　　　　15 000

（2）2月8日，收到甲公司委托代理货币捐赠75 000元，专用于资助青海贫困家庭。

借：库存现金——受托代理资产　　　　　　　　75 000

贷：受托代理负债　　　　　　　　　　　　　　　　75 000

（3）2 月 14 日，职工张帅出差预借 2 300 元。

①预借现金，填写借款单如图 2-8 所示。

借　款　单

资金性质：现金　　　　　　　　日期：2024 年 2 月 14 日

借款人或科室：张帅		
借款理由：差旅费		
借款数额：人民币（大写）⊗贰仟叁佰元整　　　￥2 300.00		
本单位领导人意见：同意　何明　2024 年 2 月 14 日		
主管领导意见：李春	会计主管人员核批：沈天	付款记录：顾小娟

根据原始凭证，账务处理如下。

平行登记	财务会计	预算会计
	借：其他应收款——张帅　　2 300 　　贷：库存现金　　　　　　　2 300	—

图 2-8　借款单

②2 月 24 日，报销差旅费，如图 2-9 所示。

制单日期：2024 年 2 月 24 日　　　部门：物理研究所　　　姓名：张帅　单据张数：4

序号	车次	出发		到达		城市间交通费		日期	伙食补助费			市内交通费		
		地点	日期	地点	日期	金额	发票数量		标准	招待次数	发票数量	标准	金额	发票数量
1	D3126	深圳	2月14日	上海	2月14日	568	1	2月14日	100			120	80	2
2	D3125	上海	2月16日	深圳	2月16日	568	1	2月15日	100					
合计						1 136.00	0	0	200	—	—	240	80	2

借款金额　2 300.00 元
报销金额　1 416.00 元

图　2-9

费用项目	城市间 交通费	伙食 补助费	市内 交通费	其他	报销单 合计
金额	1 136.00	200.00	80	—	1 416.00
交结余或 超支金额	返还现金 884.00 元				
所领导：杜威		财务主管：马玲	科室主任：陈雪山		验收人：沈子宁

图 2-9 差旅费报销明细表 （续）

根据原始凭证，账务处理如下。

平行登记	财务会计		预算会计	
	借：业务活动费用	1 416	借：事业支出	884
	库存现金	884	贷：资金结存——货币资金（差额）	
	贷：其他应收款	2 300		884

（4）2 月 27 日，后勤部门交来变卖废旧物品收入现金 500 元，收据如图 2-10所示。

收　据

日期：2024 年 2 月 27 日　　　　　No：1322423

收到：废品收入		金　额									
		千	百	十	万	千	百	十	元	角	分
摘要	收到销售废品款 500 元					¥	5	0	0	0	0
	现金收讫										
合计金额人民币（大写）⊗伍佰元整											
备注											

收款单位（印章）：　　　　　　收款人：丁诚　　　　　　交款人：李淑兰

图 2-10　收据

根据原始凭证，账务处理如下。

平行登记	财务会计		预算会计	
	借：库存现金	500	借：资金结存——货币资金	500
	贷：其他收入	500	贷：其他预算收入	500

2.2.4　现金支出的核算

与现金的收入相比，现金支出业务在账务处理之前，应该进行严格的审核工作，包括：是否属于现金开支的范围；是否符合国家的相关财经政策以及单位自身的财务核算制度；经手人是否签字；付款业务是否真实；凭证是否有效，有无涂改、伪造等情况。单位的财务人员应该根据审核无误的原始凭证编制付款凭证。

【例 2-2】2024 年 2 月，某事业单位财务部门发生如下现金付款业务。

（1）2 月 12 日，用现金 500 元购买本单位办公用品。根据发票，或者收据填制记账凭证。账务处理如下。

平行登记	财务会计		预算会计	
	借：单位管理费用	500	借：事业支出	500
	贷：库存现金	500	贷：资金结存——货币资金	500

（2）10 月 26 日，将本月超过库存限额的现金 500 元送交银行。

借：银行存款　　　　　　　　　　　　　　　　　500

　贷：库存现金　　　　　　　　　　　　　　　　500

同时，行政事业单位应该设置"现金日记账"，由会计人员按照业务发生的顺序，根据收付款凭证，逐笔登记。每日终了，计算现金收入合计、现金支出合计以及结余数，将结余数与实际库存数相核对，做到账实相符。

对于有外币现金业务的事业单位，应该分别按照人民币以及各种外币设置"现金日记账"进行明细核算。

2.2.5　现金清查的核算

现金作为流动性极强的一项资产，行政事业单位应该定期或者不定期地对现金进行清查，从而保证现金安全。现金清查的方法主要有两种：一种是出纳人员每日工作结束后进行的清点和核对，这属于定期清查；另外一种是由单位的财务及有关部门组成专门的清查小组，不定期地对现金进行突击检查，这属于不定期清查。要注意定期清查要与不定期的清查相结合。对于现金的盘亏和盘盈都要查明原因，并且按照相关规定处理。账务处理见表 2-4。

表 2-4　现金清查的账务处理

	业务情形	财务会计	预算会计
现金溢余	按照溢余金额转入待处理财产损溢	借：库存现金 　贷：待处理财产损溢	借：资金结存——货币资金 　贷：其他预算收入

业务情形		财务会计	预算会计
现金溢余	属于应支付给有关人员或单位的部分	借：待处理财产损溢 　　贷：其他应付款 借：其他应付款 　　贷：库存现金	借：其他预算收入 　　贷：资金结存——货币资金
	属于无法查明原因的部分，报经批准后	借：待处理财产损溢 　　贷：其他收入	—
现金短缺	按照短缺金额转入待处理财产损溢	借：待处理财产损溢 　　贷：库存现金	借：其他支出 　　贷：资金结存——货币资金
	属于应由责任人赔偿的部分	借：其他应收款 　　贷：待处理财产损溢 借：库存现金 　　贷：其他应收款	借：资金结存——货币资金 　　贷：其他支出
	属于无法查明原因的部分，报经批准后	借：资产处置费用 　　贷：待处理财产损溢	—

（1）当行政事业单位出现现金盘盈或者现金盘亏时，首先通过"其他应付款"科目核算，查明原因后，再做进一步的处理。

【例2-3】某事业单位财务部检查发现如下情况。

①现金的实际数比账面数多出500元，账务处理如下。

出纳人员编制现金盘点表，见表2-5。

表2-5　库存现金盘点表

单位名称：××事业单位　　　　　　　　　　　盘点日期：2024年1月31日

现金盘点情况			账目核对	
面额	张数	金额	项目	金额
100元	1	100	未入账收入项	
50元	2	100	未入账支出项	
20元	6	120	—	
10元	15	150	—	
5元	6	30	—	
1元	—			

现金盘点情况			账目核对	
面额	张数	金额	项目	金额
5角	—	—	—	
2角	—	—	—	
1角	—	—	—	
5分	—	—	—	
2分	—	—	—	
1分	—	—	—	
合计	30	500.00	—	
调整事项处理意见				
出纳员（签字）　林森 盘点人员（签字）　叶兰成 　　　　　　　　　　　　　　　　　主管会计（签字）　田美兰				
编制人及时间	2024 年 1 月 31 日		复核人及时间	2024 年 1 月 31 日

平行登记	财务会计		预算会计	
	借：库存现金　　　　　　500 　　贷：待处理财产损溢　　　500		借：资金结存——货币资金　500 　　贷：其他预算收入　　　　　500	

②假如经过调查，发现盘盈的 500 元为错收现金，应予归还，账务处理如下。

平行登记	财务会计		预算会计	
	借：待处理财产损溢　　500 　　贷：其他应付款　　　　500 借：其他应付款　　　　500 　　贷：库存现金　　　　　500		借：其他预算收入　　　　500 　　贷：资金结存——货币资金　500	

③假如经过调查，没有发现盘盈的原因，或无法找到还款人，账务处理如下。

借：待处理财产损溢　　　　　　　　　　　　　　　500

　　贷：其他收入　　　　　　　　　　　　　　　　　　500

（2）单位现金盘亏的处理。当事业单位发现现金盘亏时，首先通过"其他应收款"科目进行核算，然后查明原因，再做进一步的处理。

【例 2-4】2024 年 1 月，某事业单位财务部门进行现金清查发现如下情况，账务处理如下。

①现金的实际金额比账面少 800 元，暂时未查明原因，账务处理如下。

平行登记	财务会计		预算会计	
	借：待处理财产损溢	800	借：其他支出	800
	贷：库存现金	800	贷：资金结存——货币资金	800

②假设经过调查，发现盘亏的 800 元现金为出纳人员错付所致，由相应的责任人赔偿，账务处理如下。

平行登记	财务会计		预算会计	
	借：其他应收款	800		
	贷：待处理财产损溢	800	借：资金结存——货币资金	800
	借：库存现金	800	贷：其他支出	800
	贷：其他应收款	800		

③假设经过调查，没有发现盘亏的原因，经单位领导批准转作其他支出，账务处理如下。

借：资产处置费用　　　　　　　　　　　　　　　　　　800
　　贷：待处理财产损溢　　　　　　　　　　　　　　　　　800

出纳人员应于每日终了前对现金进行核对。清查小组进行定期或不定期的现金盘点、核对。清查小组清查时，出纳员必须在场，清查的内容主要是检查是否有挪用现金、白条抵库、超限额留存现金以及账款相符等。

2.3 "银行存款"科目的应用

银行存款是指行政事业单位存入开户银行以及其他金融机构的货币资金，包括人民币存款和外币存款。日常收入的现金，除按照现金保管限额存放在单位内以备日常开支的需要的以外，超过规定限额的资金，必须及时交存开户银行。

2.3.1 "银行存款"账户的开立和管理

行政事业单位按照开户银行、存款的种类等，分别设置"银行存款日记账"，由本单位的出纳人员根据收付款凭证以及银行开出的进账单、支出凭证等，按照业务的发生顺序逐笔登记，每日结出余额。

（1）银行存款户的开立。

行政事业单位应当按照《人民币银行结算账户管理办法》（中国人民银行令〔2003〕第 5 号）的规定，在银行开立账户，办理存款、取款和转账等结算业务。在办理开户时，应按银行规定填写"开户申请表"，经上级主管部门或同级财政机关审查同意后，连同盖有单位公章和个人签章的印鉴卡片一并送开户银行，经银行审查同意后可开户。

（2）银行存款账户的管理。

行政事业单位应加强对本单位银行账户的管理，必须切实遵守银行规定的管理原则。

《行政单位财务规则》（中华人民共和国财政部令第 113 号）第三十七条，"行政单位开设银行存款账户，应当报本级财政部门审批或者备案，并由财务部门统一管理。"

2.3.2 "银行存款"科目的设置

"银行存款"科目核算单位存入银行或者其他金融机构的各种存款。

行政事业单位应当严格按照国家有关支付结算办法的规定办理银行存款收支业务，并按照本制度规定核算银行存款的各项收支业务。

本科目下设"受托代理资产"明细科目，核算单位受托代理、代管的银行存款。本科目期末借方余额，反映单位实际存放在银行或其他金融机构的款项。

"银行存款"会计科目的设置，见表 2-6。

表 2-6 银行存款会计科目编码的设置

科目代码	总分类科目（一级科目）	明细分类科目	
		二级明细科目	三级明细科目
1002	银行存款	—	—
100201	银行存款	人民币	—

科目代码	总分类科目（一级科目）	明细分类科目	
		二级明细科目	三级明细科目
10020101	银行存款	人民币	××银行
10020102	银行存款	人民币	××银行
10020103	银行存款	人民币	××银行
100202	银行存款	外币	—
10020201	银行存款	外币	欧元
...	...	...	...
100203	银行存款	受托代理资产	—
10020301	银行存款	受托代理资产	人民币
10020302	银行存款	受托代理资产	外币

注：单位可根据实际业务，在外币明细科目下增设四级或五级科目。

2.3.3 银行存款收支的核算

银行存款的主要账务处理如下。

（1）将款项存入银行或其他金融机构提取时，账务处理见表 2-7。

表 2-7 存款业务账务处理

业务情形	财务会计	预算会计
将款项存入银行或其他金融机构	借：银行存款 贷：库存现金/事业收入等	借：资金结存——货币资金 贷：事业预算收入等
提现	借：库存现金 贷：银行存款	—
支付款项	借：业务活动费用/单位管理费用等 贷：银行存款	借：行政支出/事业支出等 贷：资金结存——货币资金

（2）收到银行存款利息、支付手续费时，账务处理见表 2-8。

表 2-8　收到存款利息、支付手续费账务处理

业务情形	财务会计	预算会计
收到银行存款利息	借：银行存款 　贷：利息收入	借：资金结存——货币资金 　贷：其他预算收入
支付银行手续费等	借：业务活动费用/单位管理费用等 　贷：银行存款	借：行政支出/事业支出等 　贷：资金结存——货币资金

（3）收到受托代理、代管的银行存款时，账务处理如图 2-11 所示。

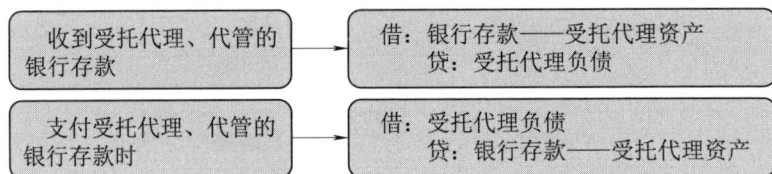

收到受托代理、代管的银行存款	→	借：银行存款——受托代理资产 贷：受托代理负债
支付受托代理、代管的银行存款时	→	借：受托代理负债 贷：银行存款——受托代理资产

图 2-11　收到受托代理、代管银行存款账务处理

单位应当按开户银行或其他金融机构、存款种类及币种等，分别设置"银行存款日记账"，由出纳人员根据收付款凭证，按照业务的发生顺序逐笔登记，每日终了应结出余额。"银行存款日记账"应定期与"银行对账单"核对，至少每月核对一次。月度终了，单位银行存款账面余额与银行对账单余额之间如有差额，必须逐笔查明原因并进行处理，按月编制"银行存款余额调节表"，调节相符。

【例 2-5】江陵市科研所 2024 年 4 月发生如下业务，账务处理如下。

（1）收到财政部门拨入的经费补助 100 000 元，已经通过银行存款账户划拨。

平行登记	财务会计	预算会计
	借：银行存款　　　　100 000 　贷：财政拨款收入　　　100 000	借：资金结存——货币资金　100 000 　贷：财政拨款预算收入　　　100 000

（2）收到上级补贴收入 200 000 元，已经通过银行存款账户划拨。

平行登记	财务会计	预算会计
	借：银行存款　　　　200 000 　贷：上级补助收入　　　200 000	借：资金结存——货币资金　200 000 　贷：上级补助预算收入　　　200 000

（3）本月销售商品收到对方支付的款项，价税合计 23 730 元，其中增值税额为 2 730 元，如图 2-12 所示。

<table>
<tr><td colspan="9">电子发票（增值税专用发票）
发票号码：××××××
开票日期：2024年4月13日</td></tr>
</table>

购买方信息	名称：天安公司 统一社会信用代码/纳税人识别号：11598609780476547H	销售方信息	名称：江陵市科研所 统一社会信用代码/纳税人识别号：75433534255346265K

项目名称	规格型号	单位	数量	单价	金额	税率/征收率	税额
环保设备		台	1	21 000	21 000	13%	2 730
合计					￥21 000		￥2 730

价款合计（大写）	⊗贰万叁仟柒佰叁拾元整	（小写）￥23 730

备注	销方开户银行：中国银行深圳市南山支行　　银行账号：52314232

图 2-12　发票

平行登记	财务会计	预算会计
	借：应收账款　　　　　23 730 　贷：经营收入　　　　　　21 000 　　　应交增值税——应交税金（销项税额）　　2 730	—

（4）收到专业业务服务收入 2 000 元，该款项已经通过银行存款收讫。

平行登记	财务会计	预算会计
	借：银行存款　　　　　2 000 　贷：事业收入　　　　　　2 000	借：资金结存——货币资金　　2 000 　贷：事业预算收入　　　　　2 000

（5）4 月 30 日，收回应收账款 23 730 元，存入银行。

平行登记	财务会计	预算会计
	借：银行存款　　　　　23 730 　贷：应收账款　　　　　　23 730	借：资金结存——货币资金　　23 730 　贷：经营预算收入　　　　　23 730

根据银行转账支票，填写进账单，如图 2-13 至图 2-14 所示。

中国工商银行　转账支票　322344

出票日期（大写）贰零贰肆年零肆月叁拾日　　付款行名称：大安公司
收款人：江陵市科研所　　　　　　　　　　出票人账号：6332917291

| 本支票付款期限十天 | 人民币（大写）贰万叁仟柒佰叁拾元整 | 千 | 百 | 十 | 万 | 千 | 百 | 十 | 元 | 角 | 分 |
| | | | | ￥ | 2 | 3 | 7 | 3 | 0 | 0 | 0 |

用途：货款
上列款项
请从我账户支付
出票人签章

天安公司 ★ 财务专用章

程和之印

密码：46587657
行号：43656

复核　　　记账

图 2-13　转账支票

中国工商银行进账单（回单或收账通知）

进账日期：2024 年 4 月 30 日　　　　　　第 356 号

收款人	全　称	江陵市科研所	付款人	全　称	天安公司	此联给收款人的收账通知
	账　号	52314232		账　号	6332917291	
	开户银行	中国银行深圳市南山支行		开户银行	中行天兴北路分理处	

| 人民币（大写）：⊗贰万叁仟柒佰叁拾元整 | 千 | 百 | 十 | 万 | 千 | 百 | 十 | 元 | 角 | 分 |
| | | | | ￥ | 2 | 3 | 7 | 3 | 0 | 0 | 0 |

票据种类	转账支票	
票据张数	1	收款人开户银行盖章（略）
复核　　记账		

图 2-14　银行进账单

【例 2-6】 某事业单位 2024 年 1 月发生以下业务。

（1）根据相关协议，对下属单位拨款 1 000 000 元，通过银行存款账户划拨。

平行登记	财务会计		预算会计	
	借：单位管理费用	1 000 000	借：事业支出	1 000 000
	贷：银行存款	1 000 000	贷：资金结存——货币资金	
				1 000 000

（2）购买日常活动所必需的办公用品，采用银行转账支票结算，价款共计 4 500 元。

平行登记	财务会计	预算会计
	借：单位管理费用　　　　4 500 　　贷：银行存款　　　　　　4 500	借：事业支出　　　　　　4 500 　　贷：资金结存——货币资金　4 500

（3）支付施工单位的工程款 100 000 元，通过银行转账支票结算。

平行登记	财务会计	预算会计
	借：在建工程　　　　　　100 000 　　贷：应付账款——应付工程款 　　　　　　　　　　　　100 000 借：应付账款——应付工程款 100 000 　　贷：银行存款　　　　　100 000	借：事业支出　　　　　　100 000 　　贷：资金结存——货币资金 100 000

【例 2-7】2024 年 1 月，某行政单位发生如下业务。

（1）收到银行存款利息 4 500 元；支付银行手续费 300 元。

平行登记	财务会计	预算会计
	借：银行存款　　　　　　4 500 　　贷：利息收入　　　　　4 500 借：业务活动费用　　　　300 　　贷：银行存款　　　　　300	借：资金结存——货币资金　4 500 　　贷：利息预算收入　　　4 500 借：行政支出　　　　　　300 　　贷：资金结存——货币资金　300

（2）1 月 6 日，收到上级拨入经费 210 000 元，存入银行。

平行登记	财务会计	预算会计
	借：银行存款　　　　　　2 100 000 　　贷：上级补助收入　　　2 100 000	借：资金结存——货币资金　210 000 　　贷：上级补助预算收入　210 000

2.3.4　外币业务的核算

外币业务是指行政事业单位以外币进行款项收付、往来结算和计价等业务。行政事业单位涉及外币业务时，应当将有关外币金额折合为记账本位币金额记账，设置银行存款外币账户，按照收到款项、支付款项以及发生债权债务时的即期汇率折算为本位币，记入相关科目。在期末，各外币账户按照期末的即期汇率调整为人民币余额的差额，作为汇兑损益。

1. 外汇收入与支出的会计处理

行政事业单位销售商品、提供劳务以外币收取相关款项等，按照收入确认当日的即期汇率，将收取的外币或应收取的外币折算为人民币金额。

以外币购买物资、设备等，按照购入当日的即期汇率将支付的外币或应支付的外币汇算折算为人民币金额，账务处理见表 2-9。

表 2-9　外汇收入与支出的账务处理

业务情形	财务会计	预算会计
外汇收入	借：银行存款（外币账户）/应收账款（外币账户） 　　贷：事业收入等	借：资金结存——货币资金 　　贷：事业预算收入等
外汇支出	借：在途物资/库存物品等 　　贷：银行存款（外币账户）/应收账款（外币账户）	借：事业支出等 　　贷：资金结存——货币资金

2. 核算汇兑损益

期末，各外币银行存款账户按照期末汇率调整后的人民币金额与原账面人民币金额的差额作为汇兑损益，财务会计应当借记或贷记"银行存款"等科目，账务处理见表 2-10。

表 2-10　期末外汇处理

业务情形	财务会计	预算会计
产生汇兑收益	借：银行存款/应收账款/应付账款等 　　贷：业务活动费用/单位管理费用等（汇兑损益）	借：资金结存——货币资金 　　贷：事业支出/行政支出等（汇兑损益）
产生汇兑损失	借：业务活动费用/单位管理费用等（汇兑损益） 　　贷：银行存款/应收账款/应付账款等	借：事业支出/行政支出等（汇兑损益） 　　贷：资金结存——货币资金

【例 2-8】2023 年，某事业单位第一季度期初有关外币科目的余额见表 2-11。

表 2-11 期初会计科目余额情况

项目	美元金额	汇率（美元：人民币）	折合人民币金额
银行存款（美元户）	100 000	1：6.85	685 000
应收账款（美元户）	400 000	1：6.85	2 740 000
应付账款（美元户）	200 000	1：6.85	1 370 000

2023 年 1 月，该单位发生以下与外币有关的业务或事项（不考虑增值税因素）。

（1）2 日，以外币购买物资，价值 15 000 美元，货款尚未支付。假设当日市场汇率为 1 美元＝6.80 元人民币。会计分录如下：

借：库存物品   102 000

  贷：应付账款（美元户）   102 000

（2）5 日，从境外购进一批甲物资，价款共计 20 000 元，货款以外币支付。假设当日市场汇率为 1 美元＝6.75 元人民币。

借：库存物品   135 000

  贷：银行存款（美元户）   135 000

同时，编制预算会计分录。

借：事业支出   135 000

  贷：资金结存——货币资金   135 000

（3）24 日，收到技术服务费用 40 000 美元，存入银行。假设当日市场汇率为 1 美元＝6.80 元人民币。

借：银行存款（美元户）   272 000

  贷：应收账款（美元户）   272 000

借：资金结存——货币资金   272 000

  贷：事业预算收入   272 000

1 月 31 日，市场汇率为 1 美元＝6.80 元人民币。该单位 2023 年 1 月外币相关科目发生额和按 12 月 31 日市场汇率计价的期末余额见表 2-12。

表 2-12　期末余额表

会计科目	期初余额		借方发生额		贷方发生额		期末余额 (2023 年 1 月 31 日)	
	美元	人民币	美元	人民币	美元	人民币	美元	人民币 (美元余额×6.80)
银行存款 (美元户)	100 000	685 000	40 000	272 000	20 000	135 000	120 000	816 000
应收账款 (美元户)	400 000 (借方)	2 740 000 (借方)	—	—	40 000	272 000	360 000	2 448 000
应付账款 (美元户)	200 000 (贷方)	1 370 000 (贷方)	—	—	15 000	102 000	215 000	1 462 000

外币汇兑损益计算结果如下。

银行存款当期产生的汇兑差额＝816 000－（685 000＋272 000－135 000）＝
－6 000（元）

应收账款当期产生的汇兑差额＝2 448 000－（2 740 000－272 000）＝
－20 000（元）

应付账款当期产生的汇兑差额＝1 462 000－（1 370 000＋102 000）＝
－10 000（元）

借：业务活动费用　　　　　　　　　　　　　　　16 000

　　应付账款（美元户）　　　　　　　　　　　　10 000

　　　贷：银行存款（美元户）　　　　　　　　　　　6 000

　　　　　应收账款（美元户）　　　　　　　　　　20 000

同时，编制预算会计分录。

借：事业支出　　　　　　　　　　　　　　　　　6 000

　　　贷：资金结存——货币资金　　　　　　　　　　6 000

2.3.5　银行存款清查的核算

　　与现金一样，为了保证银行存款的安全性，以及金额的正确性，银行存款也必须进行定期的清查。

为了详细、序时反映银行存款的收支和结存情况，加强对银行存款的管理，便于同银行进行账目核对，单位应按开户银行和其他金融机构的名称，以及存款的种类，分别设置"银行存款日记账"，出纳人员根据收付款凭证逐笔顺序登记，每日终了应结出余额。银行存款日记账应定期与银行对账单核对，至少每月核对一次。对于银行存款日记账与银行对账单金额不相符的情况，应该逐笔查明原因，分别处理。如果出现金额不相符的情况是因为存在未达账项，则应该编制"银行存款余额调节表"。

所谓的未达账项，是指单位与银行之间，由于在凭证传递的时间上存在差异，一方已经登记入账，而另一方尚未登记入账，主要包括以下四种情况，见表 2-13。

表 2-13　银行存款余额表

单位账面余额	银行账面余额
银行已收，单位未收。例如银行存款利息等	单位已收，银行未收。例如单位送存银行的款项
银行已付，单位未付。例如银行代扣单位的各种费用	单位已付，银行未付。例如单位已经开出支票，但是收款人尚未到银行提款

计算公式如下：

单位银行存款日记余额＋银行已收、单位尚未入账－银行已付、单位未付账款＝银行对账单余额＋单位已收、银行未收账款－单位已付、银行未付账款

对未达账项进行调节的方法是将本单位的"银行存款"的余额和"银行对账单"的余额各自加上对方已收而本单位未收的未达账项，减去对方已付而本单位未付的未达账项以后，检查两方余额是否相等。在实际工作中，对未达账项的调整是通过编制银行存款余额调节表进行的，现举例说明。

【例 2-9】2024 年 1 月 31 日，甲事业单位收到开户银行提供的对账单余额为 475 028 元，同一日，单位银行存款日记账上的金额为 456 000 元，经过逐一核对，发现存在以下需要调节的账项。

（1）收到处理材料款 1 000 元，已经送存银行。但由于甲事业单位开具的支票存在问题，银行无法入账而被退回。银行尚未通知企业（单位已收，银行未收）。

（2）银行收取甲事业单位1月份银行业务手续费59元，并出具了一份通知单，已经记录在甲单位1月的银行对账单上，但是甲单位误记为95元。

（3）甲单位签发的下列支票，到1月31日止银行尚未兑现（单位已付，银行未付），见表2-14。

表2-14 支票签发明细　　　　　　　　　　　　　　　单位：元

支票号码	签发日期	金　额
0001	2024年1月6日	1 600
0002	2024年1月7日	1 200
0003	2024年1月8日	3 600
0004	2024年1月12日	5 000
0005	2024年1月22日	2 814
0006	2024年1月25日	3 000

（4）货款5 778元，银行已经于1月收到，甲单位尚未收到通知（银行已收，单位未收）。

（5）银行已经从单位账户划出本月的水电费3 000元，而单位尚未记录入账（银行已付，单位未付）。

根据以上业务，编制银行存款余额调节表，见表2-15。

表2-15 银行存款余额调节表

单位：元

银行存款日记账余额	银行对账单余额
调节前余额 456 000	调节前余额 475 028
①单位多记手续费 　加：36（95－59） ②银行已收，单位未收 　加：5 778 ③银行已付，单位未付 　减：3 000	①单位已收，银行未收 　加：1 000 ②单位已付，银行未付 　减：1 600 　　　1 200 　　　3 600 　　　5 000 　　　2 814 　　　3 000
调节后余额：458 814	调节后余额：458 814

对于错误的更正，可以根据已经发现的情况及时进行处理。在处理未达账项时要注意，即使已经编制好了银行存款余额调节表，也不能据此调节银行存款的账面价值。必须等到实际的未达账项成为已达账项时，才能进行相应的账务处理。以上经调节后的双方余额相等，说明双方账簿的记录是正确的。如果余额仍不相等，应主动与开户银行联系，查明原因。

2.4 ｜ 中央财政预算管理一体化资金支付

《关于印发〈政府会计准则制度解释第 5 号〉的通知》（财会〔2022〕25 号）第一条第（一）款规定，"……实行预算管理一体化的中央预算单位在会计核算时不再使用'零余额账户用款额度'科目，'财政应返还额度'科目和'资金结存——财政应返还额度'科目下不再设置'财政直接支付''财政授权支付'明细科目。"

2.4.1 中央财政预算管理一体化资金支付账务处理

▶ 1. 财政资金支付的账务处理

中央预算单位应当根据收到的国库集中支付凭证及相关原始凭证，按照凭证上的国库集中支付入账金额，在财务会计下借记"库存物品""固定资产""业务活动费用""单位管理费用""应付职工薪酬"等科目，贷记"财政拨款收入"科目（使用本年度预算指标）或"财政应返还额度"科目（使用以前年度预算指标）；同时，在预算会计下借记"行政支出""事业支出"等科目，贷记"财政拨款预算收入"科目（使用本年度预算指标）或"资金结存——财政应返还额度"科目（使用以前年度预算指标）。

▶ 2. 按规定向本单位实有资金账户划转财政资金的账务处理

中央预算单位在某些特定情况下按规定从本单位零余额账户向本单位实有资金账户划转资金用于后续相关支出的，可在"银行存款"或"资金结存——货币资金"科目下设置"财政拨款资金"明细科目，或采用辅助核算等形式，核算反映按规定从本单位零余额账户转入实有资金账户的资金金额，账务处理见表 2-16。

表 2-16 向本单位实有资金账户划转财政资金的账务处理

业务情形	财务会计	预算会计
从本单位零余额账户向实有资金账户划转资金时	借：银行存款 贷：财政拨款收入（使用本年度预算指标）或"财政应返还额度"科目（使用以前年度预算指标）	借：资金结存——货币资金 贷：财政拨款预算收入（使用本年度预算指标）或"资金结存——财政应返还额度"科目（使用以前年度预算指标）
将本单位实有资金账户中从零余额账户划转的资金用于相关支出时	借：应付职工薪酬 　　其他应交税费 贷：银行存款	借：行政支出/事业支出等（支出科目下的"财政拨款支出"明细科目） 贷：资金结存——货币资金

▶ 3. 已支付的财政资金退回的账务处理

已支付的财政资金退回的账务处理见表 2-17。

表 2-17 已支付的财政资金退回的账务处理

业务情形	财务会计	预算会计
发生当年资金退回时	借：财政拨款收入（支付时使用本年度预算指标）或"财政应返还额度"科目（支付时使用以前年度预算指标） 贷：业务活动费用/库存物品等	借：财政拨款预算收入（支付时使用本年度预算指标）或"资金结存——财政应返还额度"科目（支付时使用以前年度预算指标） 贷：行政支出/事业支出等
发生项目未结束的跨年资金退回时	借：财政应返还额度 贷：以前年度盈余调整/库存物品等科目	借：资金结存——财政应返还额度 贷：财政拨款结转——年初余额调整

▶ 4. 结余资金上缴国库的账务处理

因项目结束或收回结余资金，中央预算单位按照规定通过实有资金账户汇总相关资金统一上缴国库的，应当根据一般缴款书或银行汇款单上的上缴财政金额，在财务会计下借记"累计盈余"科目，贷记"银行存款"科目；

同时，在预算会计下借记"财政拨款结余——归集上缴"科目，贷记"资金结存——货币资金"科目。中央预算单位按照规定注销财政拨款结转结余资金额度的，应当按照《政府会计制度》相关规定进行账务处理。

▸▸ 5. 年末的账务处理

年末，中央预算单位根据财政部批准的本年度预算指标数大于当年实际支付数的差额中允许结转使用的金额，在财务会计下借记"财政应返还额度"科目，贷记"财政拨款收入"科目；同时，在预算会计下借记"资金结存——财政应返还额度"科目，贷记"财政拨款预算收入"科目。

上述会计处理中涉及增值税业务的，相关账务处理参见《政府会计制度》中"应交增值税"等科目相关规定。

2.4.2 案 例

【例 2-10】某县教育局为事业单位，纳入中央预算。该县教育局于 2022 年 8 月应用预算管理一体化系统后，财政资金通过财政中央预算管理一体化系统支付。2024 年 1 月至 2 月，某县教育局发生如下业务：

（1）2024 年 1 月 2 日，人力部门职工小张因住院借款 30 000 元，经单位领导审批后，使用以前年度预算指标（中央财政以前年度安排的基本支出经费）支付，会计人员通过预算管理一体化系统直接向小张支付借款。2024 年 1 月 2 日，账务处理如下。

平行登记	财务会计		预算会计	
	借：其他应收款	30 000	借：事业支出	30 000
	贷：财政应返还额度	30 000	贷：资金结存——财政应返还额度	
				30 000

注：根据政府会计准则、制度，此笔预算会计也可不做处理，待结算时一并处理。年末结账前，单位应当对暂收暂付款项进行全面清理，并对纳入本年度部门预算管理的暂收暂付款项进行预算会计处理。

1 月 10 日，小张结算 1 月 2 日借款，应报销住院费 34 000 元，会计人员为小张办理了结算手续，并通过预算管理一体化系统直接支付至小张个人账户 4 000 元。

平行登记	财务会计		预算会计	
	借：单位管理费用	34 000	借：事业支出	4 000
	贷：其他应收款	30 000	贷：资金结存——财政应返还额度	4 000
	财政应返还额度	4 000		

如果在 2024 年 1 月 2 日预算会计未做处理，则 1 月 10 日预算会计的分录如下。

借：事业支出　　　　　　　　　　　　　　　　　　　34 000

　贷：资金结存——财政应返还额度　　　　　　　　　34 000

（2）2024 年 1 月 13 日，会计人员从财政资金账户向单位实有资金账户划转 47 000 元，其中代扣代缴的个人所得税 35 000 元，使用以前年度预算指标支付；委托收款的电费 12 000 元，使用本年度预算指标支付。会计人员根据收到的支付凭证及实有资金账户入账凭证进行账务处理。

平行登记	财务会计		预算会计	
	借：银行存款——财政拨款资金		借：资金结存——货币资金——财政拨款资金	47 000
		47 000	贷：资金结存——财政应返还额度	35 000
	贷：财政应返还额度	35 000	财政拨款预算收入	12 000
	财政拨款收入	12 000		

2024 年 1 月 15 日，银行从实有资金账户代扣代缴个人所得税时。

平行登记	财务会计		预算会计	
	借：其他应交税费——应交个人所得税		借：事业支出	35 000
		35 000	贷：资金结存——货币资金——财政拨款资金	35 000
	贷：银行存款——财政拨款资金			
		35 000		

2024 年 1 月 19 日，银行从实有资金账户委托收款电费时。

平行登记	财务会计		预算会计	
	借：业务活动费用	12 000	借：事业支出	12 000
	贷：银行存款——财政拨款资金		贷：资金结存——货币资金——财政拨款资金	12 000
		12 000		

（3）2024 年 2 月 20 日，业务部门购入一批价值 31 400 元自用材料，使用本年度预算指标（中央财政当年安排的基本支出经费）支付，且货物验收

入库。2月22日，业务部门使用人员发现该批材料存在瑕疵，跟商家协商要求退货，商家同意退货。2月23日，该笔款项被退回财政资金账户，财务部门已收到退回通知书，相应预算指标已恢复，业务部门同时将材料退回给商家。

平行登记	财务会计		预算会计	
	借：库存物品	31 400	借：事业支出	31 400
	贷：财政拨款收入	31 400	贷：财政拨款预算收入	31 400

2023年2月23日退回时，账务处理如下。

平行登记	财务会计		预算会计	
	借：财政拨款收入	31 400	借：财政拨款预算收入	31 400
	贷：库存物品	31 400	贷：事业支出	31 400

（4）2024年2月27日，A项目结束，项目结余资金78 000元，会计人员通过其实有资金账户汇总相关资金后，按规定填写一般缴款书，上缴国库。本案例假设不考虑相关税费。

平行登记	财务会计		预算会计	
	借：累计盈余	78 000	借：财政拨款结余——归集上缴	
				78 000
	贷：银行存款	78 000	贷：资金结存——货币资金	78 000

2.5 "其他货币资金"科目的应用

其他货币资金是指除库存现金和银行存款以外的其他各种货币资金，包括企业的外埠存款、银行本票存款、银行汇票存款、信用卡存款、信用证保证金存款、存出投资款等。

2.5.1 "其他货币资金"科目的设置

企业应按其他货币资金和种类设置明细账户，并按照外埠存款的开户银行，银行汇票或本票的收款单位等设置明细账，进行明细分类核算。本科目期末借方余额，反映单位实际持有的其他货币资金。科目设置见表2-18。

表 2-18 其他货币资金会计科目编码的设置

科目代码	总分类科目（一级科目）	明细分类科目	
		二级明细科目	三级明细科目
1021	其他货币资金	—	—
102101	其他货币资金	外埠存款	××银行
102102	其他货币资金	银行本票	××银行
102103	其他货币资金	银行汇票	××银行
102104	其他货币资金	信用卡存款	××银行
102105	其他货币资金	信用证	××银行
102106	其他货币资金	存出投资款	××银行

2.5.2 "其他货币资金"科目主要账务处理

其他货币资金的主要账务处理，见表 2-19。

表 2-19 其他货币资金的账务处理

业务情形	财务会计	预算会计
取得银行本票、银行汇票、信用卡时	借：其他货币资金——银行本票存款 ——银行汇票存款 ——信用卡 贷：银行存款	
用银行本票、银行汇票、信用卡支付时	借：在途物品/库存物品等 贷：其他货币资金 ——银行本票存款 ——银行汇票存款 ——信用卡	借：事业支出等（实际支付金额） 贷：资金结存——货币资金
银行本票、银行汇票、信用卡的余款退回时	借：银行存款 贷：其他货币资金 ——银行本票存款 ——银行汇票存款 ——信用卡	—

单位应加强对其他货币资金的管理，及时办理结算，对于逾期尚未办理结算的银行汇票、银行本票等，应按规定及时转回，按上述规定进行相应账务处理。

【例2-11】某事业单位委托某证券公司从上海证券交易所购入深发展长期债券，开立证券资金账户并存入资金450 000元。

　　借：其他货币资金——存出投资款　　　　　　　　450 000

　　　　贷：银行存款　　　　　　　　　　　　　　　　　　450 000

购入债券时，账务处理如下。

平行登记	财务会计	预算会计
	借：长期债券投资　　450 000 　　贷：其他货币资金——存出投资款　　450 000	借：投资支出等　　450 000 　　贷：资金结存——货币资金　　450 000

2.6 "应收票据"科目的应用

　　应收票据是指行政事业单位因从事经济活动以及销售产品所持有的尚未到期核算的商业汇票。商业汇票是指由出票人签发的、指定付款人在一定时间内支付一定金额给收款人或者持票人的票据。

2.6.1 "应收票据"科目的设置

　　行政事业单位应该设置"应收票据"科目，从而核算因销售产品或从事业务活动而收到的商业汇票。该科目属于资产类科目，借方登记收到的承兑商业汇票金额，贷方登记到期收回、已背书转让或者已经贴现的商业汇票的票面金额，期末借方余额反映期末尚未到期的应收票据金额。"应收票据"账户应该分别设置"银行承兑商业汇票"和"商业承兑汇票"。

　　企业应当按照开出、承兑商业汇票的单位进行明细核算，见表2-20。

表2-20　应收票据会计科目编码的设置

科目代码	总分类科目（一级科目）	明细分类科目	
		二级明细科目	三级明细科目
1211	应收票据		
121101	应收票据	银行承兑汇票	××公司
121102	应收票据	商业承兑汇票	××公司

2.6.2　"应收票据"科目主要账务处理

行政事业单位应收票据的主要账务处理，见表 2-21。

表 2-21　应收票据主要账务处理

业　务　情　形		财务会计	预算会计
收到商业汇票	销售产品、提供服务等收到商业汇票时	借：应收票据 　　贷：经营收入等	—
商业汇票向银行贴现	持未到期的商业汇票向银行贴现	借：银行存款（贴现净额） 　　经营费用等（贴现利息） 　　贷：应收票据（不附追索权） 　　　　短期借款（附追索权）	借：资金结存——货币资金 　　贷：经营预算收入等（贴现净额）
商业汇票背书转让	将持有的商业汇票背书转让以取得所需物资	借：在途物品/库存物品等 　　贷：应收票据 　　　　银行存款（差额）	借：经营支出等（支付的金额） 　　贷：资金结存——货币资金
商业汇票到期	商业汇票到期，收回应收票据	借：银行存款 　　贷：应收票据	借：资金结存——货币资金 　　贷：经营预算收入等
	商业汇票到期，付款人无力支付票款时	借：应收账款 　　贷：应收票据	—

与贴现相关的计算公式如下。

贴现所得＝票据到期值－贴现利息

贴现利息＝票据到期值×贴现率×贴现期

贴现期＝票据期限－票据已持有期限

行政事业单位应当设置"应收票据备查簿"，逐笔登记每一笔应收票据的种类、号数、出票日期、到期日、票面金额、交易合同号和付款人、承兑人、背书人姓名或单位名称、背书转让日、贴现日期、贴现率和贴现净额、收款日期、收回金额和退票情况等资料。

应收票据到期结清票款或退票后，应当在备查簿内逐笔注销。

【例 2-12】 某科研机构因急需资金，将一张面值为 40 000 元，3 个月期的无息票据提前两个月向银行办理贴现，出票日为 8 月 1 日，到期日为 11 月 1 日。假设银行贴现利率为 5%，该票据的到期值、贴现息和贴现净额计算为：

票据到期价值＝票据面值＝40 000（元）

贴现息＝40 000×5%×2÷12＝333.33（元）

贴现净额＝40 000－333.33＝39 666.67（元）

平行登记	财务会计	预算会计
	借：银行存款　　　　　　39 666.67 　　经营费用（贴现利息）　　333.33 　　贷：应收票据（不附追索权）40 000	借：资金结存——货币资金 39 666.67 　　贷：经营预算收入（应收的金额） 　　　　　　　　　　　　　39 666.67

【例 2-13】 甲事业单位发生如下经济业务。销售一批产品给 A 公司，货物已经发出，价税合计 45 200 元。双方约定，3 个月后付款。A 公司给甲事业单位开具了一张不带息的 3 个月到期的银行承兑汇票，票面金额 45 200 元，如图 2-15 所示。账务处理如下。

中国工商银行

银行汇票申请书（存根） 　1

申请日期：2024 年 4 月 30 日　　　　　No.00000001

银行打印					
业务类型	电汇□　信汇□　汇票申请书□　本票申请书□ 其他		汇款方式	□普通 □加急	

申请人	全　称	A 公司	收款人	全　称	甲事业单位
	账号或地址	××××		账号或地址	××××
	开户行名称	××××		开户行名称	××××
	开户银行	××××		开户银行	××××

金额（大写）人民币　⊗肆万伍仟贰佰元整　　　　千百十万千百十元角分　¥4 5 2 0 0 0 0 0

支付密码　××××　　上列款项及相关费用请从我账户内支付

加急汇款签字

用途　　货款

附加信息及用途　　　　申请人签章（略）

此联申请人留存

图 2-15　银行汇票申请书

借：应收票据　　　　　　　　　　　　　　　　　　　45 200

　　贷：经营收入　　　　　　　　　　　　　　　　　　　　45 200

（1）假设 3 个月后，该单位委托开户银行收回货款 45 200 元。账务处理如下。

	财务会计	预算会计
平行登记	借：银行存款　　　45 200　　贷：应收票据　　　45 200	借：资金结存——货币资金　45 200　　贷：经营预算收入　　　45 200

（2）假设 3 个月后，未能收到应收票据的价款，账务处理如下。

借：应收账款　　　　　　　　　　　　　　　　　　　45 200

　　贷：应收票据　　　　　　　　　　　　　　　　　　　　45 200

2.7 | "应收账款"科目的应用

应收账款是指因销售商品或提供劳务而应向购货单位或顾客收取的款项。应收账款在资产负债表中列作流动资产。应收账款主要是指销售过程中因赊销所形成的债权，不包括供应过程中因超过付款金额而形成的债权，也不包括应收的职工欠款、应收债务人的利息等其他应收款。

2.7.1 "应收账款"科目的设置

为了反映事业单位应收账款的发生、收回以及结存情况，应该设置"应收账款"账户。该账户属于资产类账户，其借方登记应收账款的发生额，贷方登记应收账款的收回、转让以及核销的金额。期末余额在借方，反映单位尚未收回的应收账款数额。在不设置"预收账款"账户的单位，预收账款也可以在"应收账款"账户中核算。

为了加强对应收账款的核算，事业单位还应该按照不同的购货单位以及个人设置明细账，进行明细核算，见表 2-22。

表 2-22　应收账款会计科目编码的设置

科目代码	总分类科目（一级科目）	明细分类科目		是否辅助核算	辅助核算类别
		二级明细科目	三级明细科目		
1212	应收账款	—	—	—	—
121201	应收账款	××公司	—	—	—
12120101	应收账款	××公司	应收商品款	是	客户/债务人
12120102	应收账款	××公司	应收工程款	是	客户/债务人

2.7.2　"应收账款"科目主要账务处理

应收账款的主要账务处理，见表 2-23。

表 2-23　应收账款的主要账务处理

业务情形		财务会计	预算会计
发生应收账款时	一般业务	借：应收账款 　贷：事业收入/经营收入/其他收入等	—
收回账款	收回后不需上缴财政	借：银行存款等 　贷：应收账款	借：资金结存——货币资金 　贷：事业预算收入/经营预算收入/其他预算收入等
	收回后需上缴财政	借：银行存款等 　贷：应收账款	—
逾期无法收回的应收账款	报批后予以核销	借：坏账准备/应缴财政款 　贷：应收账款	—
	事业单位已核销不需上缴财政的应收账款在以后期间收回	借：应收账款 　贷：坏账准备 借：银行存款 　贷：应收账款	借：资金结存——货币资金 　贷：非财政拨款结余等

业务情形		财务会计	预算会计
逾期无法收回的应收账款	单位已核销需上缴财政的应收账款在以后期间收回	借：银行存款等 　　贷：应缴财政款	—

单位应当于每年年度终了，对收回后应当上缴财政应收账款进行全面检查。

（1）对于账龄超过规定年限、确认无法收回的应收账款，按规定报经批准后予以核销。转入待处理资产时，按照待处理的应收账款金额，借记"待处理财产损溢"科目，贷记本科目。核销的应收账款应在备查簿中保留登记。

（2）已核销的应收账款在以后期间又收回的，借记"银行存款"等科目，贷记"应缴财政款"等科目。

【例 2-14】 2024 年 1 月 2 日，乙事业单位向丙公司提供服务，应收取服务费 30 000 元，税费 1 800 元，款项尚未收到。账务处理如下。

借：应收账款——丙公司　　　　　　　　　　31 800

　　贷：经营收入　　　　　　　　　　　　　　　　　31 800

2024 年 1 月 22 日，乙事业单位收到丙公司的服务费 31 800 元，已经通过银行办理转账。账务处理如下。

平行登记	财务会计	预算会计
	借：银行存款　　31 800 　　贷：应收账款　31 800	借：资金结存——货币资金　　31 800 　　贷：经营预算收入　　　　　　　31 800

2.8 "预付账款"科目的应用

预付账款是行政事业单位根据业务的需要，按照合同约定预先付给供应单位的款项。

2.8.1 "预付账款"科目的设置

为了有效地反映、核算，以及监督预付账款的支付和结算情况，行政事业单位应当设置"预付账款"科目，该科目属于资产类科目。

"预付账款"科目核算单位按照购货、服务合同或协议规定预付给供应单位（或个人）的款项。单位依据合同规定支付的定金，也通过本科目核算。单位支付可以收回的订金，不通过本科目核算，应当通过"其他应收款"科目核算。本科目应当按照供应单位（或个人）进行明细核算。涉及增值税业务的，还应按照价款和增值税分别设置明细科目。

在核算预付账款时要注意，预付账款不多的事业单位，可以不设置"预付账款"科目，而将预付的款项记入"应付账款"科目的借方，收到物品或者接受劳务时，再将结算额计入"应付账款"科目的贷方予以转销。

预付账款科目设置，见表2-24。

表2-24　预付账款会计科目编码的设置

科目代码	总分类科目（一级科目）	明细分类科目	
		二级明细科目	三级明细科目
1214	预付账款	—	—
121401	预付账款	预付备料款	××公司
121402	预付账款	预付工程款	××公司
121403	预付账款	其他预付款	××公司

2.8.2　"预付账款"科目主要账务处理

预付账款的主要账务处理，见表2-25。

表2-25　预付账款的主要账务处理

业务情形	财务会计	预算会计
发生预付账款时	借：预付账款 　贷：财政拨款收入/银行存款等	借：事业支出等 　贷：财政拨款预算收入/资金结存——货币资金
收到所购物资或劳务	借：业务活动费用/库存物品/固定资产等 　贷：预付账款/财政拨款收入/银行存款等（补付款项）	借：事业支出等（补付的款项） 　贷：财政拨款预算收入/资金结存——货币资金

业务情形		财务会计	预算会计
预付款退回	当年预付账款退回	借：财政拨款收入/银行存款等 贷：预付账款	借：财政拨款预算收入/资金结存——货币资金 贷：行政支出/事业支出等
	以前年度预付账款退回	借：财政应返还额度/银行存款等 贷：预付账款	借：资金结存——财政应返还额度/资金结存——货币资金 贷：财政拨款结余——年初余额调整等 财政拨款结转——年初余额调整等
逾期无法收到所购货物服务的		借：其他应收款 贷：预付账款	—

单位应当于每年年度终了，对预付账款进行检查。如果有确凿证据表明预付账款并不符合预付款项性质，或者因供货单位破产、撤销等原因可能无法收到所购货物、服务的，应当先将其转入应收账款，然后再按规定进行处理。预付账款转入应收账款前后的账龄可连续计算。将预付账款账面余额转入应收账款时，借记"应收账款"科目，贷记本科目。

【例2-15】某科研所向A公司订购研究用的材料，不含税价款65 000元。双方约定预付定金40 000元，通过银行账户转账支付。3天后，收到A公司发来材料及发票，增值税8 450元。某科研机构验收材料入库，通过银行账户支付，补足货款33 450元。

（1）预付货款时，账务处理如下。

平行登记	财务会计	预算会计
	借：预付账款 40 000 　贷：银行存款 40 000	借：事业支出 40 000 　贷：资金结存——货币资金 40 000

（2）补付货款时，账务处理如下。

平行登记	财务会计	预算会计
	借：库存物品——材料 65 000 　应交增值税——应交税金（进项税额） 8 450 　贷：预付账款 40 000 　银行存款 33 450	借：事业支出 33 450 　贷：资金结存——货币资金 33 450

2.9 "其他应收款"科目的应用

其他应收款是指行政事业单位除应收账款以外的零星应收款项，如职工借支的差旅费，应收的各种赔款、罚款，出租包装物的租金，以及暂时支付的款项或垫支的款项等。其他应收款的确认应当严格符合资产的定义，并将无法收回的款项及时转为费用。

从范围上讲，其他应收款包括除应收票据、应收账款、预付账款以外的其他应收、暂付款项，包括各种赔款、备用金、应向职工收取的各种垫付款等。

2.9.1 "其他应收款"科目的设置

为了反映其他应收款的发生、收回和结存情况，事业单位应设置"其他应收款"科目。该科目属于资产类科目。同时，事业单位还应按照其他应收款和债务人设置明细账。具体设置见表2-26。

表 2-26　其他应收款科目的设置

科目代码	总分类科目（一级科目）	明细分类科目	
		二级明细科目	三级明细科目
1218	其他应收款	—	—
121801	其他应收款	备用金	按借款人设置
121802	其他应收款	应收个人款项	按借款人设置
121803	其他应收款	应收单位其他款项	按单位名称设置
121804	其他应收款	内部往来款项	按单位名称设置
121805	其他应收款	其他款项	按业务内容设置

2.9.2 "其他应收款"科目主要账务处理

其他应收款的主要账务处理，见表2-27。

表 2-27　其他应收款的主要账务处理

业务情形		财务会计	预算会计
发生其他各种应收及暂付款项	暂付款项时	借：其他应收款 　贷：银行存款/库存现金	—
	报销时	借：业务活动费用/单位管理费用等（实际报销金额） 　贷：其他应收款	借：行政支出/事业支出等（待处理） 　贷：资金结存——货币资金
	收回其他各种应收及暂付款项	借：库存现金/银行存款等 　贷：其他应收款	
拨付给内部有关部门的备用金	财务部门核定并发放备用金时	借：其他应收款 　贷：库存现金等	
	根据报销数用现金补足备用金定额时	借：业务活动费用/单位管理费用等 　贷：库存现金	借：行政支出/事业支出等（实际报销金额） 　贷：资金结存——货币资金
逾期无法收回的其他应收款	经批准核销时	借：坏账准备（事业单位）/资产处置费用（行政单位） 　贷：其他应收款	—
	已核销的其他应收款在以后期间收回	①事业单位： 借：其他应收款 　贷：坏账准备 借：银行存款 　贷：其他应收款 ②行政单位： 借：银行存款 　贷：其他收入	借：资金结存——货币资金 　贷：其他预算收入

应该注意的是，实行定额备用金制度的单位，对于领用的备用金应当定期向财务部门报销。财务部门根据报销数用现金补足备用金定额时，借记"经营支出"等科目，贷记"库存现金""银行存款"科目，报销数和拨补数不再通过"其他应收款"科目核算。

【例 2-16】某事业单位发生的相关业务如下。

（1）向 A 公司购进材料一批，价值 18 000 元，但是因部分材料不合格，向 A 公司索赔，经协商 A 公司赔款 1 000 元，款项已经收到。

①同意赔款时。

借：其他应收款　　　　　　　　　　　　　　　　　　　1 000

　　贷：其他收入　　　　　　　　　　　　　　　　　　　1 000

②收到赔款时。

平行登记	财务会计	预算会计
	借：库存现金　　　　1 000 　　贷：其他应收款　　　　1 000	借：资金结存——货币资金　1 000 　　贷：事业支出（待处理）　1 000

（2）该单位科员张亮预借差旅费 4 000 元。10 天后，张亮出差回来，报销差旅费 3 500 元，并交回多余现金 5 00 元。

①预借差旅费时。

平行登记	财务会计	预算会计
	借：其他应收款　　　　4 000 　　贷：库存现金　　　　4 000	借：事业支出（待处理）　　　　4 000 　　贷：资金结存——货币资金　　4 000

②报销差旅费时。

平行登记	财务会计	预算会计
	借：单位管理费用（实际报销金额） 　　　　　　　　　　　　3 500 　　　库存现金　　　　500 　　贷：其他应收款——张亮　4 000	借：资金结存——货币资金（差额） 　　　　　　　　　　　　500 　　贷：事业支出等（待处理）　500

2.10 ｜ "应收股利" 科目的运用

"应收股利"科目核算事业单位应收取的现金股利和应收取其他单位分配的利润。

2.10.1 "应收股利"科目的设置

应收股利科目可按被投资单位进行明细核算，期末借方余额，反映事业单位尚未收到的现金股利或利润。具体设置见表 2-28。

表 2-28　应收股利会计科目编码的设置

科目代码	总分类科目（一级科目）	明细分类科目	
		二级明细科目	三级明细科目
1215	应收股利	—	—
121501	应收股利	××单位	—
121502	应收股利	××单位	—

2.10.2　"应收股利"科目主要账务处理

应收股利的主要账务处理，见表 2-29。

表 2-29　应收股利的主要账务处理

业务情形		财务会计	预算会计
取得的股权投资	取得长期股权投资支付价款中包含的、已宣告尚未领取的现金股利或利润	借：长期期权投资 　　应收股利（已到宣告但尚未领取的股利） 贷：银行存款	借：投资支出 贷：资金结存——货币资金
	收到购买时包含的、已宣告但尚未领取的股利时	借：银行存款 贷：应收股利	借：资金结存——货币资金 贷：投资支出
持有投资期间	被投资单位宣告发放现金股利或利润	借：应收股利 贷：投资收益/长期股权投资	—
	收到现金股利或利润时	借：银行存款 贷：应收股利	借：资金结存——货币资金 贷：投资预算收益

【例 2-17】2024 年 5 月 15 日，某事业单位以银行存款购买宏大股份有限公司的股票 2 000 股作为长期投资，每股买入价为 15 元，每股价格中包含有 0.1 元的已宣告分派的现金股利，另支付相关税费 600 元。

计算初始投资成本：

股票成交金额（2 000×15）：30 000 元

加：相关税费 600 元

减：已宣告分派的现金股利（2 000×0.1）：200 元

（1）购入股票时，如图 2-16 所示。

5/15/2024		成交过户交割单	
股东编号：	A2311	成交证券：	宏大股份有限公司
电脑编号：	7868	成交数量：	2 000
公司代号：	5321	成交价格：	15
申请编号：	8978	成交金额：	30 800 元
申报时间：	10：11：11	标准佣金：	
成交时间：	10：15：31	过户费用：	0.00
上次余额：	0（股）	印花税：	0.00
本次成交：	10 000（股）	应付金额：	30 800 元
本次余额：	30 800（股）	附加费用：	0.00
本次库存：	10 000	实付金额：	30 800 元

图 2-16　成交过户交割单

平行登记	财务会计		预算会计	
	借：长期股权投资	30 600	借：投资支出	30 800
	应收股利	200	贷：资金结存——货币资金	30 800
	贷：银行存款	30 800		

（2）收到股利时。

平行登记	财务会计		预算会计	
	借：银行存款	200	借：资金结存——货币资金	200
	贷：应收股利	200	贷：投资支出	200

2.11 "应收利息"科目的应用

"应收利息"科目核算事业单位长期债券投资等应收取的利息。

2.11.1 "应收利息"科目的设置

行政事业单位购入到期一次还本付息的长期债券投资持有期间取得的利息，在"长期债券投资（应收利息）"科目核算。本科目可按被投资单位进行明细核算，期末借方余额，反映行政事业单位应收未收的债券投资等应收利息，见表2-30。

表 2-30　"应收利息"会计科目编码的设置

科目代码	总分类科目（一级科目）	明细分类科目	
		二级明细科目	三级明细科目
1216	应收利息	—	—
121601	应收利息	××单位	—
121602	应收利息	××单位	—

2.11.2　"应收利息"科目主要账务处理

应收利息的主要账务处理，见表2-31。

表 2-31　应收利息的主要账务处理

业务情形		财务会计	预算会计
取得的债券投资	取得长期债券投资支付价款中包含的、已到付息期但尚未领取的利息	借：长期债券投资 应收利息（已到付息期但尚未领取的利息） 贷：银行存款等	借：投资支出 贷：资金结存——货币资金
	收到购买时已到付息期但尚未领取的利息时	借：银行存款 贷：应收利息	借：资金结存——货币资金 贷：投资支出
持有投资期间	资产负债表日计提利息	借：应收利息 贷：投资收益	—
	实际收到利息	借：银行存款 贷：应收利息	借：资金结存——货币资金 贷：投资预算收益

【例2-18】2024年1月1日，某行政单位购入3209号国库券，总额为290 000元，利率为5%，每年付息一次。

2024年12月31日，计提利息＝290 000×5%＝14 500（元）

借：应收利息　　　　　　　　　　　　　　　　　14 500

　　贷：投资收益　　　　　　　　　　　　　　　　　14 500

实际收到时，账务处理如下。

平行登记	财务会计	预算会计
	借：银行存款　　　14 500 　　贷：应收利息　　　　14 500	借：资金结存——货币资金　14 500 　　贷：投资预算收益　　　　14 500

2.12 "坏账准备"科目的应用

单位应当于每年年度终了，对应收账款进行全面检查，分析其可收回性，对预计可能产生的坏账损失计提坏账准备、确认坏账损失并计入当期资产损失。

2.12.1 "坏账准备"科目的设置

"坏账准备"科目核算行政事业单位对应收账款提取的坏账准备。本科目期末贷方余额，反映事业单位提取的坏账准备金额，见表2-32。

表2-32　坏账准备会计科目编码的设置

科目代码	总分类科目（一级科目）	明细分类科目	
		二级明细科目	三级明细科目
1219	坏账准备		
1219101	坏账准备	应收账款坏账准备	××单位
121902	坏账准备	其他应收款坏账准备	××单位

事业单位可以采用应收款项余额百分比法、账龄分析法、个别认定法等方法计提坏账准备。坏账准备计提方法一经确定，不得随意变更。如需变更，应当按照规定报经批准，并在财务报表附注中予以说明。

当期应补提或冲减的坏账准备金额的计算公式如下。

当期应补提或冲减的坏账准备＝当期按应收账款计算应计提的坏账准备金额－本科目贷方余额（或 ＋ 本科目借方余额）

2.12.2 "坏账准备"科目主要账务处理

坏账准备的主要账务处理,见表2-33。

表 2-33　坏账准备的主要账务处理

业务情形		财务会计	预算会计
年度终了全面分析应收账款	计提坏账准备,确认坏账损失	借:其他费用 　贷:坏账准备	—
	冲减坏账准备	借:坏账准备 　贷:其他费用	—
逾期无法收回的应收账款	账龄超过规定年限并确认无法收回的应收账款报批后予以核销,并在备查簿中保留登记	借:坏账准备 　贷:应收账款/其他应收款	—
	已核销不需上缴财政的应收账款在以后期间收回	借:应收账款/其他应收款 　贷:坏账准备 借:银行存款 　贷:应收账款/其他应收款	借:资金结存——货币资金等 　贷:非财政拨款结余等

【例 2-19】某事业单位2021年年末应收账款的余额为1 200 000元,提取坏账准备的比例为5‰;2022年发生坏账损失7 000元,其中A单位2 000元,B单位5 000元,期末应收账款余额为1 500 000元;2023年,已冲销的上年B单位应收账款又收回,期末应收账款余额为1 600 000元。

(1) 2021年提取坏账准备:1 200 000×5‰=6 000(元)。

借:其他费用　　　　　　　　　　　　　　　　　　　　　6 000

　　贷:坏账准备　　　　　　　　　　　　　　　　　　　　　　6 000

(2) 2022年发生坏账时。

借:坏账准备　　　　　　　　　　　　　　　　　　　　　7 000

　　　　贷：应收账款——A单位　　　　　　　　　　　　　2 000
　　　　　　　　——B单位　　　　　　　　　　　　　5 000

（3）2022年末按应收账款的余额计算提取坏账准备。

"坏账准备"科目余额＝6 000－7 000＝－1 000（元）

当年应提的坏账准备＝1 500 000×5‰＋1 000＝8 500（元）

借：其他费用　　　　　　　　　　　　　　　　　　　8 500

　　贷：坏账准备　　　　　　　　　　　　　　　　　　　8 500

（4）2023年收回上年已冲销的B单位账款5 000元。

平行登记	财务会计	预算会计
	借：应收账款——B单位　5 000 　　贷：坏账准备　　　　　　5 000 借：银行存款　　　　　　5 000 　　贷：应收账款——B单位　5 000	借：资金结存——货币资金　5 000 　　贷：非财政拨款结余　　　5 000

（5）2023年年末计算提取坏账准备。

"坏账准备"科目余额＝－1 000＋8 500＋5 000＝12 500（元）

当年应提的坏账准备＝1 800 000×5‰－12 500＝－3 500（元）

借：坏账准备　　　　　　　　　　　　　　　　　　　3 500

　　贷：其他费用　　　　　　　　　　　　　　　　　　　3 500

注意：一般情况下，坏账准备的提取比例为3‰～5‰。

2.13 存货的核算

　　存货，是指单位在开展业务活动及其他活动中为耗用或出售而储存的资产，如材料、产品、包装物和低值易耗品等，以及未达到固定资产标准的用具、装具、动植物等。

　　存货同时满足下列条件的，应当予以确认：

　　（1）与该存货相关的服务潜力很可能实现或者经济利益很可能流入政府会计主体；

　　（2）该存货的成本或者价值能够可靠地计量。

　　行政事业单位存货应设置会计科目：在途物资、库存物品、加工物品等。

2.13.1 存货会计科目的设置

▶ 1. "在途物品"科目设置

"在途物品"科目核算单位采购材料等物资时货款已付但尚未验收入库的在途物资的采购成本。本科目可按供应单位和物资品种进行明细核算。

在途物品科目核算企业采用实际成本（或进价）进行材料、商品等物资的日常核算、货款已付尚未验收入库的在途物资的采购成本。在途物品科目可按照供应单位和物资品种进行明细核算，见表2-34。

表 2-34　在途物品会计科目编码的设置

科目代码	总分类科目（一级科目）	明细分类科目		是否辅助核算	辅助核算类型
		二级明细科目	三级明细科目		
1301	在途物品	—	—	—	—
130101	在途物品	物资品种	物资名称	是	企业名称
130102	在途物品	物资品种	物资品种	是	企业名称
130103	在途物品	物资品种	物资品种	是	企业名称

在途物品科目账务处理，见表2-35。

表 2-35　在途物品科目账务处理

业务情形	财务会计	预算会计
购入材料等物资，结算凭证收到货未到，款已付	借：在途物品 　　应交增值税——应交税金（进项税额）（增值税一般纳税人可抵扣税额） 　贷：财政拨款收入/银行存款等	借：行政支出/事业支出/经营支出等 　贷：财政拨款预算收入/资金结存——财政应返还额度/资金结存——货币资金
所购材料等物资到达验收入库	借：库存物品 　贷：在途物品	—

▶ 2. "库存物品"科目设置

"库存物品"科目核算单位在开展业务活动及其他活动中为耗用或出售而

储存的各种材料、产品、包装物、低值易耗品，以及达不到固定资产标准的用具、装具、动植物，以及已完成测绘、地质勘查、设计成果等的成本。

单位随买随用的零星办公用品，可以在购进时直接列作费用，不通过本科目核算。

单位直接储存管理的各项政府应急或救灾储备物资等，应当通过"政府储备物资"科目核算，不通过本科目核算。单位在建工程和基本建设中购买和使用的材料物资，应当通过"工程物资"科目核算，不通过本科目核算。

本科目应当按照库存物品的种类、规格、保管地点等进行明细核算，见表 2-36。

表 2-36　库存物品会计科目编码的设置

科目代码	总分类科目（一级科目）	明细分类科目		是否辅助核算	辅助核算类型
		二级明细科目	三级明细科目		
1302	库存物品	—	—	—	—
130201	库存物品	材料	物资品种	是	存放地点
130202	库存物品	产品	物资品种	是	存放地点
130203	库存物品	包装物	物资品种	是	存放地点
130204	库存物品	低值易耗品	物资品种	是	存放地点
130205	库存物品	动植物	物资品种	是	存放地点
130206	库存物品	用具	物资品种	是	存放地点
130207	库存物品	装具	物资品种	是	存放地点

▶ 3. "加工物品"科目的设置

"加工物品"科目核算单位自制或委托外单位加工的各种物资及未完成测绘、地质勘查、设计成果的实际成本。本科目应设置"自制物品""委托加工物品"两个二级明细科目，并按照物品类别或品种设置明细账，进行明细核算。

自制物品的，应当在本科目的相关明细科目下归集自制物品发生的直接材料、直接人工（专门从事物资制造工人的人工费）等直接费用；自制物品发生的间接费用，在本科目的"自制物品"二级明细科目下单独设置"间接费用"二级明细科目予以归集，期末，再按一定的分配标准和方法，分配计入有关物资的成本。

加工物品科目的设置，见表 2-37。

表 2-37　加工物品会计科目编码设置

科目代码	总分类科目 （一级科目）	明细分类科目		是否辅助核算	辅助核算类型
		二级明细科目	三级明细科目		
1303	加工物品	—	—	—	—
130301	加工物品	自制物品	—	是	存放地点
13030101	加工物品	自制物品	直接材料	是	存放地点
13030102	加工物品	自制物品	直接人工	是	存放地点
13030103	加工物品	自制物品	间接费用	是	存放地点
130302	加工物品	委托加工物品		是	存放地点
13030201	加工物品	委托加工物品	物资名称	是	存放地点

2.13.2　存货的初始计量

《政府会计准则第 1 号——存货》第五条规定，"存货在取得时应当按照成本进行初始计量。"不同渠道取得的存货，计量方式不同，其成本构成内容也不同。

存货购入的账务处理，见表 2-38。

表 2-38　存货购入账务处理

		财务会计	预算会计
取得库存物品	外购的库存物品验收入库	借：库存物品 　　贷：财政拨款收入/财政应返还额度/银行存款/应付账款等	借：行政支出/事业支出/经营支出等 　　贷：财政拨款预算收入/资金结存
	委托外单位库存物品加工收回，并验收入库	借：库存物品——相关明细科目 　　贷：加工物品——委托加工物品	—

➠ 1. 购入的存货

政府会计主体购入的存货，其成本包括购买价款、相关税费、运输费、装卸费、保险费以及使得存货达到目前场所和状态所发生的归属于存货成本的其他支出。

（1）购买价款是指购入存货的发票账单上列明的价款，但不包括按规定可以抵扣的增值税额。

（2）相关税费是指购买存货发生的消费税、资源税和不能抵扣的增值税进项税等。

（3）其他支出是指除购买价款、相关税费、运输费、装卸费、保险费等以外的可归属于存货采购成本的支出，例如运输途中的合理损耗，入库前的整理挑选费等。

【例2-20】某事业单位以政府集中采购的方式购入自用乙材料一批，价款、相关税费、运输费、装卸费、保险费以及使得存货达到目前场所和状态所发生的归属于存货成本的其他支出总计19 430元。款项已经通过财政直接支付方式支付，材料已经由供应商交付事业单位。

根据上述业务，编制会计分录：

平行登记	财务会计		预算会计	
	借：库存物品	19 430	借：事业支出	19 430
	贷：财政拨款收入	19 430	贷：财政拨款预算收入	19 430

▶▶ 2. 自行加工的存货

行政事业单位自行加工的存货，其成本包括耗用的直接材料费用、发生的直接人工费用和按照一定方法分配的与存货加工有关的间接费用。

在同一生产过程中，同时生产两种或两种以上的产品，并且每种产品的加工成本不能直接区分的，其加工成本应当按照合理的方法在各种产品之间进行分配。账务处理见表2-39。

表2-39　自行加工存货账务处理

业务情形	财务会计	预算会计
自制的库存物品，加工过程中发生的各种费用	借：加工物品 　　贷：库存物品/应付职工薪酬/财政拨款收入/银行存款	借：事业支出/经营支出等 　　贷：财政拨款预算收入/资金结存

续上表

业务情形	财务会计	预算会计
自制的库存物品加工完成、验收入库	借：库存物品——相关明细科目 　　贷：加工物品——自制物品	—

【例 2-21】某事业单位自行生产加工一种自用甲产品，现领用 A 材料一批，采用加权平均法计算出其价值为 8 900 元。

借：加工物品——A 产品　　　　　　　　　　8 900

　　贷：库存物品　　　　　　　　　　　　　　　　8 900

【例 2-22】甲产品加工完成的验收入库，共 500 件，经计算其加工成本为总计 49 000 元。

借：库存物品——甲产品　　　　　　　　　　49 000

　　贷：加工物品　　　　　　　　　　　　　　　　49 000

▶ **3. 委托加工的存货**

行政事业单位委托加工的存货，其成本包括委托加工前存货成本、委托加工的成本（如委托加工费以及按规定应计入委托加工存货成本的相关税费等），以及使存货达到目前场所和状态所发生的归属于存货成本的其他支出，账务处理见表 2-40。

表 2-40　委托加工存货账务处理

业务情形	财务会计	预算会计
发给外单位加工的材料	借：加工物品——委托加工物品 　　贷：库存物品（相关物资明细科目）	—
支付加工费用	借：加工物品——委托加工物品 　　贷：财政拨款收入/银行存款等	借：行政支出/事业支出/经营支出/其他支出等 　　贷：财政拨款预算收入/资金结存
委托加工完成的材料等验收入库	借：库存物品——相关明细科目（按加工前发出物资的成本和加工成本） 　　贷：加工物品——委托加工物品	—

委托加工的存货成本＝加工前存货（材料或半成品）的实际成本＋加工费＋运杂费＋其他

【例2-23】某事业单位发生委托加工的存货业务如下：

①委托方与受托方签订委托加工合同后，按合同向受托方发出委托加工物资20 000元。

借：加工物品——委托加工物品　　　　　　　　　　20 000

　　贷：库存物品　　　　　　　　　　　　　　　　　　　20 000

②受托方加工完成时，委托方向受托方支付加工费、运杂费500元，增值税65元。

平行登记	财务会计	预算会计
	借：加工物品——委托加工物品　　500 　　应交增值税——应交税金（进项税额） 　　　　　　　　　　　　　　　　65 　　贷：银行存款　　　　　　　　　565	借：经营支出　　　　　　　565 　　贷：资金结存——货币资金565

③委托加工物资运抵仓库，办理入库，成本总计20 500元。

借：库存物品　　　　　　　　　　　　　　　　　　20 500

　　贷：加工物品——委托加工物品　　　　　　　　　　20 500

总的来说，购入、自行加工、委托加工三种方式取得存货的初始计量，基本上继承了现行行政事业单位会计的做法。

需要注意的是，有加工业务的行政事业单位在发生下列各项业务时应当确认为当期费用，不计入存货成本：

（1）非正常消耗的直接材料、直接人工和间接费用不计入存货成本。

（2）仓储费用不计入存货成本，除非是必经阶段，即不包括在加工过程中为达到下一个加工阶段所必需的费用。

（3）不能归属于使存货达到目前场所和状态所发生的其他支出。

▸ **4. 通过置换取得的存货**

行政事业单位通过置换取得的存货，其成本按照换出资产的评估价值，加上支付的补价或减去收到的补价，加上为换入存货发生的其他相关支出确定。

现行行政事业单位会计制度中，只有行政单位有置换资产方面的规定，事业单位没有置换业务的规定。《政府会计准则第1号——存货》关于置换的规定适用所有行政事业单位，补充了现行事业单位会计制度的不足。

置换取得资产的初始计量以换出资产的评估价为基础，等于换出资产评估价值加上支付补价或减去收到补价再加上其他相关支出，见表2-41。

表 2-41　置换存货账务处理

业务情形	财　务　会　计	预算会计
支付补价	借：库存物品 　　固定资产累计折旧/无形资产累计摊销 　　资产处置费用（换出资产评估值小于账面价值） 　贷：库存物品/固定资产/无形资产等 　　其他收入（换出资产评估值大于账面价值） 　　银行存款	借：其他支出 　贷：资金结存
收到补价	借：库存物品 　　银行存款 　　资产处置费用（换出资产评估值小于账面价值） 　　固定资产累计折旧/无形资产累计摊销 　贷：库存物品/固定资产/无形资产等 　　银行存款 　　应缴财政款 　　其他收入	借：其他支出 　贷：资金结存

【例 2-24】某行政单位与某单位通过置换，换入一批办公用品。换出资产账面价值 5 400 元，评估价为 5 900 元，银行账户支付补价 700 元，支付运杂费 400 元，办公用品已经已入库。

	财务会计	预算会计
平行登记	借：库存物品 　　　（5 900＋700＋400）7 000 　贷：库存物品　　　　　　5 400 　　其他收入　　　　　　　500 　　银行存款　（700＋400）1 100	借：行政支出　（700＋400）1 100 　贷：资金结存——货币资金 　　　　　　（700＋400）1 100

【例 2-25】某行政单位以账面价值 200 000 元（评估价 220 000 元）的材料，与甲事业单位价值 90 000 元的办公用品进行置换，银行账户收到补价 10 000 元，置换换入的办公用品已验收入库。假设补价 10 000 元留归本单位。

置换资产过程中收到补价时，账务处理如下。

平行登记	财务会计	预算会计
	借：库存物品——办公用品 　　（220 000－10 000）210 000 　　银行存款　　　　　　　10 000 　　贷：库存物品　　　　　200 000 　　　　其他收入　　　　　 20 000	借：资金结存——货币资金 　　　　　　　　　　　　　10 000 　　贷：其他预算收入　　　10 000

▶ 5. 接受捐赠的存货

行政事业单位接受捐赠的存货：其成本按照有关凭据注明的金额加上相关税费、运输费等确定。

（1）没有相关凭据可供取得，但按规定经过资产评估的，其成本按照评估价值加上相关税费、运输费等确定；

（2）没有相关凭据可供取得、也未经资产评估的，其成本比照同类或类似资产的市场价格加上相关税费、运输费等确定；

（3）没有相关凭据且未经资产评估、同类或类似资产的市场价格也无法可靠取得的，按照名义金额入账，相关税费、运输费等计入当期费用。

接受捐赠存货账务处理，见表 2-42。

表 2-42　接受捐赠存货账务处理

业务情形	财务会计	预算会计
接受捐赠的 库存物品	借：库存物品（按照确定的成本） 　　贷：银行存款等（相关税费） 　　　　捐赠收入（差额）	按照支付的相关税费 借：其他支出 　　贷：资金结存

【例 2-26】某事业单位接受社会捐赠一批材料，没有附相关凭据。此材料在市场中并无销售，无法可靠取得其评估价值和市场价格，经批准以名义金额入账。接收材料捐赠时，发生税费支出 100 元，通过转账支付。

接受捐赠的库存物品，账务处理如下。

平行登记	财务会计	预算会计
	借：库存物品　　　　　　　　1 　　贷：捐赠收入　　　　　　　1 借：其他费用　　　　　　　100 　　贷：银行存款　　　　　　100	借：其他支出　　　　　　　100 　　贷：资金结存——货币资金　100

6. 无偿调入的存货

行政事业单位无偿调入的存货，其成本按照调出方账面价值加上相关税费、运输费等确定。

《政府会计准则第1号——存货》将接受捐赠和无偿调入的存货作为一类，统一规定了其计量要求。实际上接受捐赠和无偿调入的存货在初始成本获取上是存在差别的。无偿调入的存货原则上是能够获得调出方账面价值作为初始计量的基础的，不可能存在按名义金额入账的情况。所以规定：一方面政府会计主体无偿调入的存货，其成本按照调出方账面价值加上相关税费、运输费等确定；另一方面也防止名义金额滥用情况的出现。账务处理见表2-43。

表2-43 无偿调入存货账务处理

业务情形	财务会计	预算会计
无偿调入的库存物品	借：库存物品（按照确定的成本） 　贷：银行存款等（相关税费） 　　　无偿调拨净资产（差额）	借：其他支出 　贷：资金结存——货币资金

【例2-27】某事业单位从其他单位无偿调入一台专用工具。该设备调出方账面价值为1 980元。设备调入时发生运费50元，以现金支付。账务处理如下。

平行登记	财务会计	预算会计
	借：库存物品　　　　　2 030 　贷：库存现金　　　　　　50 　　　无偿调拨净资产　1 980	借：其他支出　　　　　　　50 　贷：资金结存——货币资金　50

7. 盘盈的存货

行政事业单位盘盈的存货，按规定经过资产评估的，其成本按照评估价值确定；未经资产评估的，其成本按照重置成本确定。

盘盈库存物品，经批准，按确定的价值入账，借记"库存物品"贷记"待处理财产损溢"。

【例2-28】某事业单位月末盘盈一批存货，该批存货共计12 000元。

（1）盘盈转入待处理财产损溢时。

借：库存物品　　　　　　　　　　　　　　12 000

　　贷：待处理财产损溢　　　　　　　　　　　12 000

（2）报经批准后。

借：待处理财产损溢　　　　　　　　　　　12 000

　　贷：单位管理费用　　　　　　　　　　　12 000

2.13.3　存货的后续计量

❖ 1. 存货成本结转

对于已发出的存货，应当将其成本结转为当期费用或者计入相关资产成本。

大部分行政事业单位，都是应当将存货成本结转为当期费用，只有具有生产职能的单位才会将存货计入相关成本。例如，医院的制药生产，是可以将药材成本计入其所生产的药物成本的。

按规定报经批准对外捐赠、无偿调出的存货，应当将其账面余额予以转销，对外捐赠、无偿调出中发生的归属于捐出方、调出方的相关费用应当计入当期费用。

【例2-29】某事业单位开出"材料出库单"，事业类业务部门领用A材料一批，采用加权平均法计算出其价值为6 900元。

领用A材料单，见表2-44。

表2-44　材料入库单

2024 年 1 月 22 日

材料名称	规格型号	数量		单　位	单　价	金　额								
		交库	实收			千	百	十	万	千	百	十	元	角	分
A 材料		100	100	公斤	69					6	9	0	0	0	0
合计									¥	6	9	0	0	0	0

借：单位管理费用   6 900

  贷：库存物品   6 900

【例2-30】事业单位出售一批存货，成本共计42 300元，取得价款57 500元。处置净收入作应缴款项。

①报经批准，出售时。

借：资产处置费用——待处理财产价值   42 300

  贷：库存物品   42 300

②出售资产过程中收到价款，假设无其他费用。

借：银行存款   57 500

  贷：应缴财政款   57 500

政府会计主体应当根据实际情况采用先进先出法、加权平均法或者个别计价法确定发出存货的实际成本。计价方法一经确定，不得随意变更。

2. 存货摊销

行政事业单位应当采用一次转销法或者五五摊销法对低值易耗品、包装物进行摊销，将其成本计入当期费用或者相关资产成本。

【例2-31】某行政单位开出"材料出库单"，领用低值易耗品一批，价款13 400元采用一次转销法摊销。

借：业务活动费用   13 400

  贷：库存物品   13 400

【例2-32】某行政单位开出"材料出库单"，领用A低值易耗品一批，价款8 000元采用五五摊销法计算出其价值为4 000元。

借：业务活动费用   4 000

  贷：库存物品   4 000

3. 存货成本计入当期费用

按规定报经批准对外捐赠、无偿调出的存货，应当将其账面余额予以转销，对外捐赠、无偿调出中发生的归属于捐出方、调出方的相关费用应当计入当期费用。

【例2-33】行政单位给某山区贫困家庭无偿调拨一批生活物资，共计25 800元；无偿调出材料，调出方账面价值17 200元，如图2-17所示。

××省公益事业捐赠统一票据

捐赠人：××行政单位	2024 年 1 月 20 日		No：3642535
捐赠项目	实物（外币）	数量（kg）	金额（元）
材料	实物	100	25 800
生活物资	实物	500	17 200
金额合计			43 000
接受单位：	复核人：		开票人：

图 2-17　××省公益事业捐赠统一票据（章略）

①对外无偿调出库存物品，转入待处置资产时。

借：无偿调拨资产　　　　　　　　　　　　　　　43 000

　　贷：库存物品　　　　　　　　　　　　　　　　　　43 000

②实际调出时，发生相关费用 1 000 元。

借：资产处置费用　　　　　　　　　　　　　　　1 000

　　贷：银行存款　　　　　　　　　　　　　　　　　　1 000

▶▶ 4. 存货发生毁损会计处理

对于发生的存货毁损，根据"收支两条线"的规定，应当将存货账面余额转销计入当期费用，并将毁损存货处置收入扣除相关处置税费后的差额，按规定作应缴款项处理（差额为净收益时）或计入当期费用（差额为净损失时）。

盘亏或毁损存货账务处理见表 2-45。

表 2-45　盘亏或毁损存货账务处理

业　务　情　形		财务会计
定期盘点库存资料及处置	盘亏或者毁损、报废的库存物品转入待处置资产	借：待处理财产损溢 　贷：库存物品（账面余额）
	增值税一般纳税人购进的非自用材料发生盘亏或者毁损、报废的，转入待处置资产时，同时转出库存物品的增值税进项税额	借：待处理财产损溢 　贷：应交增值税——应交税金（进项税额转出）

【例 2-34】某行政单位一批物资发生毁损报废，账面余额 320 000 元，经批准予以核销。获得保险公司赔偿 21 000 元，应上缴国库。

①转入待处置资产时。

借：待处理财产损溢——待处理财产价值　　　　　320 000

　　贷：库存物品　　　　　　　　　　　　　　　　　　320 000

②经批准予以核销时。

借：资产处理费用   320 000

      贷：待处理财产损溢——待处理财产价值   320 000

③收到残值变价收入、保险理赔 21 000 元。

平行登记	财务会计	预算会计
	借：银行存款 21 000 贷：待处理财产损溢（处理净收入） 21 000	—

④处理过程中发生相关费用 15 000 元。

借：待处理财产损溢——处理净收入   15 000

      贷：银行存款   15 000

⑤处理收入扣除相关费用后的净收入。

借：待处理财产损溢——处理净收入   6 000

      贷：应缴财政款   6 000

▶▶ 5. 存货盘亏会计处理

存货盘亏造成的损失，按规定报经批准后应当计入当期费用。

【例 2-35】某事业单位年终进行存货的清查盘点，发现丁材料盘亏 21 千克，账面价值为 9 024 元。将盘亏丁材料转入待处置资产损溢，同时上报同级财政部门。上述待核销资产经财政部门同意，予以核销。

①盘亏库存物品转入待处置资产。

借：待处理财产损溢   9 024

      贷：库存物品   9 024

②报经批准后。

借：资产处置费用   9 024

      贷：待处理财产损溢   9 024

2.14 "短期投资"科目的应用

短期投资，是指行政事业单位取得的持有时间不超过 1 年（含 1 年）的投资。

2.14.1 "短期投资"科目的设置

短期投资科目设置，见表2-46。

表2-46 短期投资会计编码设置

科目代码	总分类科目（一级科目）	明细分类科目	
		二级明细科目	三级明细科目
1101	短期投资	—	—
110101	短期投资	投资项目	按投资人设置
110102	短期投资	投资项目	按投资人设置

2.14.2 "短期投资"科目主要账务处理

短期投资在取得时，应当按照实际成本（包括购买价款和相关税费，下同）作为初始投资成本。

实际支付价款中包含的已到付息期但尚未领取的利息，应当于收到时冲减短期投资成本。账务处理见表2-47。

表2-47 短期投资账务处理

业务情形	财务会计	预算会计
取得短期投资时	借：短期投资（包括购买价款以及税金、手续费、已到付息期尚未领取的利息等） 贷：银行存款等（实际支付的金额）	借：投资支出 贷：资金结存——货币资金
收到购买时已到付息期但尚未领取的利息时	借：银行存款 贷：短期投资	借：资金结存——货币资金 贷：投资支出
短期投资持有期间收到利息	借：银行存款 贷：投资收益	借：资金结存——货币资金 贷：投资预算收益
出售短期投资或到期收回短期国债本息	借：银行存款（实际收到的金额） 投资收益（借方差额） 贷：短期投资（账面余额） 投资收益（贷方差额）	借：资金结存——货币资金（实收款） 投资预算收益（实收款小于投资成本的差额） 贷：投资支出 投资预算收益（实收款大于投资成本的差额）

▶ 1. 取得短期投资

【例 2-36】某事业单位购入 2189 期国债 100 000 元，1 年期，票面年利率为 3%。以银行存款支付购入国债的款项，无相关税费。账务处理如下。

平行登记	财务会计	预算会计
	借：短期投资　　　　100 000 　　贷：银行存款　　　　100 000	借：投资支出　　　　　　　100 000 　　贷：资金结存——货币资金 　　　　　　　　　　　　　100 000

▶ 2. 出售短期投资或到期收回短期国债本息

【例 2-37】某事业单位到期收回所购入的 1210 期国债本息，收到款项共计 81 200 元，该国债的账面投资成本为 80 000 元。账务处理如下。

平行登记	财务会计	预算会计
	借：银行存款　　　　　81 200 　　贷：短期投资（账面余额） 　　　　　　　　　　　　80 000 　　　　投资收益（贷方差额）1 200	借：资金结存——货币资金　81 200 　　贷：投资支出　　　　　80 000 　　　　投资预算收益　　　 1 200

▶ 3. 短期投资持有期间收到利息

【例 2-38】接【例 2-36】，收到所购入的 2189 期国债利息 2 318 元。账务处理如下。

平行登记	财务会计	预算会计
	借：银行存款　　　　　2 318 　　贷：投资收益　　　　 2 318	借：资金结存——货币资金　2 318 　　贷：投资预算收益　　　 2 318

2.15 "长期债权投资"科目的应用

长期债券投资是指事业单位购入在 1 年内（不含 1 年）不能变现或不准备随时变现的国债等债权性质的投资。

2.15.1 "长期债券投资"科目设置

"长期债券投资"科目借方登记长期债券投资增加数；贷方登记长期债券投

资收回、冲减数；期末借方余额，反映事业单位持有的长期债券投资的价值。

▶ 1. "长期债券投资"科目设置

行政事业单位应当严格遵守国家法律、行政法规以及财政部门、主管部门有关事业单位对外投资的规定。本科目下设"成本"和"应收利息"明细科目，并应当按照债券投资的种类进行明细核算。本科目期末借方余额，反映事业单位持有的长期债券投资的价值，见表2-48。

表 2-48　长期债券投资会计科目编码的设置

科目代码	总分类科目（一级科目）	明细分类科目	
		二级明细科目	三级明细科目
1502	长期债券投资	—	—
150201	长期债券投资	成本	债券投资的种类
150202	长期债券投资	应收利息	债券投资的种类

▶ 2. 长期债券投资的主要账务处理

长期债券投资的主要账务处理，见表2-49。

表 2-49　长期债券投资的主要账务处理

业务情形		财务会计	预算会计
取得长期债券投资	取得长期债券投资时	借：长期债券投资——成本（包括购买价款以及税金、手续费等相关税费） 应收利息（已到付息期但尚未领取的利息） 贷：银行存款等（实际支付的金额）	借：投资支出 贷：资金结存——货币资金
	收到购买时已到付息期但尚未领取的利息时	借：银行存款 贷：应收利息	借：资金结存——货币资金 贷：投资支出
持有长期债券投资期间	资产负债表日按票面价值与票面利率计提利息	借：应收利息（分期付息、到期还本） 长期债券投资——应收利息（到期一次还本付息） 贷：投资收益	—
	实际收到利息	借：银行存款 贷：应收利息	借：资金结存——货币资金 贷：投资预算收益

业务情形	财务会计	预算会计
到期收回长期债券投资本息	借：银行存款等 　贷：长期债券投资——成本 　　　　　　　　——应收利息	借：资金结存——货币资金 　贷：其他结余 　　　投资预算收益
对外出售	借：银行存款等（按照实际收到的款项） 　投资收益（或贷） 　贷：长期债券投资（按照长期债券投资的账面余额） 　应收利息 　应交增值税——转让金融商品应交增值税	借：资金结存——货币资金 　贷：其他结余 　　　投资预算收益

2.15.2　长期债权投资的初始与后续计量

▶ 1. 取得长期债权投资

长期债券投资在取得时，应当按照实际成本作为初始投资成本。实际支付价款中包含的已到付息期但尚未领取的债券利息，应当单独确认为应收利息，不计入长期债券投资初始投资成本。

【例2-39】某事业单位购入国债50 000元，3年期，票面年利率为3%。以银行存款支付购入国债的款项，无相关税费。假设支付50 800元，其中800元已到付息期但尚未领取的利息。账务处理如下。

平行登记	财务会计	预算会计
	借：长期债权投资　　50 000 　应收利息　　　　　　800 　贷：银行存款　　　50 800	借：投资支出　　　　　　50 800 　贷：资金结存——货币资金 　　　　　　　　　　　50 800

▶ 2. 长期债权投资的后续计量

长期债券投资持有期间，应当按期以票面金额与票面利率计算确认利息收入。

对于分期付息、一次还本的长期债券投资，应当将计算确定的应收未收利息确认为应收利息，计入投资收益；对于一次还本付息的长期债券投资，应当将计算确定的应收未收利息计入投资收益，并增加长期债券投资的账面余额。

【例 2-40】某事业单位购入 2243 期国债 3 800 份，面值 100 元，2 年期，票面年利率 5%，债券到期一次还本付息。

(1) 款项共计 380 000 元，以银行存款支付。

(2) 资产负债表日按票面价值与票面利率计提利息。

(3) 上述 2243 期国债到期兑付，其账面余额为 380 000 元，利息收入为 38 000 元，实际收到的金额为 418 000 元。款项已经收到并存入银行账户。

①取得长期债券投资时，账务处理如下。

平行登记	财务会计	预算会计
	借：长期债券投资——成本 380 000 　　贷：银行存款　　380 000	借：投资支出　　　　　　　380 000 　　贷：资金结存——货币资金 　　　　　　　　　　　　380 000

②资产负债表日，按票面价值与票面利率计提利息。

借：长期债券投资——应收利息　　　　　　　　　　19 000
　　贷：投资收益　　　　　　　　　　　　　　　　　　19 000

③到期收回长期债券投资本息，账务处理如下。

平行登记	财务会计	预算会计
	借：银行存款　　　　　418 000 　　贷：长期债券投资——成本 　　　　　　　　　　　380 000 　　　　　　——应收利息 　　　　　　　　　　　19 000 　　　　投资收益　19 000	借：资金结存——货币资金　418 000 　　贷：其他结余　　　　　380 000 　　　　投资预算收益　　　38 000

2.16 "长期股权投资"科目的应用

"长期股权投资"科目核算事业单位按规定取得的，持有时间超过 1 年（不含 1 年）的股权性质的投资。

2.16.1 "长期股权投资"科目设置

行政事业单位应当严格遵守国家法律、行政法规以及财政部门、主管部门有关对外投资的规定。"长期股权投资"科目应当按照被投资单位进行明细核算。

长期股权投资采用权益法核算的，还应当分别以"成本""损益调整"

"其他权益变动"进行明细核算，见表 2-50。

表 2-50　长期股权投资会计科目编码的设置

科目代码	总分类科目（一级科目）	明细分类科目		是否辅助核算	辅助核算类别
		二级明细科目	三级明细科目		
1501	长期股权投资	—	—	—	—
150101	长期股权投资	股票投资	—	是	按投资单位
15010101	长期股权投资	股票投资	成本	是	按投资单位
15010102	长期股权投资	股票投资	损益调整	是	按投资单位
15010103	长期股权投资	股票投资	其他权益变动	是	按投资单位
150102	长期股权投资	其他股权投资		是	按投资单位
15010201	长期股权投资	其他股权投资	成本	是	按投资单位
15010202	长期股权投资	其他股权投资	损益调整	是	按投资单位
15010203	长期股权投资	其他股权投资	其他权益变动	是	按投资单位

2.16.2　长期股权投资账务处理

长期股权投资初始计量账务处理，见表 2-51。

表 2-51　长期股权投资初始计量账务处理

业务情形	财务会计	预算会计
以货币资金取得的长期股权投资	借：长期股权投资——成本（购买价款以及税金、手续费等减去已宣告但尚未领取的股利） 应收股利（已宣告但尚未领取的股利） 贷：银行存款等（实际支付的价款）	借：投资支出 　　贷：资金结存——货币资金
收到购买时已到宣告但尚未领取的股利时	借：银行存款 　　贷：应收股利	借：资金结存——货币资金 　　贷：投资支出

业务情形		财务会计	预算会计
以货币资金以外的资产置换取得的长期股权投资	支付补价	借：长期股权投资——成本 资产处置费用（换出资产评估值小于账面价值的差额） 固定资产累计折旧 无形资产累计摊销 贷：固定资产 无形资产 其他收入（换出资产评估值大于账面价值的差额）	借：其他支出 贷：资金结存——货币资金
	收到补价	借：长期股权投资——成本 银行存款 资产处置费用（换出资产评估值小于账面价值的差额） 贷：固定资产 无形资产 其他收入（换出资产评估值大于账面价值的差额） 应缴财政款	—
以未入账无形资产取得的长期股权投资		借：长期股权投资（转让评估价值加上相关税费） 贷：银行存款(账面余额) 其他应交税费 其他收入（评估价值大于账面价值） 银行存款(相关税费)	按照支付的相关费用。 借：其他支出等 贷：资金结存——货币资金
无偿调入的长期股权投资		借：长期股权投资——成本 贷：无偿调拨净资产 银行存款（相关税费）	借：其他支出 贷：资金结存——货币资金

2.16.3 长期股权投资的初始计量

长期股权投资在取得时，应当按照实际成本作为初始投资成本。具体来说：

（1）以货币资金取得的长期股权投资，按照实际支付的全部价款（包括购买价款和相关税费）作为实际成本。

【例2-41】某事业单位以银行存款 132 000 元进行一项长期股权投资，但是无权决定被投资单位的财务和经营政策。账务处理如下。

平行登记	财务会计	预算会计
	借：长期股权投资——成本 　　　　　　　　　　132 000 　　贷：银行存款　　132 000	借：投资支出　　　　　　　132 000 　　贷：资金结存——货币资金　132 000

（2）以货币资金以外的其他资产置换取得的长期股权投资，其成本按照换出资产的评估价值加上支付的补价或减去收到的补价，加上换入长期股权投资发生的其他相关支出确定。

【例2-42】某事业单位以固定资产进行一项长期股权投资，固定资产的账面余额为 1 400 000 元，已计提折旧为 200 000 元。按评估价确定的固定资产价值为 160 000 元，相关税费 2 000 元。收到补价 10 000 元，假设留归本单位。

长期股权投资——成本＝1 600 000＋2 000－1 000

＝1 601 000（元）

借：长期股权投资——成本	1 601 000
累计折旧	200 000
银行存款	10 000
贷：固定资产	1 400 000
银行存款	2 000
应缴财政款	409 000

（3）以未入账无形资产取得的长期股权投资。

【例2-43】某事业单位研发无形资产，研究阶段该项技术前期发生支出 94 000元，其中财政拨款 55 000 元，应付职工薪酬 21 000 元，存货 18 000 元，暂时未形成无形资产。单位决定将该未入账的无形资产对外投资，形成长期股权投资，评估价值 99 000 元。

①自行开发，账务处理如下。

平行登记	财务会计	预算会计
	借：无形资产　　　　　94 000 　　贷：财政拨款收入　　55 000 　　　应付职工薪酬　　21 000 　　　库存物品　　　　18 000	借：其他支出　　　　　　55 000 　　贷：财政拨款预算收入　55 000

②以未入账无形资产取得的长期股权投资，账务处理如下。

借：长期股权投资——成本   99 000

  贷：无形资产   94 000

    其他收入   5 000

（4）无偿调入的长期股权投资，其成本按照调出方账面价值加上相关税费确定。

【例2-44】某事业单位接受一项无偿调入的长期股权投资，该投资在调出方的账面价值为240 000元，调入时以银行存款支付相关费用10 000元。

借：长期股权投资——成本   250 000

  贷：无偿调拨净资产   240 000

    银行存款   10 000

预算会计分录如下。

借：其他支出   10 000

  贷：资金结存——货币资金   10 000

2.16.4　长期股权投资的后续计量

行政事业单位对长期股权投资全面引入权益法，《政府会计准则第2号——投资》规定长期股权投资在持有期间，通常应当采用权益法进行核算。行政事业单位无权决定被投资单位的财务和经营政策或无权参与被投资单位的财务和经营政策决策的，应当采用成本法进行核算。

成本法，是指投资按照投资成本计量的方法。

权益法，是指投资最初以投资成本计量，以后根据政府会计主体在被投资单位所享有的所有者权益份额的变动对投资的账面余额进行调整的方法。

▶ **1. 成本法**

长期股权投资成本法的后续计量账务处理，见表2-52。

表2-52　长期股权投资成本法后续计量的账务处理

业务情形	财务会计	预算会计
被投资单位宣告发放现金股利或利润时，按其享有份额	借：应收股利 贷：投资收益	—

业务情形	财务会计	预算会计
收到被投资单位发放的现金股利时	借：银行存款 　　贷：应收股利	借：资金结存——货币资金 　　贷：投资预算收益

在成本法下，长期股权投资的账面余额通常保持不变，但追加或收回投资时，应当相应调整其账面余额。

长期股权投资持有期间，被投资单位宣告分派的现金股利或利润，政府会计主体应当按照宣告分派的现金股利或利润中属于政府会计主体应享有的份额确认为投资收益。

【例 2-45】某事业单位以银行存款 890 000 元进行一项长期股权投资，但是无权决定被投资单位的财务和经营政策，后续计量采用成本法，被投资单位宣告发放现金股利 200 000 元，本单位拥有其 10％的份额，应获得股利 20 000元，一个月后收到被投资单位发放的现金股利。

（1）成本法下被投资单位宣告发放现金股利或利润时。

借：应收股利　　　　　　　　　　　　　　　　　20 000

　　贷：投资收益　　　　　　　　　　　　　　　　　20 000

（2）收到被投资单位发放的现金股利，账务处理如下。

平行登记	财务会计	预算会计
	借：银行存款　　　　20 000 　　贷：应收股利　　　　20 000	借：资金结存——货币资金　20 000 　　贷：投资预算收益　　　　20 000

▶▶ 2. 权益法

采用权益法的，按照如下原则进行会计处理：

（1）行政事业单位取得长期股权投资后，对于被投资单位所有者权益的变动，应当按照下列规定进行处理：

①按照应享有或应分担的被投资单位实现的净损益的份额，确认为投资损益，同时调整长期股权投资的账面余额。

②按照被投资单位宣告分派的现金股利或利润计算应享有的份额，确认为应收股利，同时减少长期股权投资的账面余额。

③按照被投资单位除净损益和利润分配以外的所有者权益变动的份额，确认为净资产，同时调整长期股权投资的账面余额。

（2）行政事业单位确认被投资单位发生的净亏损，应当以长期股权投资的账面余额减记至零为限（未确认的亏损分担额可以备查登记），行政事业单位负有承担额外损失义务的除外。

被投资单位发生净亏损，但以后年度又实现净利润的，行政事业单位应当在其收益分享额弥补未确认的亏损分担额后，恢复确认投资收益。具体账务处理见表 2-53。

表 2-53　长期股权投资权益法后续计量的账务处理

业务情形	财务会计	预算会计
权益法下被投资单位实现净利润时，按其份额	借：长期股权投资——损益调整 贷：投资收益	—
权益法下被投资单位发生净亏损时，按其份额	借：投资收益 贷：长期股权投资——损益调整	—
权益法下被投资单位宣告发放现金股利或利润时，按其份额	借：应收股利 贷：长期股权投资——损益调整	—
权益法下被投资单位除净损益和利润分配以外的所有者权益变动时，按其份额	增加时： 借：长期股权投资——其他权益变动 贷：权益法调整 减少时编制相反会计分录	—
权益法下收到被投资单位发放的现金股利	借：银行存款 贷：应收股利	借：资金结存——货币资金 贷：投资预算收益

权益法调整是指事业单位持有的长期股权投资采用权益法核算时，按照被投资单位除净损益和利润分配以外的所有者权益变动份额调整长期股权投资账面余额而计入净资产的金额。

单位应当设置"权益法调整"科目，按照被投资单位进行明细核算。年末，按照被投资单位除净损益和利润分配以外的所有者权益变动应享有（或应分担）的份额，借记或贷记"长期股权投资——其他权益变动"科目，贷记或借记"权益法调整"科目。处理权益法核算的长期股权投资时，按照原计入净资产的相应部分金额，借记或贷记"权益法调整"科目，贷记或借记"投资收益"科目。

【例2-46】某事业单位以银行存款900 000元进行一项长期股权投资，拥有其60%的份额，能够决定被投资单位的财务和经营政策，后续计量采用权益法。

①权益法下被投资单位实现净利润，被投资单位本年年末实现净利润4 200 000元。

借：长期股权投资——损益调整（4 200 000×60%）2 520 000

　　贷：投资收益　　　　　　　　　　　　　　　　2 520 000

长期股权投资账面金额＝900 000＋2 520 000

　　　　　　　　　　＝3 420 000（元）

②被投资单位宣告发放现金股利300 000元，本单位拥有其60%的份额。

借：应收股利（300 000×60%）　　　　　　　　　180 000

　　贷：长期股权投资——损益调整　　　　　　　　180 000

③权益法下收到被投资单位发放的现金股利，账务处理如下。

平行登记	财务会计		预算会计	
	借：银行存款	180 000	借：资金结存——货币资金	180 000
	贷：应收股利	180 000	贷：投资预算收益	180 000

④权益法下被投资单位发生净亏损，被投资单位本年年末发生净亏损4 000 000元。

长期股权投资账面金额＝900 000＋2 520 000－180 000＝3 240 000（元）

应承担的损失＝4 000 000×60%＝2 400 000（元）

借：投资收益　　　　　　　　　　　　　　　　　2 400 000

　　贷：长期股权投资——损益调整　　　　　　　　2 400 000

长期股权投资账面金额＝3 240 000－2 400 000＝840 000（元）

⑤被投资单位除净损益和利润分配以外的所有者权益变动，被投资单位从其他单位无偿调入一台专用工具，增加其他净资产260 000元。

借：长期股权投资——其他权益变动（260 000×60%）

156 000

贷：权益法调整   156 000

▶▶ 3. 成本法和权益法的转换

（1）权益法转成本法。

事业单位因处置部分长期股权投资等原因无权再决定被投资单位的财务和经营政策或者参与被投资单位的财务和经营政策决策的，应当对处置后的剩余股权投资改按成本法核算，并以该剩余股权投资在权益法下的账面余额作为按照成本法核算的初始投资成本。其后，被投资单位宣告分派现金股利或利润时，属于已计入投资账面余额的部分，作为成本法下长期股权投资成本的收回，冲减长期股权投资的账面余额。

【例 2-47】某事业单位的一项长期股权投资，拥有被投资方 60% 的份额，能够决定被投资单位的财务和经营政策，后续计量采用权益法，后转让出售一半的份额，无法决定被投资单位的财务和经营政策，长期股权投资改用成本法。出售后账面金额如下。

单位：元

长期股权投资——成本	350 000
长期股权投资——损益调整	118 000
长期股权投资——其他权益变动	12 680

借：长期股权投资   480 680

贷：长期股权投资——成本   350 000

　　　　　　——损益调整   118 000

　　　　　　——其他权益变动   12 680

（2）成本法转权益法。

事业单位因追加投资等原因对长期股权投资的核算从成本法改为权益法的，应当自有权决定被投资单位的财务和经营政策或者参与被投资单位的财务和经营政策决策时，按成本法下长期股权投资的账面余额加上追加投资的成本作为按照权益法核算的初始投资成本。

【例 2-48】某事业单位以银行存款 760 000 元进行一项长期股权投资，但是无权决定被投资单位的财务和经营政策，后追加投资 800 000 元，从而拥有了被投资单位其 70% 的份额，能够决定被投资单位的财务和经营政策，改用权益法。

①以货币资金取得的长期股权投资，账务处理如下。

平行登记	财务会计	预算会计
	借：长期股权投资　760 000 　　贷：银行存款　760 000	借：投资支出　760 000 　　贷：资金结存——货币资金 　　　　760 000

②追加投资成本法改为权益法，账务处理如下。

平行登记	财务会计	预算会计
	借：长期股权投资——成本 　　　　1 560 000 　　贷：长期股权投资　760 000 　　　　银行存款　800 000	借：投资支出　800 000 　　贷：资金结存——货币资金 　　　　800 000

2.16.5　长期股权投资的处置

▶ 1. 规定

根据《中央行政事业单位国有资产处置管理办法》（财资〔2021〕127号）第三十三条规定，"中央事业单位利用国有资产对外投资形成的股权（权益）的处置收入，除按照中央国有资本经营预算有关规定应申报、上交的国有资本收益和国家另有规定外，按照以下规定办理：

（一）利用货币资金对外投资形成的股权（权益）的处置收入纳入单位预算，统一核算，统一管理……"

《政府会计准则第 2 号——投资》也从以下三个方面加以规范：

首先，行政事业单位按规定报经批准处置长期股权投资，应当冲减长期股权投资的账面余额；

其次，按规定将处置价款扣除相关税费后的余额作应缴款项处理，或者按规定将处置价款扣除相关税费后的余额与长期股权投资账面余额的差额计入当期投资损益；

最后，采用权益法核算的长期股权投资，因被投资单位除净损益和利润分配以外的所有者权益变动而将应享有的份额计入净资产的，处置该项投资时，还应当将原计入净资产的相应部分转入当期投资损益。

▶ 2. 账务处理

长期股权投资处置账务处理，见表2-54。

表 2-54 长期股权投资处置账务处理

业务情形		财务会计	预算会计
权益法	处置以现金取得的长期股权投资	借：银行存款 　贷：长期股权投资 　　应收股利 　　银行存款 　　投资收益（或借） 借：权益法调整（或贷） 　贷：投资收益（或借）	借：资金结存——货币资金 　贷：投资支出/其他结余（投资款）投资预算收益
	处置现金以外的其他资产	借：资产处置费用 　贷：长期股权投资——成本 同时，编制分录如下。 借：银行存款 　贷：应收股利 　　银行存款 　　长期股权投资——损益调整 　　　　　　——其他权益变动 　　投资收益（或借） 　　应缴财政款 借：权益法调整（或贷） 　贷：投资收益（或借）	借：资金结存——货币资金 　贷：投资预算收益
成本法	处置用现金取得的长期股权投资	借：银行存款 　贷：长期股权投资 　　应收股利 　　银行存款 　　投资收益	借：资金结存——货币资金 　贷：其他结余（投资款）投资预算收益
	处置以现金以外的其他资产	借：资产处置费用 　贷：长期股权投资 借：银行存款（实际取得的价款） 　贷：应收股利（尚未领取的股利） 　　银行存款（支付的相关税费） 　　应缴财政款	借：资金结存——货币资金 　贷：投资预算收益（获得的现金股利）
	因被投资单位破产清算	借：资产处置费用 　贷：长期股权投资	不做财务处理

业务情形		财务会计	预算会计
成本法	报经批准置换转出	借：无形资产——专利权（换出资产评估价值＋其他相关支出＋补价） 　贷：长期股权投资 　　　其他收入（贷差） 　　　银行存款（支付的补价和其他相关支出）	借：其他支出（实际支付的补价和其他相关支出） 　贷：资金结存——货币资金

【例 2-49】A 单位 2024 年 1 月 1 日 "长期股权投资" 科目余额（假设均为权益法计算）见表 2-55。

表 2-55　"长期股权投资" 科目余额

被投资方	取得方式	成本	损益调整	其他权益变动
乙公司	现金	1 100 000	120 000	90 000
丙公司	固定资产	1 800 000	220 000	80 000（贷方）
丁公司	无形资产	2 300 000	40 000（贷方）	90 000（贷方）

2024 年，A 单位发生以下经济业务：

（1）经批准，A 单位于 2024 年 1 月 1 日出售乙公司股权，获得处置价款 1 500 000 元，尚未领取的现金股利 81 000 元一同转让，处置过程中发生其他相关税费支出 12 000 元，按照规定将处置时取得的投资收益纳入本单位预算管理。

	财务会计	预算会计
平行记账	借：银行存款（实际取得的价款） 　　　　　　　　　　1 500 000 　贷：长期股权投资——乙公司—— 　　成本　　　　　　1 100 000 　　　长期股权投资——乙公司—— 　　损益调整　　　　　120 000 　　　长期股权投资——乙公司—— 　　其他权益变动　　　90 000 　　　应收股利（尚未领取的现金股利） 　　　　　　　　　　　81 000 　　　银行存款（支付的相关税费） 　　　　　　　　　　　12 000 　　　投资收益（贷差）　97 000 借：权益法调整　　　　90 000 　贷：投资收益　　　　90 000	借：资金结存——货币资金（取得价款扣减支付的相关税费） 　　　　　　　　　　1 488 000 　贷：其他结余（投资款） 　　　　　　　　　　1 100 000 　　　投资预算收益　　388 000

按照规定，采用权益法核算的长期股权投资的处置，除进行上述账务处理外，还应结转原直接计入净资产的相关金额，借记或贷记"权益法调整"科目，贷记或借记"投资收益"科目。

（2）经批准，A单位于2024年1月1日出售丙公司股权，取得处置价款2 100 000元，尚未领取的现金股利100 000元一同转让，处置过程中发生其他相关税费60 000元，按照规定将处置时取得的投资收益纳入本单位预算管理。

投资收益＝取得价款与投资账面余额、应收股利账面余额和相关税费支出合计数的差额＝2100 000－1 800 000－100 000－60 000＝140 000（元）

①财务会计：

借：资产处置费用	1800 000	
贷：长期股权投资——丙公司——成本		1800 000
借：银行存款	2 100 000	
长期股权投资——丙公司——其他权益变动	80 000	
贷：应收股利		100 000
长期股权投资——丙公司——损益调整		220 000
银行存款		60 000
投资收益		140 000
应缴财政款		1 660 000
借：投资收益	140 000	
贷：权益法调整		140 000

②预算会计：

投资预算收益＝取得价款减去投资成本和相关税费后的金额＝2100 000－1 800 000－60 000＝240 000（元）

借：资金结存——货币资金	240 000	
贷：投资预算收益		240 000

（3）经批准，A单位于2024年1月1日出售了丁公司的股权取得处置价款2 550 000元，尚未领取的现金股利100 000元一同转让，处置过程中发生其他相关税费43 000元，按照规定将处置时取得的投资收益纳入本单位预算管理。

2024年1月1日，处置丁公司股权投资的账务处理如下。

①财务会计：

借：资产处置费用（投资账面余额）	2 170 000	

　　　　　长期股权投资——丁公司——损益调整　　　　　40 000

　　　　　　　　　　——丁公司——其他权益变动　　　　　90 000

　　　贷：长期股权投资——丁公司——成本　　　　　　2 300 000

投资收益＝2 550 000－2 300 000－100 000－43 000＝107 000（元）

　　借：银行存款　　　　　　　　　　　　　　　　　　2 550 000

　　　贷：银行存款（相关税费）　　　　　　　　　　　　43 000

　　　　　应收股利（尚未领取的现金股利）　　　　　　100 000

　　　　　投资收益　　　　　　　　　　　　　　　　　107 000

　　　　　应缴财政款　　　　　　　　　　　　　　　2 300 000

　　借：投资收益　　　　　　　　　　　　　　　　　　90 000

　　　贷：权益法调整　　　　　　　　　　　　　　　　90 000

②预算会计：

投资预算收益＝取得价款－投资成本－相关税费后的金额＝2 550 000－2 300 000－43 000＝207 000（元）

　　借：资金结存——货币资金　　　　　　　　　　　207 000

　　　贷：投资预算收益　　　　　　　　　　　　　　207 000

【例2-50】甲事业单位2024年1月1日"长期股权投资"科目余额（假设均为成本法核算）如下。

金额单位：元

项目	现金（乙公司）	以固定资产置换（丙公司）	以无形资产对外投资（丁公司）
账面余额	1 150 000	3 000 000	1 200 000

2024年，甲事业单位发生以下经济业务。

（1）经批准，甲事业单位于2024年1月1日出售乙公司股权，获得处置价款1 340 000元，尚未领取的现金股利70 000元连同转让对方，处置过程中发生其他相关税费支出54 000元，按规定处置收益留归本单位使用。

　　借：银行存款　　　　　　　　　　　　　　　　　1 340 000

　　　贷：长期股权投资——乙公司　　　　　　　　　1 150 000

　　　　　应收股利　　　　　　　　　　　　　　　　70 000

　　　　　银行存款　　　　　　　　　　　　　　　　54 000

　　　　　投资收益　　　　　　　　　　　　　　　　66 000

预算会计：

资金结存——货币资金＝1 340 000－54 000＝1 286 000（元）

借：资金结存——货币资金（取得价款扣减支付的相关税费后的金额）

　　　　　　　　　　　　　　　　　　　　1 286 000

　　贷：其他结余（投资款）　　　　　　　1 150 000

　　　　投资预算收益　　　　　　　　　　　 136 000

（2）经批准，甲事业单位于2024年1月1日出售丙公司股权，获得处置价款3 400 000元，尚未收到的现金股利250 000元连同转让对方，处置过程中发生相关税费支出130 000元，按规定处置收益全部上缴财政。

借：资产处置费用　　　　　　　　　　　3 000 000

　　贷：长期股权投资——丙公司　　　　 3 000 000

借：银行存款（实际取得的价款）　　　　3 400 000

　　贷：应收股利（尚未领取的股利）　　　　250 000

　　　　银行存款（支付的相关税费）　　　　130 000

　　　　应缴财政款　　　　　　　　　　　3 020 000

预算会计：

借：资金结存——货币资金　　　　　　　　250 000

　　贷：投资预算收益（获得的现金股利）　　250 000

（3）投资的丁公司因经营不善，经批准开展破产清算并予以注销，形成长期股权投资损失，按规定报经批准后，2024年5月1日，甲单位对丁公司的股权予以核销。

借：资产处置费用　　　　　　　　　　　1 200 000

　　贷：长期股权投资——丁公司　1 200 000

预算会计：不做账务处理。

2.17 "固定资产"科目的应用

固定资产是指行政事业单位为满足自身开展业务活动或其他活动需要而控制的，使用年限超过1年（不含1年）、单位价值在规定标准以上，并在使用过程中基本保持原有物质形态的资产，一般包括房屋及构筑物、专用设备、通用设备等。

单位价值虽未达到规定标准，但是使用年限超过 1 年（不含 1 年）的大批同类物资，如图书、家具、用具、装具等，应当确认为固定资产。

2.17.1 固定资产的认定标准

《固定资产等资产基础分类与代码》（GB/T 14885—2022）于 2022 年 12 月 30 日发布，2022 年 12 月 30 日实施。具体变化如下：门类由六个调整为七个；对通用设备和专用设备类目进行了合并；对家具、用具、装具及动植物进行了拆分。增加物资门类、无形资产类目附录、分类与代码拓展及映射的原则与方法；以及根据实际情况对资产类目进行增删改。

固定资产等资产基础分类代码的第一层七个门类包括：房屋和构筑物、设备、文物和陈列品、图书和档案、家具和用具、特种动植物、物资。下面从《政府会计准则》的角度理解：

➡ **1. 《政府会计准则第 3 号——固定资产》规范的内容和范围**

（1）固定资产的用途是行政事业单位为满足自身开展业务活动或其他活动需要。

（2）固定资产一般包括房屋及构筑物、设备等；单位价值虽未达到规定标准，但是使用年限超过 1 年（不含 1 年）的大批同类物资，如图书和家具，文物和陈列品、特种动植物等，应当确认为固定资产。这里需要说明的是，文物和陈列品与文物文化资产是不同的。文物和陈列品是行政事业单位为满足自身开展业务活动或其他活动需要的资产，而文物文化资产主要是指政府会计主体经管的资产。

（3）单位价值在规定标准以上，这里的规定标准是指《行政单位财务规则》（中华人民共和国财政部令第 113 号）、《事业单位财务规则》（中华人民共和国财政部令第 108 号）中规定的单位价值在 1 000 元以上，并在使用过程中基本保持原有物质形态的资产。

（4）在使用过程中基本保持原有物质形态，这一点区别于无形资产的没有实物形态，也区别于存货随着其被耗用实物形态发生改变。

➡ **2. 固定资产的确认**

（1）固定资产的确认条件。

固定资产同时满足下列条件的，应当予以确认：与固定资产相关的服务潜力很可能实现或者经济利益很可能流入；该固定资产的成本或者价值能够可靠地计量。

（2）固定资产的确认时点。

《政府会计准则第 3 号——固定资产》第五条将固定资产的确认条件具体化，规定为："通常情况下，购入、换入、接受捐赠、无偿调入不需安装的固定资产，在固定资产验收合格时确认；购入、换入、接受捐赠、无偿调入需要安装的固定资产，在固定资产安装完成交付使用时确认；自行建造、改建、扩建的固定资产，在建造完成交付使用时确认。"在建工程完工结转固定资产有三个时间节点，即办理竣工结算、交付使用和达到预定可使用状态。

▶ 3. 固定资产确认的特殊情况

（1）固定资产的各组成部分具有不同使用年限或者以不同方式为政府会计主体实现服务潜力或提供经济利益，适用不同折旧率或折旧方法且可以分别确定各自原价的，应当分别将各组成部分确认为单项固定资产。

分别将各组成部分确认为单项固定资产需要满足的条件如下：固定资产的各组成部分具有不同使用年限或者以不同方式为政府会计主体实现服务潜力或提供经济利益；适用不同折旧率或折旧方法；可以分别确定各自原价。

（2）应用软件构成相关硬件不可缺少的组成部分的，应当将该软件的价值包括在所属的硬件价值中，一并确认为固定资产；不构成相关硬件不可缺少的组成部分的，应当将该软件确认为无形资产。

（3）购建房屋及构筑物时，不能分清购建成本中的房屋及构筑物部分与土地使用权部分的，应当全部确认为固定资产；能够分清购建成本中的房屋及构筑物部分与土地使用权部分的，应当将其中的房屋及构筑物部分确认为固定资产，将其中的土地使用权部分确认为无形资产。

（4）单独计价入账的土地。

一般的行政事业单位是没有单独计价入账的土地这一项资产的，主要是指外交使领馆、驻外的文化单位，在境外购买的土地是拥有土地所有权的，可以作为单独计价入账的土地。

▶ 4. 固定资产的后续支出

固定资产在使用过程中发生的后续支出，符合固定资产的确认条件的，应当计入固定资产成本，即固定资产后续支出资本化。

固定资产在使用过程中发生的后续支出，不符合固定资产的确认条件的，应当在发生时计入当期费用或者相关资产成本，即固定资产后续支出费用化。

将发生的固定资产后续支出计入固定资产成本的，应当同时从固定资产账面价值中扣除被替换部分的账面价值。

2.17.2 "固定资产"科目的设置

根据《固定资产等资产基础分类与代码》（GB/T 14885—2022），行政事业单位应当按照《政府会计制度——行政事业单位会计科目和报表》（财会〔2017〕25 号）中"固定资产""固定资产累计折旧"科目下按照固定资产类别设置"房屋和构筑物""设备""文物和陈列品""图书和档案""家具和用具""特种动植物"明细科目。

同时，单位应当将"固定资产"科目和对应的"固定资产累计折旧"科目原相关明细科目余额（如有）按以下规定转入新的明细科目，见表 2-56。

表 2-56 "固定资产"会计科目编码设置

科目代码	总分类科目（一级科目）	明细分类科目		是否辅助核算	辅助核算类别
		二级明细科目	三级明细科目		
1601	固定资产	—	—	—	—
160101	固定资产	房屋及建筑物	项目	是	部门
160102	固定资产	设备	项目	是	部门
160103	固定资产	家具和用具	项目	是	部门
160104	固定资产	文物和陈列品	项目	是	部门
160105	固定资产	图书和档案	项目	是	部门
160106	固定资产	家具和用具	项目	是	部门
160107	固定资产	特种动植物	项目	是	部门

2.17.3 固定资产的初始计量

《政府会计准则第 3 号——固定资产》第八条规定，"固定资产在取得时应当按照成本进行初始计量。"

▶ 1. 外购的固定资产

政府会计主体外购的固定资产，其成本包括购买价款、相关税费，以及固定资产交付使用前所发生的可归属于该项资产的运输费、装卸费、安装费和专业人员服务费等。

以一笔款项购入多项没有单独标价的固定资产，应当按照各项固定资产同类或类似资产市场价格的比例对总成本进行分配，分别确定各项固定资产的成本。

外购固定资产账务处理，见表 2-57。

表 2-57　外购固定资产取得的账务处理

业务情形	财务会计	预算会计
购入不需安装的固定资产	借：固定资产 贷：财政拨款收入/应付账款/银行存款等	借：行政支出/事业支出/经营支出/其他支出等 贷：财政拨款预算收入/资金结存
购入需要安装的固定资产	借：在建工程 贷：财政拨款收入/银行存款/应付账款等	借：行政支出/事业支出/经营支出/其他支出等 贷：财政拨款预算收入/资金结存

【例 2-51】某行政单位通过政府采购购买 5 台扫描仪，不含税价款 20 000 元，增值税 2 600 元，合计 22 600 元，验收合格，交付使用。账务处理如下。

平行登记	财务会计	预算会计
	借：固定资产　　　　　　　　20 000 　　应交增值税——应交税金　2 600 贷：财政拨款收入　　　　　22 600	借：行政支出　　　　　　　22 600 　贷：财政拨款预算收入　　22 600

▶ 2. 自行建造的固定资产

（1）行政事业单位自行建造的固定资产，其成本包括该项资产至交付使用前所发生的全部必要支出。

（2）在原有固定资产基础上进行改建、扩建、修缮后的固定资产，其成本按照原固定资产账面价值加上改建、扩建、修缮发生的支出，再扣除固定资产被替换部分的账面价值后的金额确定。

（3）为建造固定资产借入的专门借款的利息，属于建设期间发生的，计入在建工程成本；不属于建设期间发生的，计入当期费用。

（4）已交付使用但尚未办理竣工决算手续的固定资产，应当按照估计价值入账，待办理竣工决算后再按实际成本调整原来的暂估价值。

自行建造固定资产的账务处理，见表2-58。

表2-58　自行建造固定资产账务处理

业务情形	财务会计	预算会计
购入需要安装的固定资产先通过"在建工程"核算，发生安装费用时	借：在建工程 　　贷：财政拨款收入/应付账款/银行存款等	借：行政支出/事业支出/经营支出或其他支出等 　　贷：财政拨款预算收入/资金结存
安装完工交付使用时	借：固定资产 　　贷：在建工程	—

【例2-52】某事业单位通过非基建项目取得的固定资产建造完成交付使用。自行建造的固定资产交付使用前所发生的全部必要支出共计2 650 000元。

借：固定资产　　　　　　　　　　　　　　　　　　2 650 000

　　贷：在建工程　　　　　　　　　　　　　　　　2 650 000

需要注意的是，通过基建项目取得的固定资产，应当按照基本建设过程中所发生的实际成本作为入账成本。

▶ **3. 通过置换取得的固定资产**

行政事业单位通过置换取得的固定资产，其成本按照换出资产的评估价值加上支付的补价或减去收到的补价，再加上换入固定资产发生的其他相关支出确定。

通过置换取得的固定资产账务处理，见表2-59。

表2-59　通过置换取得的固定资产账务处理

业务情形	财务会计	预算会计
支付补价换入固定资产的	借：固定资产 　　资产处置费用 　　贷：库存物品等 　　　　银行存款 　　　　其他收入	借：其他支出 　　贷：资金结存——货币资金
收到补价换入固定资产的	借：固定资产 　　资产处置费用 　　银行存款 　　固定资产累计折旧 　　贷：固定资产 　　　　应缴财政款 　　　　其他收入	不做账务处理

【例2-53】 某行政单位与某企业通过置换换入一批设备，换出资产账面价值15 400元，评估价为20 000元，支付补价2 890元，另支付运杂费500元，固定资产验收合格交付使用。账务处理如下。

	财务会计	预算会计
平行登记	借：固定资产 　　（20 000+2 890+500）23 390 　　贷：库存物品　　　　　　　　15 400 　　　其他收入　　　　　　　　　4 600 　　　银行存款 　　　　　（2 890+500）3 390	借：行政支出　　（2 890+500）3 390 　　贷：资金结存——货币资金 　　　　　（2 890+500）3 390

▶ 4. 接受捐赠的固定资产

行政事业单位接受捐赠的固定资产，其成本按照有关凭据注明的金额加上相关税费、运输费等确定；没有相关凭据可供取得，但按规定经过资产评估的，其成本按照评估价值加上相关税费、运输费等确定；没有相关凭据可供取得、也未经资产评估的，其成本比照同类或类似资产的市场价格加上相关税费、运输费等确定；没有相关凭据且未经资产评估、同类或类似资产的市场价格也无法可靠取得的，按照名义金额入账，相关税费、运输费等计入当期费用。如受赠的是旧的固定资产，在确定其初始入账成本时应当考虑该项资产的新旧程度。

接受捐赠的固定资产账务处理，见表2-60。

表2-60　接受捐赠的固定资产账务处理

业务情形	财务会计	预算会计
接受捐赠固定资产，按照名义金额入账	借：固定资产（不需安装）/在建工程（需安装） 　　贷：捐赠收入 借：其他费用 　　贷：银行存款（支付税费等）	按照支付的税费等 借：其他支出 　　贷：资金结存——货币资金
接受捐赠固定资产	借：固定资产/在建工程 　　其他费用 　　贷：银行存款等 　　　捐赠收入	借：其他支出 　　贷：资金结存

5. 无偿调入的固定资产

行政事业单位无偿调入的固定资产，其成本按照调出方账面价值加上相关税费、运输费等确定。

【例 2-54】某事业单位接受一批图书捐赠，所附发票表明其价值为 48 790 元；无偿调入图书一批，调出方账面价值 10 900 元，如图 2-18 所示。

××省公益事业捐赠统一票据

捐赠人：××事业单位	2024 年 1 月 20 日		No：3623123
捐赠项目	实物（货币）	数量（册）	金额（元）
图书	实物	50	48 790
金额合计			48 790
接受单位：×××	复核人：×××		开票人：×××

图 2-18　××省公益事业捐赠统一票据

借：固定资产　　　　　　　　　　　　　　　　59 690

　　贷：捐赠收入　　　　　　　　　　　　　　48 790

　　　　无偿调拨净资产　　　　　　　　　　　10 900

6. 盘盈的固定资产

根据《政府会计制度——行政事业单位会计科目和报表》（以下简称《政府会计制度》）规定，"单位应当定期对固定资产进行清查盘点，每年至少盘点一次。"

根据《政府会计制度》"1601 固定资产"科目规定，"对于发生的固定资产盘盈、盘亏或毁损、报废，应当先记入'待处理财产损溢'科目，按照规定报经批准后及时进行后续账务处理。"

根据《政府会计准则第 7 号——会计调整》第十四条规定，"政府会计主体在本报告期（以下简称本期）发现的会计差错，应当按照以下原则处理……（三）本期发现的与前期相关的非重大会计差错，应当将其影响数调整相关项目的本期数。"

盘盈固定资产账务处理见表 2-61。

表 2-61　盘盈固定资产账务处理

业务情形	财务会计	预算会计
转入"待处理财产损溢"时	借：固定资产 　　贷：待处理财产损溢	不做账务处理
计提折旧时	借：业务活动费用——固定资产折旧 　　贷：固定资产累计折旧	不做账务处理
收到批复意见时	借：待处理财产损溢 　　贷：以前年度盈余调整 借：以前年度盈余调整 　　贷：累计盈余	不做账务处理

【例 2-55】2023 年 12 月，乙事务局经批准于开展资产盘点工作，其中盘盈 1 台 YL 型台式计算机、1 幅字画。经查证，盘盈资产均用于乙事务局开展专业业务活动，其中，YL 型台式计算机为 2022 年 5 月购买，发票含税金额 8 640 元（不考虑增值税影响因素），当时财务部门已支付价款并借记"事业支出"，但未登记为固定资产；YL 型台式计算机、字画盘盈原因不详，该字画也并非文物。该单位将资产盘点中查明的盘盈资产按以下步骤进行处理：

（1）明确是否要履行报批程序。乙事务局按照资产清查核实文件，结合政府会计准则、制度体系的相关规定，先转入待处理资产并暂行入账。乙事务局经与主管部门和财政部门沟通确认，该盘盈资产需履行报主管部门审批程序。

（2）确认盘盈资产的入账价值。盘盈的 YL 型台式计算机可以根据原发票金额 8 640 元确认其入账价值；对于盘盈的字画，由于已无法查证盘盈原因，单位结合准则、制度要求，在与评估单位沟通后，确认此类盘盈数量不大，盘盈的激光打印机是市场价较公开透明的资产，字画并非文物，因无法取得评估价和同类市场价，依据相关规定，按照名义金额（人民币 1 元）入账。

（3）确认计提折旧相关事项。财务入账当月，应对 YL 型台式计算机计提折旧。根据新旧程度，经技术人员鉴定有形损耗情况后，确定 YL 型台式计算机尚可使用年限分别为 3 年，按照年限平均法计算每月计提折旧额。

（4）根据上级批复意见进行账务处理。2024 年 4 月收到上级部门同意盘盈的批复意见，甲单位对该批盘盈资产进行后续账务处理。

YL 型台式计算机于 2023 年 12 月开始每月计提折旧额分别＝8 640÷（3×12）＝240（元）。需要注意的是，字画不计提折旧。

（1）2023 年 12 月，YL 型台式计算机转入"待处理财产损溢"时。

平行登记	财务会计		预算会计
	借：固定资产——通用设备——YL 型台式计算机 8 640 　　贷：待处理财产损溢　　　　　8 640		不做账务处理

字画以名义金额入账，账务处理如下。

平行登记	财务会计		预算会计
	借：固定资产——文物及陈列品——字画　　1 　　贷：待处理财产损溢　　　　　　　1		不做账务处理

（2）2023 年 12 月计提折旧时。

平行登记	财务会计		预算会计
	借：业务活动费用——固定资产折旧　　240 　　贷：固定资产累计折旧——通用设备——YL 型 　　台式计算机　　　　　　　　240		不做账务处理

（3）2024 年 4 月，收到批复意见时，对 YL 型台式计算机处理如下。

平行登记	财务会计		预算会计
	借：待处理财产损溢　　　　　8 640 　　贷：以前年度盈余调整　　　8 640 借：以前年度盈余调整　　　　8 640 　　贷：累计盈余　　　　　　8 640		不做账务处理

对于字画的账务处理如下。

平行登记	财务会计		预算会计
	借：待处理财产损溢　　　　　　1 　　贷：以前年度盈余调整　　　　1 借：以前年度盈余调整　　　　　1 　　贷：累计盈余　　　　　　　1		不做账务处理

7. 盘亏的固定资产

根据《政府会计准则第3号——固定资产》第二十六条规定,"固定资产盘亏造成的损失,按规定报经批准后应当计入当期费用。"根据《政府会计制度》"1601固定资产"科目规定,"对于发生的固定资产盘盈、盘亏或毁损、报废,应当先记入'待处理财产损溢'科目,按照规定报经批准后及时进行后续账务处理。"

【例2-56】某县水文局为事业单位,经批准于2023年12月底开展了全面资产盘点工作,其中盘亏自用笔记本电脑1台。经查证,原因系职工张某2023年11月出差做项目时所携带的笔记本电脑因故丢失,沟通获得项目委托方的赔偿2 000元。该笔记本电脑为2021年3月购买,发票含税金额4 000元(不考虑增值税影响因素),已计提折旧33个月,累计折旧金额2 100元。该县水文局对于资产盘点中查明的盘亏资产按以下步骤进行了处理:

(1) 按规定履行处置审批程序。该县水文局要求员工张某提交电脑丢失过程说明书,按照国有资产清查核实、处置等文件,结合政府会计准则、制度的相关规定,先转入待处理资产。单位按规定权限履行报批程序,经与主管部门和财政部门沟通确认,因当年处置资产数量不多,金额不大,属于单位审批权限范围。财务与资产部门向本单位领导办公室提交了本年资产处置申请。

(2) 根据单位批复意见进行处理。该县水文局于当月收到单位批复意见,同意对该盘亏资产进行处置,财务与资产部门对盘亏资产进行后续账务处理。

(3) 确认该盘亏资产处置过程中取得的收入和发生的相关处置费用。该资产获得赔偿收入2 000元。

(4) 确认资产处置净收益并上缴国库。该盘亏资产获得处置。净收入2 000元,按规定应上缴国库。

根据以上情况,编制会计分录如下。

(1) 2023年12月,盘亏资产转入待处理财产时:

	财务会计		预算会计
平行登记	借:待处理财产损溢——待处理财产价值 固定资产累计折旧——通用设备——便携式计算机 贷:固定资产——通用设备——便携式计算机	1 900 2 100 4 000	不做账务处理

（2）2023年12月，收到同意批复处置盘亏电脑的意见时：

平行登记	财务会计		预算会计
	借：资产处置费用	1 900	不做账务处理
	贷：待处理财产损溢——待处理财产价值	1 900	

（3）2023年12月，收到取得赔偿和变价收入时：

平行登记	财务会计		预算会计
	借：银行存款	2 000	不做账务处
	贷：待处理财产损溢——处理净收入——赔偿收入		
		2 000	

（4）2023年12月，确认待上缴国库的盘亏资产处置净收益时：

平行登记	财务会计		预算会计
	借：待处理财产损溢——处理净收入	2 000	不做账务处理
	贷：应缴财政款	2 000	

2.17.4　"固定资产累计折旧"科目设置

根据《政府会计准则第3号——固定资产》第十六条规定，"……折旧，是指在固定资产的预计使用年限内，按照确定的方法对应计的折旧额进行系统分摊。固定资产应计的折旧额为其成本，计提固定资产折旧时不考虑预计净残值。"

（1）应分项确定固定资产价值并入账。

为确保财务部门每月准确计提折旧，单位的财务部门与资产管理部门应明确并认真履行本部门职责，重视相互沟通并相互核对确认资产建卡和入账信息，以确保单位能真正做到账账核对、账卡核对。根据《政府会计准则第3号——固定资产》第九条第二款，"以一笔款项购入多项没有单独标价的固定资产，应当按照各项固定资产同类或类似资产市场价格的比例对总成本进行分配，分别确定各项固定资产的成本。"

（2）应合理确定各项固定资产折旧年限。

根据《政府会计准则第3号——固定资产》第十八条第二款规定，"政府会计主体确定固定资产使用年限，应当考虑下列因素：

（一）预计实现服务潜力或提供经济利益的期限；

（二）预计有形损耗和无形损耗；

（三）法律或者类似规定对资产使用的限制。"

（3）应按分项计算固定资产月计提折旧额。

根据《政府会计准则第3号——固定资产》第十九条第一款规定，"政府会计主体一般应当采用年限平均法或者工作量法计提固定资产折旧。"根据该准则应用指南第二条第二款规定，"固定资产应当按月计提折旧，当月增加的固定资产，当月开始计提折旧。"

▶▶ 1. 固定资产累计折旧科目的设置

"固定资产累计折旧"科目的设置核算单位计提的固定资产累计折旧。

公共基础设施资产计提的累计折旧，应当通过"公共基础设施累计折旧"科目核算，不通过本科目核算。本科目应当按照所对应固定资产的明细分类进行明细核算。

固定资产累计折旧科目的具体设置，见表2-62。

表2-62　固定资产累计折旧会计科目编码的设置

科目代码	总分类科目（一级科目）	明细分类科目		是否辅助核算	辅助核算类别
		二级明细科目	三级明细科目		
1602	固定资产累计折旧	—	—	—	—
160201	固定资产累计折旧	房屋及构筑物	项目	是	部门
160202	固定资产累计折旧	设备	项目	是	部门
160203	固定资产累计折旧	文物和陈列品	项目	是	部门
160204	固定资产累计折旧	图书和档案	项目	是	部门
160205	固定资产累计折旧	家具和用具	项目	是	部门
160206	固定资产累计折旧	特种动植物	项目	是	部门

固定资产累计折旧账务处理，见表2-63。

表2-63　固定资产累计折旧账务处理

业务情形	财务会计
按月计提固定资产折旧时	借：业务活动费用/单位管理费用等 　　贷：固定资产累计折旧
处置固定资产时	借：待处理财产损溢 　　　固定资产累计折旧（已计提折旧） 　　贷：固定资产（账面余额）

通常情况下，政府会计主体应当按照规定确定各类应计提折旧的固定资产的折旧年限，见表 2-64。

表 2-64　政府固定资产折旧年限表

固定资产类别	内容		折旧年限（年）
房屋及构筑物	业务及管理用房	钢结构	不低于 50
		钢筋混凝土结构	不低于 50
		砖混结构	不低于 30
		砖木结构	不低于 30
	简易房		不低于 8
	房屋附属设施		不低于 8
	构筑物		不低于 8
通用设备	计算机设备		不低于 6
	办公设备		不低于 6
	车辆		不低于 8
	图书档案设备		不低于 5
	机械设备		不低于 10
	电气设备		不低于 5
	雷达、无线电和卫星导航设备		不低于 10
	通信设备		不低于 5
	广播、电视、电影设备		不低于 5
	仪器仪表		不低于 5
	电子和通信测量设备		不低于 5
	计量标准器具及量具、衡器		不低于 5
专用设备	探矿、采矿、选矿和造块设备		10—15
	石油天然气开采专用设备		10—15
	石油和化学工业专用设备		10—15
	炼焦和金属冶炼轧制设备		10—15
	电力工业专用设备		20—30
	非金属矿物制品工业专用设备		10—20

固定资产类别	内容	折旧年限（年）
专用设备	核工业专用设备	20—30
	航空航天工业专用设备	20—30
	工程机械	10—15
	农业和林业机械	10—15
	木材采集和加工设备	10—15
	食品加工专用设备	10—15
	饮料加工设备	10—15
	烟草加工设备	10—15
	粮油作物和饲料加工设备	10—15
	纺织设备	10—15
	缝纫、服饰、制革和毛皮加工设备	10—15
	造纸和印刷机械	10—20
	化学药品和中药专用设备	5—10
	医疗设备	5—10
	电工、电子专用生产设备	5—10
	安全生产设备	10—20
	邮政专用设备	10—15
	环境污染防治设备	10—20
	公安专用设备	3—10
	水工机械	10—20
	殡葬设备及用品	5—10
	铁路运输设备	10—20
	水上交通运输设备	10—20
	航空器及其配套设备	10—20
	专用仪器仪表	5—10
	文艺设备	5—15
	体育设备	5—15
	娱乐设备	5—15
家具、用具及装具	家具	不低于 15
	用具、装具	不低于 5

▶ 2. 固定资产折旧的计算方法

（1）年限平均法。年限平均法是指按照固定资产的预计使用年限平均计提折旧的方法。计算公式为：

$$年折旧额＝固定资产应提折旧总额÷预计使用年限$$

$$月折旧额＝年折旧额÷12$$

以上所述是年限平均法的一般原理，实际工作中，固定资产折旧额是根据固定资产原价和折旧率计算的。固定资产折旧率一般可分为个别折旧率和分类折旧率。

【例 2-57】某县文化局执行部门预算中的资产采购预算，通过政府采购于2024 年 2 月购买了一批广播电视设备，清单见表 2-65。

表 2-65　清单

序号	设备名称	金额（元）
1	网络高清枪机	8 400
2	枪机室内支架	1 540
3	电源适配器	1 200
4	电源连接线接头	1 100
5	楼层监控交换机	1 890
6	总汇交换机	2 680
7	超五类 4 对非屏蔽双绞线	1 900
8	摄像机电源线缆	1 540
9	镀锌管	2 900
10	系统安装辅料	1 380
合计	—	24 530

该系统发票金额 24 530 元（含运输、安装和专业人员服务等费用，不考虑增值税影响因素），以财政授权支付方式完成支付，对购买的监控系统按各项固定资产成本入账时，单位账务处理如下。

	财务会计	预算会计
平行登记	借：固定资产——通用设备　24 530 　　贷：财政拨款收入（使用本年度 　　　　预算指标）　　　　24 530	借：事业支出——财政拨款支出 　　　　　　　　　　　　24 530 　　贷：财政拨款预算收入（使用本年 　　　　度预算指标）　　　24 530

2024 年 3 月末，根据资产部门提供的各项资产归属及使用情况等信息，业务部门应计提折旧金额合计为 408.84 元，见表 2-66。

表 2-66　各项固定资产计提折旧　　　　　（单位：元）

序号	设备名称	入账金额（元）	折旧年限	计提折旧（月）
1	网络高清枪机	8 400	5	140
2	枪机室内支架	1 540	5	25.67
3	电源适配器	1 200	5	20
4	电源连接线接头	1 100	5	18.33
5	楼层监控交换机	1 890	5	31.50
6	总汇交换机	2 680	5	44.67
7	超五类 4 对非屏蔽双绞线	1 900	5	31.67
8	摄像机电源线缆	1 540	5	25.67
9	镀锌管	2 900	5	48.33
10	系统安装辅料	1 380	5	23
合计	—	24 530	—	408.84

编制会计分录。

平行登记	财务会计	预算会计
	借：业务活动费用——固定资产折旧　　408.84 　　贷：固定资产累计折旧　　408.84	—

2.17.5　固定资产的处置

《政府会计准则第 3 号——固定资产》第二十三条，"政府会计主体按规定报经批准出售、转让固定资产或固定资产报废、毁损的，应当将固定资产账面价值转销计入当期费用，并将处置收入扣除相关处置税费后的差额按规定作应缴款项处理（差额为净收益时）或计入当期费用（差额为净损失时）。"

第二十四条规定，"政府会计主体按规定报经批准对外捐赠、无偿调出固定资产的，应当将固定资产的账面价值予以转销，对外捐赠、无偿调出中发生的归属于捐出方、调出方的相关费用应当计入当期费用。"

第二十五条规定，"政府会计主体按规定报经批准以固定资产对外投资的，应当将该固定资产的账面价值予以转销，并将固定资产在对外投资时的评估价值与其账面价值的差额计入当期收入或费用。"

第二十六条规定，"固定资产盘亏造成的损失，按规定报经批准后应当计入当期费用。"

➤ **1. 按规定报经批准出售、转让固定资产**

行政事业单位按规定报经批准出售、转让固定资产或固定资产报废、毁损的，应当将固定资产账面价值转销计入当期费用，并将处置收入扣除相关处置税费后的差额按规定作应缴款项处理（差额为净收益时）或计入当期费用（差额为净损失时）。

固定资产的出售、转让账务处理，见表 2-67。

表 2-67　固定资产的处置账务处理

业务情形	财务会计
经批准出售、转让时	借：资产处置费用（固定资产账面价值） 　　固定资产累计折旧（已计提金额） 　　银行存款（收到出售款） 贷：固定资产（账面余额） 　　银行存款（相关费用） 　　应缴财政款

【例 2-58】某行政单位经批准，将一台六成新的设备出售，该设备原价 68 900 元，已提折旧 28 900 元，收到出售价款 58 120 元。

（1）经批准出售、置换换出、报废的固定资产，转入待处置资产时。

借：资产处置费用　　　　　　　　　　　　　　　40 000

　　固定资产累计折旧　　　　　　　　　　　　　28 900

　　贷：固定资产　　　　　　　　　　　　　　　　　　68 900

（2）收到出售价款。

借：银行存款　　　　　　　　　　　　　　　　　58 120

　　贷：应缴财政款　　　　　　　　　　　　　　　　　58 120

2. 固定资产报废、毁损的会计处理

固定资产报废、毁损账务处理见表2-68。

表2-68 固定资产报废、毁损账务处理

业务情形	财务会计
转入清理	借：待处理财产损溢（待处理财产价值） 　　固定资产折旧 　贷：固定资产
确认残料变价收入	借：银行存款 　　其他应收款 　贷：待处理财产损溢（处理净收入）
支付清理费用	借：待处理财产损溢（处理净收入） 　贷：库存现金/银行存款等
清理收入上缴国库	借：待处理财产损溢（处理净收入） 　贷：应缴财政款
设备清理完毕	借：资产处理费用 　贷：待处理财产损溢（待处理财产价值）

3. 按规定报经批准对外捐赠、无偿调出固定资产

行政事业单位按规定报经批准对外捐赠、无偿调出固定资产的，应当将固定资产的账面价值予以转销。对外捐赠、无偿调出中发生的归属于捐出方、调出方的相关费用应当计入当期费用。

无偿调出账务处理见表2-69。

表2-69 无偿调出账务处理

业务情形	财务会计
无偿调出时	借：无偿调出固定资产 　　资产处置费用（差额） 　　固定资产累计折旧（已计提金额） 　贷：固定资产（账面余额） 　　银行存款（相关费用）

【例2-59】某行政单位经批准调出一台录像仪，原价54 252元，累计折旧36 780元。

（1）经批准无偿调出。

借：无偿调拨净资产   17 472

       固定资产累计折旧   36 780

    贷：固定资产   54 252

（2）发生处理费用 2 000 元。

借：资产处置费用   2 000

    贷：银行存款   2 000

2.18 "无形资产"科目的应用

无形资产，是指行政事业单位控制的没有实物形态的可辨认非货币性资产，如专利权、商标权、著作权、土地使用权、非专利技术等。

资产满足下列条件之一的，符合无形资产定义中的可辨认性标准。

（1）能够从行政事业单位中分离或者划分出来，用于出售、转移、授予许可、租赁或者交换。能够分离或划分的即是可辨认资产，否则是不可辨认资产。

（2）源自合同性权利或其他法定权利，无论这些权利是否可以从政府会计主体或其他权利和义务中转移或者分离，都可认为是可辨认资产。

行政事业单位自创商誉及内部产生的品牌、报刊名等，不应确认为无形资产。

2.18.1　无形资产的确认

为了深入理解无形资产的含义，应重点把握以下方面内容：无形资产应当为行政事业单位控制；无形资产是一种没有实物形态的资产；无形资产是长期资产；无形资产是一种可辨认的资产。

可辨认的标准是否能够从政府会计主体中分离或者划分出来，用于出售、转移、授予许可、租赁或者交换。能够分离或划分的即是可辨认资产，否则是不可辨认资产。

源自合同性权利或其他法定权利，无论这些权利是否可以从政府会计主体或其他权利和义务中转移或者分离，都可认为是可辨认资产。

⯈ 1. 无形资产的确认条件

无形资产同时满足下列条件的，应当予以确认：

（1）与该无形资产相关的服务潜力很可能实现或者经济利益很可能流入政府会计主体；

（2）该无形资产的成本或者价值能够可靠地计量。

行政事业单位在判断无形资产的服务潜力或经济利益是否很可能实现或流入时，应当对无形资产在预计使用年限内可能存在的各种社会、经济、科技因素做出合理估计，并且应当有确凿的证据支持。

⯈ 2. 无形资产确认的特殊情况

（1）行政事业单位购入的不构成相关硬件不可缺少组成部分的软件，应当确认为无形资产。

应用软件构成相关硬件不可缺少的组成部分的，应当将该软件的价值包括在所属的硬件价值中，一并确认为固定资产；不构成相关硬件不可缺少的组成部分的，应当将该软件确认为无形资产。

（2）行政事业单位自行研究开发项目的支出，应当区分研究阶段支出与开发阶段支出。

行政事业单位自行研究开发项目研究阶段的支出，应当于发生时计入当期费用。行政事业单位自行研究开发项目开发阶段的支出，先按合理方法进行归集，如果最终形成无形资产的，应当确认为无形资产；如果最终未形成无形资产的，应当计入当期费用。

（3）行政事业单位自创商誉及内部产生的品牌、报刊名等，不应确认为无形资产。行政事业单位自创商誉及内部产生的品牌、报刊名虽然符合资产的定义，但是在自创或内部产生过程中的成本难以可靠地计量，因此不应确认为无形资产。

⯈ 3. 后续支出

（1）与无形资产有关的后续支出，符合无形资产的确认条件的，应当计入无形资产成本，即应当资本化；

（2）不符合无形资产确认条件的，应当在发生时计入当期费用或者相关资产成本，即应当费用化。

2.18.2 "无形资产"科目设置

"无形资产"科目核算单位无形资产的原价。单位购入的不构成相关硬件不可缺少组成部分的应用软件，应当作为无形资产核算。

非大批量购入、单价小于 1 000 元的无形资产，可以于购买的当期将其成本一次性全部转销。

"无形资产"科目应当按照无形资产的类别、项目等进行明细核算，本科目期末借方余额，反映单位无形资产的原价。

无形资产科目的设置，见表 2-70。

表 2-70　无形资产会计科目编码的设置

科目代码	总分类科目（一级科目）	明细分类科目		是否辅助核算	辅助核算类别
		二级明细科目	三级明细科目		
1701	无形资产	—	—	—	—
170101	无形资产	土地使用权	项目	是	部门
170102	无形资产	著作权	项目	是	部门
170103	无形资产	商标权	项目	是	部门
170104	无形资产	非专利技术	项目	是	部门
170105	无形资产	特许使用权	项目	是	部门
170106	无形资产	其他	项目	是	部门

2.18.3 无形资产的初始计量

《政府会计准则第 4 号——无形资产》第九条规定，"无形资产在取得时应当按照成本进行初始计量。"

▶ 1. 外购的无形资产

行政事业单位外购的无形资产，其成本包括购买价款、相关税费及可归属于该项资产达到预定用途前所发生的其他支出。

行政事业单位委托软件公司开发的软件，视同外购无形资产确定其成本。

无形资产账务处理，见表 2-71。

表 2-71 无形资产的账务处理

业务情形	财务会计	预算会计
购入的无形资产入账，确认成本时	借：无形资产 　　贷：财政拨款收入/应付账款/银行存款等	借：行政支出/事业支出/经营支出或其他支出等 　　贷：财政拨款预算收入/资金结存
委托软件公司开发的软件，视同外购无形资产，软件开发按照合同约定支付开发费时	借：预付账款 　　贷：财政拨款收入/银行存款等	借：行政支出/事业支出/经营支出或其他支出等（按照预付的款项） 　　贷：财政拨款预算收入/资金结存
委托软件公司开发软件，交付使用，并支付剩余或全部软件开发费用时	借：无形资产（按开发费总额） 　　贷：预付账款/财政拨款收入/银行存款等	按照支付的剩余款项金额 借：行政支出/事业支出/经营支出或其他支出等 　　贷：财政拨款预算收入/资金结存

【例 2-60】某事业单位用财政直接支付方式外购一项专利权，价款 230 000 元。

确认成本时，账务处理如下。

平行登记	财务会计	预算会计
	借：无形资产　　　　230 000 　　贷：财政拨款收入　　230 000	借：事业支出　　　　230 000 　　贷：财政拨款预算收入　230 000

【例 2-61】某工商局委托某软件公司开发程序，1 月 10 日以银行存款支付预付款项 100 万元，4 月 10 日开发完成，支付余款 40 万元，交付使用。

（1）软件开发按照合同约定支付开发费时，账务处理如下。

平行登记	财务会计	预算会计
	借：预付账款　　　　1 000 000 　　贷：银行存款　　　1 000 000	借：行政支出　　　　1 000 000 　　贷：资金结存——货币资金 　　　　　　　　　　1 000 000

(2) 交付使用，并支付剩余或全部软件开发费用时，账务处理如下。

平行登记	财务会计		预算会计	
	借：无形资产	1 400 000	借：行政支出	400 000
	贷：预付账款	1 000 000	贷：资金结存——货币资金	
	银行存款	400 000		400 000

▶ 2. 自行开发的无形资产

行政事业单位自行开发的无形资产，其成本包括自该项目进入开发阶段后至达到预定用途前所发生的支出总额。

自行开发的无形资产应当区分研究阶段费用与开发阶段费用进行账务处理。研究阶段费用与开发阶段费用均先按合理方法进行归集，并在"研发支出"科目核算。账务处理，见表 2-72。

表 2-72　自行开发的无形资产账务处理

业务情形	财务会计	预算会计
研究阶段	发生支出时： 借：研发支出——研究支出 　　贷：应付职工薪酬/库存物品/财政拨款收入/银行存款等 期末： 借：业务活动费用等 　　贷：研发支出——研究支出	借：事业支出/经营支出等 　　贷：资金结存——货币资金/财政拨款预算收入
开发阶段	借：研发支出——开发支出 　　贷：财政拨款收入/财政应返还额度/银行存款等	借：行政支出/事业支出/经营支出或其他支出等 　　贷：财政拨款预算收入/资金结存
年度终了	借：业务活动费用等 　　贷：研发支出——开发支出 借：应交增值税——应交税金（进项税额） 　　贷：银行存款等	—
项目完成时	借：无形资产 　　贷：研发支出——开发支出	—

【例 2-62】 某医疗机构自行开发一项干细胞技术，研究阶段该项技术前期发生支出共计 94 830 元，其中实验检验费 61 200 元，财政直接支付；研究人员薪酬 23 630 元，消耗材料 10 000 元。

（1）自行开发、研究阶段，账务处理如下。

	财务会计	预算会计
平行登记	借：研发支出——研究阶段 94 830　　　贷：财政拨款收入　　　61 200　　　　　应付职工薪酬　　23 630　　　　　库存物品　　　　10 000	借：事业支出　　　　　　61 200　　　贷：财政拨款预算收入　　61 200

（2）期末，转入当期费用。

借：单位管理费用　　　　　　　　　　　　　　　　94 830

　　贷：研发支出——研究支出　　　　　　　　　　　　　94 830

【例 2-63】 接上例，假设上述该项技术前期发生支出 98 400 元，无法区分是研究阶段还是开发阶段的支出，但按法律程序申请取得无形资产的，可以按照申请专利时，支付专利注册费、律师聘请费共计 7 340 元确定无形资产的成本。则：

按照申请专利时，支付专利注册费、律师聘请费确认无形资产成本。

借：无形资产　　　　　　　　　　　　　　　　　　7 340

　　贷：银行存款　　　　　　　　　　　　　　　　　　7 340

同时，借：事业支出　　　　　　　　　　　　　　　7 340

　　　　贷：资金结存——货币资金　　　　　　　　　　7 340

▶▶ 3. 接受捐赠的无形资产

行政事业单位接受捐赠的无形资产，其成本按照有关凭据注明的金额加上相关税费确定；没有相关凭据可供取得，但按规定经过资产评估的，其成本按照评估价值加上相关税费确定；没有相关凭据可供取得、也未经资产评估的，其成本比照同类或类似资产的市场价格加上相关税费确定；没有相关凭据且未经资产评估、同类或类似资产的市场价格也无法可靠取得的，按照名义金额入账，相关税费计入当期费用。

行政事业单位接受捐赠无形资产的初始计量是继承了现行行政事业单位

会计的做法，但是，强调确定接受捐赠无形资产的初始入账成本时，应当考虑该项资产尚可为行政事业单位带来服务潜力或经济利益的能力。

接受捐赠无形资产的账务处理，见表2-73。

表2-73　接受捐赠无形资产的账务处理

业务情形	财务会计	预算会计
接受捐赠、无偿调入的无形资产	借：无形资产 　　贷：银行存款（支付的相关税费等） 　　　　捐赠收入（接受捐赠差额）/其他净资产（无偿调入差额）	按照支付的税费等。 借：行政支出/事业支出/经营支出或其他支出等 　　贷：资金结存——货币资金

【例2-64】某事业单位接受捐赠一项专利，所附发票表明其价值为93 400元，支付相关税费2 000元。

借：无形资产　　　　　　　　　　　　　　　　95 400
　　贷：捐赠收入　　　　　　　　　　　　　　　　93 400
　　　　银行存款　　　　　　　　　　　　　　　　2 000
借：其他支出　　　　　　　　　　　　　　　　2 000
　　贷：资金结存——货币资金　　　　　　　　　　2 000

2.18.4　无形资产的摊销

根据相关规定，行政事业单位应当对使用年限有限的无形资产进行摊销。摊销是指在无形资产使用年限内，按照确定的方法对应摊销金额进行系统分摊。

无形资产摊销需要考虑的因素有需要进行摊销的无形资产范围、摊销年限、摊销方法和应摊销金额。

▶ **1. 基本要求**

行政事业单位应当按月对使用年限有限的无形资产进行摊销，并根据用途计入当期费用或者相关资产成本。

▶ **2. 需要进行摊销的无形资产范围**

首先要判断是否是有限年限，行政事业单位应当于取得或形成无形资产时合理确定其使用年限。行政事业单位应当对使用年限有限的无形资产进行摊销，以下无形资产不应摊销：

（1）使用年限不确定的无形资产；

（2）已提足摊销仍继续使用的无形资产；

（3）名义金额计量的无形资产。

▶▶ 3. 无形资产摊销年限的确定

行政事业单位应当于取得或形成无形资产时合理确定其使用年限。无形资产的使用年限为有限的，应当估计该使用年限。无法预见无形资产为政府会计主体提供服务潜力或者带来经济利益期限的，应当视为使用年限不确定的无形资产。

对于使用年限有限的无形资产，行政事业单位应当按照以下原则确定无形资产的摊销年限：

（1）法律规定了有效年限的，按照法律规定的有效年限作为摊销年限；

（2）法律没有规定有效年限的，按照相关合同或单位申请书中的受益年限作为摊销年限；

（3）法律没有规定有效年限、相关合同或单位申请书也没有规定受益年限的，应当根据无形资产为行政事业单位带来服务潜力或经济利益的实际情况，预计其使用年限；

（4）非大批量购入、单价小于 1 000 元的无形资产，可以于购买的当期将其成本一次性全部转销；

（5）因发生后续支出而增加无形资产成本的，对于使用年限有限的无形资产，应当重新确定摊销年限。

▶▶ 4. 摊销的方法及应摊销的金额

行政事业单位应当采用年限平均法或者工作量法对无形资产进行摊销。

应摊销金额为该无形资产成本，不考虑预计残值。

因发生后续支出而增加无形资产成本的，对于使用年限有限的无形资产，应当按照重新确定的无形资产成本以及重新确定的摊销年限计算摊销额。

▶▶ 5. 账务处理

无形资产摊销的账务处理，见表2-74。

表 2-74　无形资产摊销的账务处理

业务情形	财务会计	预算会计
无形资产计提摊销	按月计提时，按实际计提的金额	借：业务活动费用/单位管理费用/经营费用等 　贷：累计摊销

【例 2-65】某医院 X 软件经过计算，本月应计提无形资产摊销 7 650 元。

借：单位管理费用　　　　　　　　　　　　　　　　7 650

　　贷：无形资产累计摊销　　　　　　　　　　　　　　7 650

2.18.5　无形资产的处置

无形资产预期不能为行政事业单位带来服务潜力或者经济利益的，应当在报经批准后将该无形资产的账面价值予以转销。

《政府会计准则第 4 号——无形资产》中处置无形资产的规定与固定资产一样，实际上是与国有资产管理规定"收支两条线"管理要求保持一致的。但是有些地方或部门为鼓励促进科技成果转化，可能会规定处置收入留归单位。因此，行政事业单位按规定报经按规定计入当期收入或者做应缴款项处理。无形资产的处置账务处理，见表 2-75。

表 2-75　无形资产的处置

业务情形	财务会计	预算会计
出售、转让无形资产	借：资产处置费用 　无形资产累计摊销（已计提金额） 　　贷：无形资产（账面余额）	—
收到出售价款时	借：银行存款等 　　贷：银行存款（发生相关费用） 　　其他收入（预算管理） 　　应缴财政款	处置净收入留归本单位时。 借：资金结存——货币资金 　　贷：其他预算收入
发生应交增值税时	借：资产处置费用 　　贷：应交增值税——应交税金（销项税额）	—

1. 按规定报经批准出售的无形资产

行政事业单位按规定报经批准出售无形资产，应当将无形资产账面价值转销计入当期费用，并将处置收入大于相关处置税费后的差额，按规定计入当期收入或者作应缴款项处理，将处置收入小于相关处置税费后的差额计入当期费用。

【例 2-66】某行政单位经批准，将一项专利出售，该无形资产原价 128 900 元，累计摊销 73 420 元，收到出售价款 54 970 万元。

①转入待处置资产时，账务处理如下。

借：资产处置费用 55 480
　无形资产累计摊销 73 420
　贷：无形资产 128 900

②收到出售价款，账务处理如下。

平行登记	财务会计		预算会计	
	借：银行存款	54 970	借：资金结存——货币资金	54 970
	贷：其他收入	54 970	贷：其他预算收入	54 970

2. 报经批准对外捐赠、无偿调出的无形资产

行政事业单位按规定报经批准对外捐赠、无偿调出无形资产的，应当将无形资产的账面价值予以转销，对外捐赠、无偿调出中发生的归属于捐出方、调出方的相关费用应当计入当期费用。

对外捐赠、无偿调出账务处理，见表 2-76。

表 2-76　对外捐赠、无偿调出账务处理

业务情形	财务会计	预算会计
对外捐赠无形资产	借：无形资产累计摊销 　资产处置费用 　贷：无形资产 　　银行存款	借：其他支出 　贷：资金结存
无偿调出无形资产	借：无偿调拨资产 　无形资产摊销 　贷：无形资产 借：资产处置费用 　贷：银行存款	借：其他支出 　贷：资金结存——货币资金

【例 2-67】 某高校经批准将其拥有的一项软件技术无偿调拨给其他单位使用。该无形资产的账面余额为 198 700 元，已经计提摊销 127 000 元。调出时，发生相关税费 3 000 元。

①转入待处置资产时。

借：无偿调拨净资产		71 700
无形资产累计摊销		127 000
贷：无形资产		198 700

②核销待处置资产。

借：资产处置费用		3 000
贷：银行存款		3 000

同时编制预算会计分录：

借：其他支出		3 000
贷：资金结存——货币资金		3 000

3. 按规定报经批准以无形资产对外投资

行政事业单位按规定报经批准以无形资产对外投资的，应当将该无形资产的账面价值予以转销，并将无形资产在对外投资时的评估价值与其账面价值的差额计入当期收入或费用。

按规定报经批准以无形资产对外投资账务处理，见表 2-77。

表 2-77　按规定报经批准以无形资产对外投资账务处理

业务情形	财 务 会 计
事业单位以无形资产对外投资，投出资产转入待处置资产时	借：待处理财产损溢（无形资产的账面价值） 　　累计摊销（已计提金额） 　贷：无形资产（账面余额）

【例 2-68】 某科研机构经批准将其拥有的一项软件技术对其他单位投资。该无形资产的账面余额为 132 000 元，已经计提摊销 86 538 元。假设无相关税费发生。

借：长期股权投资		45 462
累计摊销		86 538
贷：无形资产		132 000

4. 无形资产核销

无形资产预期不能为单位带来服务潜力或经济利益的，应当按规定报经批准后将该无形资产的账面价值予以核销。无形资产核销的账务处理，见表 2-78。

表 2-78　无形资产核销

业务情形	财 务 会 计
经批准核销时	借：资产处置费用 　　无形资产累计摊销（计提金额） 　　贷：无形资产（账面余额）

【例 2-69】某事业单位一项软件技术已经落后于目前的新型技术，不能再为单位带来经济利益，经批准予以核销。该软件技术的账面余额为 183 400 元，累计摊销为 145 000 元。

借：资产处置费用　　　　　　　　　　　　38 400

　　无形资产累计摊销　　　　　　　　　　145 000

　　贷：无形资产　　　　　　　　　　　　　　　183 400

2.19　"在建工程"科目的应用

在建工程是指行政事业单位固定资产的新建、改建、扩建，或技术改造、设备更新和大修理工程等尚未完工的工程支出。

2.19.1　在建工程科目的设置与改扩建账务处理

在建工程通常有"自营"和"出包"两种方式。自营在建工程指行政事业单位自行购买工程用料、自行施工并进行管理的工程；出包在建工程是指通过签订合同，由其他工程队或单位承包建造的工程。

▶▶ **1. "在建工程"科目设置**

"在建工程"科目核算单位不属于基本建设项目的各种建筑工程、设备安装工程、信息系统建设等发生的实际成本。本科目应当设置"建筑工程""设备安装""信息系统建设""预付工程款"等明细科目，进行明细核算，见表 2-79。

表 2-79　在建工程会计科目编码的设置

科目代码	总分类科目 （一级科目）	明细分类科目		是否辅助核算	辅助核算类别
		二级明细科目	三级明细科目		
1613	在建工程	—	—	—	—
161301	在建工程	建筑工程	项目	是	部门
161302	在建工程	设备安装	项目	是	部门
161303	在建工程	信息系统建设	项目	是	部门
161304	在建工程	预付工程款	项目	是	部门

▶▶ 2. 改扩建工程账务处理

改扩建工程账务处理，见表 2-80。

表 2-80　在建工程账务处理

业务情形		财务会计	预算会计
建筑工程	将固定资产、公共基础设施转入改建、扩建或修缮等，按照固定资产账面价值做账务处理	借：在建工程 　　固定资产累计折旧/ 　　公共基础设施累计折旧（已计提折旧） 贷：固定资产/公共基础设施（账面余额）	—
	预付工程价款时	借：预付账款 贷：财政拨款收入/银行存款等	借：行政支出/事业支出（实际支付的款项） 贷：财政拨款预算收入/资金结存
与施工企业结算工程价款时		借：在建工程——建筑工程投资 贷：预付账款等财政拨款收入/银行存款/应付账款等	借：行政支出/事业支出（差额款项） 贷：财政拨款预算收入/资金结存
为建筑工程借入的专门借款的利息，属于建设期间发生的		借：在建工程 贷：银行存款等	借：其他支出（实际支付的利息金额） 贷：资金结存——货币资金
将改建、扩建或修缮的建筑部分拆除时		借：待处理财产损溢（待处理财产价值） 贷：在建工程	—

业务情形	财务会计	预算会计
在改建、扩建、大型修缮过程中获得的残值收入	借：银行存款等 　贷：待处理财产损溢 　　（处置净收入）	借：资金结存——货币资金 　贷：其他支出
建筑工程完工交付使用时	借：固定资产/公共基础设施等 　贷：在建工程	—

【例 2-70】某高校原有图书馆，建造成本为 8 000 000 元，采用年限平均法计提折旧，预计图书馆的使用寿命为 40 年，已计提折旧 2 000 000 元，假设不考虑净残值。2023 年 7 月 1 日，对图书馆进行改扩建，增加图书阅览室。

（1）将图书馆转入在建工程。

借：在建工程　　　　　　　　　　　　　　　　　　6 000 000

　　固定资产累计折旧　　　　　　　　　　　　　　2 000 000

　　贷：固定资产　　　　　　　　　　　　　　　　　　8 000 000

（2）用财政补助收入支付工程款 1 500 000 元。

平行登记	财务会计	预算会计
	借：在建工程——预付工程款 　　　　　　　　　1 500 000 　贷：财政拨款收入　　1 500 000	借：事业支出　　　　1 500 000 　贷：财政拨款预算收入 　　　　　　　　　1 500 000

（3）因改建领用经营用材料，价款 60 000 元，转出增值税进项税额 7 800元。

借：在建工程　　　　　　　　　　　　　　　　　　67 800

　　贷：库存物品——材料　　　　　　　　　　　　60 000

　　　　应交增值税——应交税金（进项税额转出）　　7 800

（4）用银行存款支付劳务费 50 000 元。

平行登记	财务会计	预算会计
	借：在建工程　　　　50 000 　贷：银行存款　　　　50 000	借：事业支出　　　　50 000 　贷：资金结存——货币资金 　　　　　　　　　50 000

（5）2023年12月31日，改扩建工程完工，结转完工成本。

完工工程成本＝6 000 000＋1 500 000＋67 800＋50 000＝7 617 800（元）

借：固定资产　　　　　　　　　　　　　　　7 617 800

　　贷：在建工程　　　　　　　　　　　　　　　7 617 800

2.19.2　设备安装的账务处理

行政事业单位购入需要安装的设备，在安装过程中发生的实际安装费应计入固定资产原值。

设备安装的财务处理，见表2-81。

表2-81　设备安装账务处理

业务情形	财务会计	预算会计
购入需要安装的设备	借：在建工程——设备安装 　　贷：财政拨款收入/银行存款等	借：行政支出/事业支出/经营支出等（实际支付的款项） 　　贷：财政拨款预算收入/资金结存
融资租入需要安装的设备	借：在建工程——设备安装 　　贷：长期应付款 　　　　财政拨款收入/银行存款等（支付的运费、保险费用等）	借：行政支出/事业支出/经营支出等（支付的运费、保险费用等） 　　贷：财政拨款预算收入/资金结存
发生安装费用	借：在建工程——设备安装 　　贷：财政拨款收入/银行存款/应付职工薪酬等	借：行政支出/事业支出/经营支出等（实际支付的款项） 　　贷：财政拨款预算收入/资金结存
设备安装完工交付使用	借：固定资产 　　贷：在建工程——设备安装	—

【例2-71】2024年3月1日，某事业单位以自有资金购入一台需要安装的设备，价款395 500元，支付运费872元，款项通过银行付讫，设备交付安装。安装时，以银行存款支付安装单位材料费15 000元、安装人员报酬5 000元。4月末安装完毕交付使用。

在建工程成本＝395 500＋872＝396 372（元）

（1）支付设备款时，账务处理如下。

平行登记	财务会计	预算会计
	借：在建工程——设备安装　396 372 　　贷：银行存款　　　　　　　　396 372	借：事业支出　　　　　　396 372 　　贷：资金结存——货币资金 　　　　　　　　　　　　　396 372

（2）支付安装材料费、安装人员报酬时，账务处理如下。

借：在建工程　　　　　　　　　　　　　　　　　　15 000

　　贷：库存物品　　　　　　　　　　　　　　　　　　　15 000

借：在建工程　　　　　　　　　　　　　　　　　　5 000

　　贷：应付职工薪酬　　　　　　　　　　　　　　　　　5 000

（3）支付时，账务处理如下。

平行登记	财务会计	预算会计
	借：库存物品　　　　15 000 　　应付职工薪酬　　5 000 　　贷：银行存款　　　　20 000	借：事业支出　　　　　　20 000 　　贷：资金结存——货币资金 20 000

（4）设备安装完毕交付使用时，结转固定资产成本 416 372（396 372＋20 000）元。

借：固定资产　　　　　　　　　　　　　　　　　416 372

　　贷：在建工程　　　　　　　　　　　　　　　　　　416 372

2.20 "待处理财产损溢"科目的应用

"待处理财产损溢"科目核算单位待处理资产的价值及资产处理损溢。

单位资产的处理包括资产无偿调拨（划转）、对外捐赠、出售、出让、转让、置换、盘亏、报废、毁损、盘盈、盘亏以及货币性资产损失核销等。

以下情形，不通过"待处理财产损溢"科目处理。

（1）物资在运输途中发生的非正常短缺与损耗，记入物资成本，不通过本科目核算；

（2）短期投资、长期债券投资到期收回、出售转让，不通过本科目核算；

（3）行政事业单位的应收账款确定无法收回并批准核销，不通过本科目核算；

（4）基本建设工程发生的待核销投资，不通过本科目核算。

2.20.1 "待处理财产损溢"科目的设置

"待处理财产损溢"科目应当按照待处置资产项目进行明细核算；对于在资产处置过程中取得收入或发生相关费用的项目，还应当设置"待处理财产价值""处理净收入"明细科目，进行明细核算。

"待处理财产损溢"科目期末如为借方余额，反映尚未处理完毕的各种财产的价值及净损失；期末如为贷方余额，反映尚未处理完毕的各种财产净溢余。年度终了，报经批准处理后，本科目一般应无余额。

待处理财产损溢具体科目设置，见表 2-82。

表 2-82 待处理财产损溢会计科目编码的设置

科目代码	总分类科目（一级科目）	明细分类科目		是否辅助核算	辅助核算类别
		二级明细科目	三级明细科目		
1902	待处理财产损溢	—	—	—	
190201	待处理财产损溢	盘盈	待处理财产价值	是	资产类别
190202	待处理财产损溢	盘盈	处理净收入	是	资产类别
190203	待处理财产损溢	盘盈	其他	是	资产类别
190204	待处理财产损溢	盘亏	待处理财产价值	是	资产类别
190205	待处理财产损溢	盘亏	处理净收入	是	资产类别
190206	待处理财产损溢	盘亏	其他	是	资产类别

2.20.2 "待处理财产损溢"科目主要账务处理

行政事业单位资产的处理，一般应当先按具体处理事项将资产账面价值（或账面余额）记入本科目（待处理财产价值），按规定报经批准后及时进行账务处理。年度终了结账前一般应处理完毕。

待处理财产损溢主要账务处理，见表 2-83。

表 2-83 待处理财产损溢的主要账务处理

业务情形			财务会计	预算会计
账款核对时发现的现金短缺或溢余			参照"库存现金"科目的账务处理	—
盘盈的非现金资产	转入待处理财产时		借：库存物品/固定资产/无形资产/公共基础设施/政府储备物资/文物文化资产/保障性住房等 贷：待处理财产损溢	—
	报经批准后处理时	对于流动资产	借：待处理财产损溢 贷：单位管理费用（事业单位） 业务活动费用（行政单位）	—
		对于非流动资产	借：待处理财产损溢 贷：以前年度盈余调整	—
盘亏或毁损、报废的非现金资产	转入待处理财产时		借：待处理财产损溢——待处理财产价值 固定资产累计折旧/公共基础设施累计折旧（摊销）/无形资产累计摊销/保障性住房累计折旧 贷：库存物品/固定资产/公共基础设施/无形资产/政府储备物资/文物文化资产/保障性住房等	—
	报经批准处理时		借：资产处置费用 贷：待处理财产损溢——待处理财产价值	—
	处理毁损、报废实物资产过程中取得的残值或残值变价收入、保险理赔或过失人赔偿等		借：库存现金/银行存款/库存物品/其他应收款等 贷：待处理财产损溢——处理净收入	借：资金结存——货币资金 贷：其他预算收入

业务情形		财务会计	预算会计
盘亏或毁损、报废的非现金资产	处理收支结清，处理收入人于相关费用的	借：待处理财产损溢——处理净收入 贷：应缴财政款	—
	处理收支结清，处理收入小于相关费用的	借：资产处置费用 贷：待处理财产损溢——处理净收入	借：其他支出 贷：资金结存等（支付的处理净支出）

根据规定，行政单位财产的处理，一般应先记入"待处理财产损溢"科目，按照规定报经批准后及时进行相应的账务处理。年终结账前一般应处理完毕，因此，单位填报决算报表时，"待处理财产损溢"科目一般不反映余额。如单位年终结账前未处理完毕，填报部门决算时应据实反映，并在填报说明中予以说明。

2.21 "政府储备物资"科目的应用

政府储备物资是指行政事业单位直接储存管理的各项政府应急或救灾储备物资等。负责采购并拥有储备物资调拨权力的行政事业单位将政府储备物资交由其他行政单位代为储存的，由采购单位核算政府储备物资，代储单位将受托代储的政府储备物资作为受托代理资产核算。

2.21.1 "政府储备物资"科目的设置

"政府储备物资"科目核算单位直接储存管理的各项政府应急或救灾储备物资等。

负责采购并拥有储备物资调拨权力的单位（简称"采购单位"）将政府储备物资交由其他单位或企业（简称"代储单位"）代为储存的，由采购单位通过本科目核算政府储备物资，代储单位将受托代储的政府储备物资作为受托代理资产核算。

本科目应当按照政府储备物资的种类、品种、存放地点等进行明细核算。本科目期末借方余额，反映单位管理的政府储备物资的实际成本。

政府储备物资科目设置，见表2-84。

表2-84　政府储备物资会计科目编码设置

科目代码	总分类科目（一级科目）	明细分类科目		是否辅助核算	辅助核算类别
		二级明细科目	三级明细科目		
1811	政府储备物资	—	—	—	—
181101	政府储备物资	战略及能源物资	种类	是	存放地点
181102	政府储备物资	农产品	种类	是	存放地点
181103	政府储备物资	医药物资	种类	是	存放地点
181104	政府储备物资	抢险抗灾物资	种类	是	存放地点

2.21.2　"政府储备物资"科目主要账务处理

政府储备物资的主要账务处理，见表2-85。

表2-85　政府储备物资主要账务处理

业务情形	财务会计	预算会计
取得政府储备物资	借：政府储备物资（购买价款、相关税费、运输费、装卸费、保险费以及其他使政府储备物资达到目前场所和状态所发生的支出） 　　贷：财政拨款收入/银行存款等	借：行政支出/事业支出等 　　贷：财政拨款预算收入/资金结存
接受捐赠验收入库	借：政府储备物资 　　贷：捐赠收入（接受捐赠） 　　　　财政拨款收入/银行存款（实际支付的相关税费、运输费等）	借：行政支出/事业支出等（实际支付的相关税费、运输费等） 　　贷：财政拨款预算收入/资金结存
无偿调入的政府储备物资	借：政府储备物资 　　贷：无偿调拨净资产 　　　　财政拨款收入/银行存款	借：其他支出（相关税费） 　　贷：财政拨款预算收入/资金结存

业务情形		财务会计	预算会计
动用发出无须收回的政府储备物资		借：业务活动费用/单位管理费用 　　贷：政府储备物资	—
盘点政府储备物资	盘盈时	借：政府储备物资 　　贷：待处理财产损溢	—
	盘亏时	借：待处理财产损溢 　　贷：政府储备物资	—

【例 2-72】某事业单位 2024 年 1 月 2 日购入一批救灾物资，已经验收入库，支付货款 72 000 元，并支付相关运输费、保管费等 600 元。

	财务会计	预算会计
平行登记	借：政府储备物资——救灾物资 　　　　　　　　　　　72 600 　　贷：银行存款——基本账户存款 　　　　　　　　　　　72 600	借：事业支出——项目支出——商品和 服务支出　　　　　72 600 　　贷：资金结存——货币资金 　　　　　　　　　　　72 600

1 月 7 日，从外单位 D 公司接受捐赠一批农产品储备物资，已经验收入库。市场上同类物资价值 61 200 元，并支付相关运输费、保管费等 300 元。

	财务会计	预算会计
平行登记	借：政府储备物资——农产品 　　　　　　　　　　　61 500 　　贷：银行存款——基本账户存款 　　　　　　　　　　　300 　　　　捐赠收入——D 公司 61 200	借：其他支出——运杂费　　300 　　贷：资金结存——货币资金　300

2.22 "公共基础设施"科目的应用

《政府会计准则第 5 号——公共基础设施》第二条规定，"本准则所称公共基础设施，是指政府会计主体为满足社会公共需求而控制的，同时具有以下特征的有形资产：

（一）是一个有形资产系统或网络的组成部分；

（二）具有特定用途；

（三）一般不可移动。"

2.22.1　"公共基础设施"科目的设置

公共基础设施主要包括市政基础设施（如城市道路、桥梁、隧道、公交场站、路灯、广场、公园绿地、室外公共健身器材，以及环卫、排水、供水、供电、供气、供热、污水处理、垃圾处理系统等）、交通基础设施（如公路、航道、港口等）、水利基础设施（如大坝、堤防、水闸、泵站、渠道等）和其他公共基础设施。

需要注意的是：

（1）独立于公共基础设施、不构成公共基础设施使用不可缺少组成部分的管理维护用房屋建筑物、设备、车辆等，适用《政府会计准则第 3 号——固定资产》。

（2）属于文物文化资产的公共基础设施，适用其他相关政府会计准则。

（3）采用政府和社会资本合作模式（即 PPP 模式）形成的公共基础设施的确认和初始计量，适用《政府会计准则第 10 号——政府和社会资本合作项目合同》。

公共基础设施科目设置，见表 2-86。

表 2-86　公共基础设施会计科目编码设置

科目代码	总分类科目（一级科目）	明细分类科目		是否辅助核算	辅助核算类别
		二级明细科目	三级明细科目		
1801	公共基础设施	—	—	—	—
180101	公共基础设施	公路	名称	是	地点
180102	公共基础设施	桥梁	名称	是	地点
180103	公共基础设施	水利设施	名称	是	地点
180104	公共基础设施	市政道路	名称	是	地点
180105	公共基础设施	公共照明设施	名称	是	地点
180106	公共基础设施	城市广场	名称	是	地点
180107	公共基础设施	城市绿地	名称	是	地点
180108	公共基础设施	公共环卫设施	名称	是	地点

2.22.2 公共基础设施的确认与计量

公共基础设施同时满足下列条件的，应当予以确认：

（1）与该公共基础设施相关的服务潜力很可能实现或者经济利益很可能流入政府会计主体；

（2）该公共基础设施的成本或者价值能够可靠地计量。

➠ 1. 公共基础设施确认原则

（1）通常情况下，对于自建或外购的公共基础设施，行政事业单位应当在该项公共基础设施验收合格并交付使用时确认；对于无偿调入、接受捐赠的公共基础设施，行政事业单位应当在开始承担该项公共基础设施管理维护职责时确认。

（2）行政事业单位应当根据公共基础设施提供公共产品或服务的性质或功能特征对其进行分类确认。

（3）公共基础设施的各组成部分具有不同使用年限或者以不同方式提供公共产品或服务，适用不同折旧率或折旧方法且可以分别确定各自原价的，应当分别将各组成部分确认为该类公共基础设施的一个单项公共基础设施。

（4）行政事业单位在购建公共基础设施时，能够分清购建成本中的构筑物部分与土地使用权部分的，应当将其中的构筑物部分和土地使用权部分分别确认为公共基础设施；不能分清购建成本中的构筑物部分与土地使用权部分的，应当整体确认为公共基础设施。

（5）公共基础设施在使用过程中发生的后续支出，符合《政府会计准则第5号——公共基础设施》第五条规定的确认条件的，应当计入公共基础设施成本；不符合本准则第五条规定的确认条件的，应当在发生时计入当期费用。

（6）通常情况下，为增加公共基础设施使用效能或延长其使用年限而发生的改建、扩建等后续支出，应当计入公共基础设施成本；为维护公共基础设施的正常使用而发生的日常维修、养护等后续支出，应当计入当期费用。

➠ 2. 公共基础设施的初始计量

公共基础设施在取得时应当按照成本进行初始计量。具体规定，见表2-87。

表 2-87　公共基础设施初始计量成本的确定

项　目	确　认　成　本
自行建造的公共基础设施	其成本包括完成批准的建设内容所发生的全部必要支出，包括建筑安装工程投资支出、设备投资支出、待摊投资支出和其他投资支出
在原有公共基础设施基础上进行改建、扩建等建造活动后的公共基础设施	其成本按照原公共基础设施账面价值加上改建、扩建等建造活动发生的支出，再扣除公共基础设施被替换部分的账面价值后的金额确定
为建造公共基础设施借入的专门借款的利息	属于建设期间发生的，计入该公共基础设施在建工程成本；不属于建设期间发生的，计入当期费用
已交付使用但尚未办理竣工决算手续的公共基础设施	应当按照估计价值入账，待办理竣工决算后再按照实际成本调整原来的暂估价值
接受其他会计主体无偿调入的公共基础设施	其成本按照该项公共基础设施在调出方的账面价值加上归属于调入方的相关费用确定
接受捐赠的公共基础设施	其成本按照有关凭据注明的金额加上相关费用确定；没有相关凭据可供取得，但按规定经过资产评估的，其成本按照 评估价值加上相关费用确定；没有相关凭据可供取得、也未经资产评估的，其成本比照同类或类似资产的市场价格加上相关费用确定
受赠的是旧的公共基础设施	在确定其初始入账成本时应当考虑该项资产的新旧程度
外购的公共基础设施	其成本包括购买价款、相关税费及公共基础设施交付使用前所发生的可归属于该项资产的运输费、装卸费、安装费和专业人员服务费等
对于包括不同组成部分的公共基础设施	其只有总成本、没有单项组成部分成本的，行政事业单位可以按照各单项组成部分同类或类似资产的成本或市场价格比例对总成本进行分配，分别确定公共基础设施中各单项组成部分的成本

需要注意的是，对于应当确认但尚未入账的存量公共基础设施，行政事业单位应当在本准则首次执行日按照以下原则确定其初始入账成本：

（1）可以取得相关原始凭据的，其成本按照有关原始凭据注明的金额减去应计提的累计折旧后的金额确定；

（2）没有相关凭据可供取得，但按规定经过资产评估的，其成本按照评估价值确定；

（3）没有相关凭据可供取得、也未经资产评估的，其成本按照重置成本确定。

▶▶ **3. 公共基础设施的账务处理**

公共基础设施的主要账务处理，见表2-88。

表2-88　公共基础设施的主要账务处理

业务情形		财务会计	预算会计
取得公共基础设施	无偿调入公共基础设施	借：公共基础设施 　贷：无偿调拨净资产（差额）/财政拨款收入/银行存款等	借：其他支出 　贷：财政拨款预算收入/资金结存
	自行建造	借：公共基础设施 　贷：在建工程	—
	外购公共基础设施	借：公共基础设施 　贷：财政拨款收入/应付账款/银行存款	借：行政支出/事业支出 　贷：财政拨款预算收入/资金结存
与公共基础设施有关的后续支出	为增加公共基础设施使用效能或延长其使用寿命而发生的改建、扩建或大型修缮等后续支出	借：在建工程 　　公共基础设施累计折旧（已计提折旧） 　贷：公共基础设施（账面余额） 借：在建工程（发生的相关费用） 　贷：财政拨款收入/银行存款等	借：行政支出/事业支出等（实际支付的款项） 　贷：财政拨款预算收入/资金结存

业务情形		财务会计	预算会计
与公共基础设施有关的后续支出	为维护公共基础设施的正常使用而发生的日常修理等后续支出	借：业务活动费用 　贷：财政拨款收入/ 　　　银行存款等	借：行政支出/事业支出等（实际支付的款项） 　贷：财政拨款预算收入/资金结存
对外捐赠公共基础设施时		借：资产设置费用 　　公共基础设施累计折旧（已计提折旧） 　贷：公共基础设施（账面余额） 　　　银行存款	借：其他支出 　贷：资金结存等
报废、毁损的公共基础设施		借：待处理财产损溢 　　公共基础设施累计折旧（已计提折旧） 　贷：公共基础设施（账面余额）	—

2.22.3　公共基础设施的后续计量

▸▸ 1. 公共基础设施的折旧或摊销

行政事业单位应当对公共基础设施计提折旧，但行政事业单位持续进行良好的维护使得其性能得到永久维持的公共基础设施和确认为公共基础设施的单独计价入账的土地使用权除外。

公共基础设施应计提的折旧总额为其成本，计提公共基础设施折旧时不考虑预计净残值。

行政事业单位应当对暂估入账的公共基础设施计提折旧，实际成本确定后不需调整原已计提的折旧额。

行政事业单位应当根据公共基础设施的性质和使用情况，合理确定公共基础设施的折旧年限。

行政事业单位确定公共基础设施折旧年限，应当考虑下列因素：

（1）设计使用年限或设计基准期；

（2）预计实现服务潜力或提供经济利益的期限；

（3）预计有形损耗和无形损耗；

▶ 2. 法律或者类似规定对资产使用的限制

公共基础设施的折旧年限一经确定，不得随意变更，但符合《政府会计准则第 5 号——公共基础设施》第二十条规定的除外。

对于行政事业单位接受无偿调入、捐赠的公共基础设施，应当考虑该项资产的新旧程度，按照其尚可使用的年限计提折旧。

（1）行政事业单位一般应当采用年限平均法或者工作量法计提公共基础设施折旧。

在确定公共基础设施的折旧方法时，应当考虑与公共基础设施相关的服务潜力或经济利益的预期实现方式。公共基础设施折旧方法一经确定，不得随意变更。

（2）公共基础设施应当按月计提折旧，并计入当期费用。当月增加的公共基础设施，当月开始计提折旧；当月减少的公共基础设施，当月不再计提折旧。

（3）处于改建、扩建等建造活动期间的公共基础设施，应当暂停计提折旧。

因改建、扩建等原因而延长公共基础设施使用年限的，应当按照重新确定的公共基础设施的成本和重新确定的折旧年限计算折旧额，不需调整原已计提的折旧额。

（4）公共基础设施提足折旧后，无论能否继续使用，均不再计提折旧；已提足折旧的公共基础设施，可以继续使用的，应当继续使用，并规范实物管理。

提前报废的公共基础设施，不再补提折旧。

（5）对于确认为公共基础设施的单独计价入账的土地使用权，行政事业单位应当按照《政府会计准则第 4 号——无形资产》的相关规定进行摊销。

▶ 3. 公共基础设施的处置

行政事业单位按规定报经批准无偿调出、对外捐赠公共基础设施的，应当将公共基础设施的账面价值予以转销，无偿调出、对外捐赠中发生的归属于调出方、捐出方的相关费用应当计入当期费用。

公共基础设施报废或遭受重大毁损的，行政事业单位应当在报经批准后将公共基础设施账面价值予以转销，并将报废、毁损过程中取得的残值变价收入扣除相关费用后的差额按规定做应缴款项处理（差额为净收益时）或计入当期费用（差额为净损失时）。

▸▸ 4. 公共基础设施的披露

行政事业单位应当在附注中披露与公共基础设施有关的下列信息。

（1）公共基础设施的分类和折旧方法。

（2）各类公共基础设施的折旧年限及其确定依据。

（3）各类公共基础设施账面余额、累计折旧额（或摊销额）、账面价值的期初、期末数及其本期变动情况。

（4）各类公共基础设施的实物量。

（5）公共基础设施在建工程的期初、期末金额及其增减变动情况。

（6）确认为公共基础设施的单独计价入账的土地使用权的账面余额、累计摊销额及其变动情况。

（7）已提足折旧继续使用的公共基础设施的名称、数量等情况。

（8）暂估入账的公共基础设施账面价值变动情况。

（9）无偿调入、接受捐赠的公共基础设施名称、数量等情况。

（10）公共基础设施对外捐赠、无偿调出、报废、重大毁损等处置情况。

（11）公共基础设施年度维护费用和其他后续支出情况。

【例2-73】2024年8月1日，某行政单位外购建造一批公路护栏，该批公路护栏价格为320 000元，以财政拨款支付。

平行登记	财务会计	预算会计
	借：公共基础设施　　　　320 000 　　贷：财政拨款收入 　　　　　　　　　　　　320 000	借：行政支出　　　320 000 　　贷：财政拨款预算收入 　　　　　　　　　　320 000

2.23 "文物文化资产"科目的应用

"文物文化资产"科目核算行政事业单位控制的文物文化资产的价值。文物文化资产是指用于展览、教育或研究等目的的历史文物、艺术品以及其他具有文化或者历史价值并作长期或者永久保存的典藏等。

2.23.1 "文物文化资产"科目的设置

行政事业单位应当设置文物文化资产登记簿和文物文化资产卡片，按文物文化资产类别等设置明细账，进行明细核算。

"文物文化资产"会计科目的设置，见表 2-89。

表 2-89　"文物文化资产"会计科目编码的设置

科目代码	总分类科目（一级科目）	明细分类科目	
		二级明细科目	三级明细科目
1821	文物文化资产	—	—
182101	文物文化资产	国画	—
182102	文物文化资产	瓷器	××银行
182103	文物文化资产	古陶	××银行
182104	文物文化资产	其他	××银行

2.23.2 "文物文化资产"科目主要账务处理

文物文化资产的主要账务处理，见表 2-90。

表 2-90　"文物文化资产"科目账务处理

业务情形	财务会计	预算会计
外购的文物文化资产	借：文物文化资产 　贷：财政拨款收入/银行存款等	借：行政支出/事业支出等 　贷：财政拨款预算收入/资金结存

业务情形		财务会计	预算会计
接受捐赠的文物文化资产		借：文物文化资产 　贷：捐赠收入/财政拨款收入/银行存款（实际支付的相关税费、运输费等）	借：其他支出 　贷：资金结存
按规定，处置文物文化资产	对外捐赠	借：资产处置费用（账面余额） 　贷：文物文化资产 　　银行存款	借：其他支出 　贷：资金结存
	无偿调出	借：无偿调拨净资产/资产处置费用 　贷：文物文化资产 　　银行存款	借：其他支出 　贷：资金结存——货币资金

【例 2-74】某文化局接受张兰捐赠的一批明代书画，市场估价 2 980 万元，相关税费用 132 万元。税费以银行存款支付。

	财务会计	预算会计
平行登记	借：文物文化资产 　　　　　　31 120 000 　贷：捐赠收入　29 800 000 　　银行存款　　1 320 000	借：其他支出　　　　1 320 000 　贷：资金结存——货币资金　1 320 000

2.24 "受托代理资产"科目的应用

"受托代理资产"核算单位接受委托方委托管理的各项资产，包括受托指定转赠的物资、受托储存管理的物资等。

2.24.1　"受托代理资产"科目的设置

单位收到受托代理资产为现金和银行存款的，不通过本科目核算，应当通过"库存现金""银行存款"科目进行核算。

"受托代理资产"科目应当按照资产的种类和委托人进行明细核算；属于转赠资产的，还应当按照受赠人进行明细核算。

受托代理资产应当在单位收到受托代理的资产时确认。本科目期末借方余额，反映单位受托代理资产中实物资产的价值。

本科目期末借方余额，反映单位受托代理资产中实物资产的价值。

"受托代理资产"会计科目的设置，见表2-91。

表 2-91　"受托代理资产"会计科目编码的设置

科目代码	总分类科目（一级科目）	明细分类科目	
		二级明细科目	三级明细科目
1891	受托代理资产	—	—
189101	受托代理资产	种类或委托人	—
189102	受托代理资产	种类或委托人	—
189103	受托代理资产	种类或委托人	—
189104	受托代理资产	种类或委托人	—

2.24.2　"受托代理资产"科目主要账务处理

受托代理资产的主要账务处理，见表2-92。

表 2-92　受托代理资产的主要账务处理

业务情形		财务会计	预算会计
受托转赠物资	接受委托人委托需要转赠给受赠人的物资	借：受托代理资产 　　贷：受托代理负债	—

业务情形		财务会计	预算会计
受托转赠物资	受托协议约定由单位承担相关税费、运输费	借：其他费用 　贷：财政拨款收入/ 　　银行存款等	借：其他支出 　贷：财政拨款预 　算收入/资金 　结存
	将受托转赠物资交付受赠人时	借：受托代理负债 　贷：受托代理资产	—
	转赠物资的委托人取消了对捐赠物资的转赠要求，且不再收回捐赠物资的	借：受托代理负债 　贷：受托代理资产 同时：借：库存物品/固 　　定资产 　贷：其他收入	—
受托储存管理物资	接受委托人委托储存管理的物资	借：受托代理资产 　贷：受托代理负债	—
	支付由受托单位承担的与受托储存管理的物资相关的运输费、保管费等	借：其他费用 　贷：财政拨款收入/ 　银行存款等	借：其他支出 　贷：财政拨款预 　算收入/资金 　结存
	根据委托人要求交付受托储存管理的物资时	借：受托代理负债 　贷：受托代理资产	—

【例 2-75】某行政单位接受受托人委托转赠的 10 台计算机赠给养老院，这批计算机成本为 6 943 元，运费 150 元由行政单位承担。

借：受托代理资产　　　　　　　　　　　　　　　　6 943
　　贷：受托代理负债　　　　　　　　　　　　　　　　6 943

支付运费时，账务处理如下。

平行登记	财务会计		预算会计	
	借：业务活动费用	150	借：行政支出	150
	贷：财政拨款收入	150	贷：财政拨款预算收入	150

第3章
行政事业单位负债的核算

本章核算行政事业单位流动负债和非流动负债会计科目设置及运用。事业单位应当建立健全财务风险预警和控制机制，规范和加强借入款项管理，如实反映依法举借债务情况，严格执行审批程序，不得违反规定融资或者提供担保。

3.1 负债的确认与计量

《行政单位财务规则》（中华人民共和国财政部令第 113 号）第四十五条规定，"负债是指行政单位过去的经济业务事项形成的、预期会导致经济资源流出的现时义务，包括应缴款项、暂存款项、应付款项等。"

《事业单位财务规则》（中华人民共和国财政部令第 108 号）第四十八条规定，"负债是指事业单位所承担的能以货币计量，需要以资产或者劳务偿还的债务。"事业单位的负债包括借入款项、应付款项、暂存款项、应缴款项等。

3.1.1　负债的分类与确认

行政事业单位的负债按照流动性，分为流动负债和非流动负债。

流动负债是指预计在 1 年内（含 1 年）偿还的负债，包括应付及预收款项、应付职工薪酬、应缴款项等。

非流动负债是指流动负债以外的负债，包括长期应付款、应付政府债券和政府依法担保形成的债务等。

在同时满足以下条件时，确认为负债：

（1）履行该义务很可能导致含有服务潜力或者经济利益的经济资源流出行政事业单位；

（2）该义务的金额能够可靠地计量。

3.1.2　负债的计量

负债的计量属性主要包括历史成本、现值和公允价值。

行政事业单位在对负债进行计量时，一般应当采用历史成本。采用现值、公允价值计量的，应当保证所确定的负债金额能够持续、可靠计量。符合负债定义和负债确认条件的项目，应当列入资产负债表。

（1）在历史成本计量下，负债按照因承担现时义务而实际收到的款项或者资产的金额，或者承担现时义务的合同金额，或者按照为偿还负债预期需要支付的现金计量。

（2）在现值计量下，负债按照预计期限内需要偿还的未来净现金流出量的折现金额计量。

（3）在公允价值计量下，负债按照市场参与者在计量日发生的有序交易中，转移负债所需支付的价格计量。

3.2 ｜ "短期借款" 科目的应用

短期借款是企业向银行或其他金融机构等借入的期限在 1 年以下（含 1 年）的各种借款，通常是为了满足正常生产经营的需要。

3.2.1 "短期借款"科目的设置

"短期借款"科目应当按照贷款单位和贷款种类进行明细核算。短期借款类别主要有：经营周转借款、临时借款、结算借款、票据贴现借款、卖方信贷、预购定金借款和专项储备借款等。本科目期末贷方余额，反映行政事业单位尚未偿还的短期借款本金，见表3-1。

表3-1　短期借款会计科目编码的设置

科目代码	总分类科目（一级科目）	明细分类科目		是否辅助核算	辅助核算类别
		二级明细科目	三级明细科目		
2001	—	—	—	—	—
200101	短期借款	人民币	经营周转借款	是	贷款人
200102	短期借款	人民币	临时借款	是	贷款人
200103	短期借款	人民币	结算借款	是	贷款人
200104	短期借款	人民币	票据贴现借款	是	贷款人
200105	短期借款	人民币	卖方信贷	是	贷款人
200106	短期借款	人民币	预购定金借款	是	贷款人
200107	短期借款	人民币	专项储备借款	是	贷款人
200108	短期借款	外币	美元	是	贷款人
200109	短期借款	外币	欧元	是	贷款人
200110	短期借款	外币	其他	是	贷款人

3.2.2 "短期借款"科目主要账务处理

短期借款的主要账务处理，见表3-2。

表3-2　短期借款的主要账务处理

业务情形	财务会计	预算会计
借入各种短期借款	借：银行存款 　贷：短期借款	借：资金结存——货币资金 　贷：债务预算收入
银行承兑汇票到期，本单位无力支付票款	借：应付票据 　贷：短期借款	借：其他支出/经营支出等 　贷：债务预算收入

业务情形	财务会计	预算会计
归还短期借款	借：短期借款 　其他费用 　应付利息 　贷：银行存款	借：债务还本支出 　其他支出 　贷：资金结存——货币资 　金

【例 3-1】某能源单位 2024 年 1 月 1 日从银行借入 3 个月的借款 100 000 元，假定年利率为 12%，到期一次还本付息。账务处理如下。

（1）1 月 1 日，借入款项时。

	财务会计	预算会计
平行登记	借：银行存款　　　100 000 　贷：短期借款　　　100 000	借：资金结存——货币资金　100 000 　贷：债务预算收入　　　100 000

（2）4 月 1 日，归还借入本金，并支付 3 个月的利息 3 000 元（100 000×12%×3÷12）。

会计分录如下：

	财务会计	预算会计
平行登记	借：短期借款　　　　100 000 　应付利息——利息支出 3 000 　贷：银行存款　　　103 000	借：债务还本支出　　　　100 000 　其他支出　　　　　3 000 　贷：资金结存——货币资金 103 000

【例 3-2】某事业单位 2024 年 1 月 1 日向银行借入 4 000 000 元，用于购买大型实验设备，借款期限为 1 年，年利率为 5%，每季季末支付利息。账务处理如下。

	财务会计	预算会计
平行登记	（1）1 月 1 日，借入款项时。 　借：银行存款　　4 000 000 　　贷：短期借款　　4 000 000	借：资金结存——货币资金 4 000 000 　贷：债务预算收入　　 4 000 000

财务会计	预算会计
（2）3月31日，支付利息50 000元（4 000 000×5‰×3÷12）时。 借：应付利息——利息支出　50 000 　　贷：银行存款　　　　　50 000	借：其他支出　　　　　　　　50 000 　　贷：资金结存——货币资金　50 000
（3）6月30日、9月30日支付当季的利息时做同样的会计分录	
（4）到期归还本金和最后一个季度的利息时。 借：短期借款　　　4 000 000 　　应付利息——利息支出 　　　　　　　　　　50 000 　　贷：银行存款　4 050 000	借：债务还本支出　　　4 000 000 　　其他支出　　　　　　50 000 　　贷：资金结存——货币资金 　　　　　　　　　　4 050 000

左侧纵向文字：平行登记

3.3 "应交增值税"科目的应用

"应交增值税"科目核算单位按照税法等规定计算应缴纳的增值税。

3.3.1 "应交增值税"科目的设置

属于增值税一般纳税人的单位，"应交增值税"科目应设置"应交税金""待抵扣进项税额""未交税金""简易计税""待转销项税额""预交税金""待认证进项税额""代扣代交增值税""转让金融商品应交增值税"等进行明细核算。

▶ **1. 增值税会计科目设置明细**

一般纳税人企业增值税相关会计科目设置，见表3-3。

小规模纳税人只需设置"应交增值税"科目，不需要设置上述专栏。

表3-3　一般纳税人增值税基本会计科目编码设置

科目代码	总分类科目（一级科目）	明细分类科目	
		二级明细科目	三级明细科目
2101	应交增值税	—	—

科目代码	总分类科目 （一级科目）	明细分类科目	
		二级明细科目	三级明细科目
210101	应交增值税	—	—
21010101	应交增值税	应交税金	进项税额
21010102	应交增值税	应交税金	已交税金
21010103	应交增值税	应交税金	减免税款
21010104	应交增值税	应交税金	转出未交增值税
21010105	应交增值税	应交税金	销项税额抵减
21010106	应交增值税	应交税金	进项税额转出
21010107	应交增值税	应交税金	出口抵减内销产品应纳税额
21010108	应交增值税	应交税金	销项税额
210102	应交增值税	未交税金	—
210103	应交增值税	预交税金	—
210104	应交增值税	待抵扣进项税额	—
210105	应交增值税	待认证进项税额	—
210106	应交增值税	待转销项税额	—
210107	应交增值税	简易计税	—
210108	应交增值税	转让金融商品应缴增值税	—
210109	应交增值税	代扣代交增值税	—

▶ **2. 增值税借贷方科目专栏**

增值税会计核算有一个典型的特征，就是一些会计科目分专栏核算，借方专栏只能在借方，不放到贷方核算；贷方专栏只能在贷方，不能放到借方专栏核算。遇到退货、退回或其他情况，所购货物应冲销调账的，用红字登记。具体借方、贷方专栏见表3-4。

表 3-4　增值税科目专栏明细表

	增值税借方科目专栏		增值税贷方科目专栏
1	进项税额	1	销项税额
2	已交税金	2	进项税额转出
3	减免税款	3	出口退税
4	销项税额抵减	4	转出多交增值税
5	转出未交增值税		
6	出口抵减内销产品应纳税额		

3.3.2　一般纳税人账务处理

增值税一般纳税人应交增值税的主要账务处理，见表 3-5。

表 3-5　应交增值税的主要账务处理

业务情形		财务会计	预算会计
购入应税资产或服务时	购入应税资产或服务时	借：业务活动费用/在途物品/库存物品/工程物资/在建工程/固定资产/无形资产等 　　应交增值税——应交税金（进项税额）［当月已认证可抵扣］ 　　应交增值税——待认证进项税额［当月未认证可抵扣］ 　贷：银行存款等［实际支付的金额］/应付票据［开出并承兑的商业汇票］/应付账款等［应付的金额］	借：事业支出/经营支出等 　贷：资金结存等［实际支付的金额］
	经税务机关认证为不可抵扣进项税时	借：应交增值税——应交税金（进项税额） 　贷：应交增值税——待认证进项税额 同时转出进项税额 借：业务活动费用等 　贷：应交增值税——应交税金（进项税额转出）	—

业务情形		财务会计	预算会计
购入应税资产或服务时	购进应税不动产或在建工程	借：固定资产/在建工程等 　　应交增值税——应交税金（进项税额） 　贷：银行存款等	借：事业支出/经营支出等 　贷：资金结存等［实际支付的金额］
	购进资产或服务时作为扣缴义务人	借：业务活动费用/在途物品/库存物品/工程物资/固定资产/无形资产等 　　应交增值税——应交税金（进项税额）［当期可抵扣］ 　贷：银行存款［实际支付的金额］ 　　应付账款等 　　应交增值税——代扣代交增值税	借：事业支出/经营支出等 　贷：资金结存［实际支付的金额］
		实际缴纳代扣代缴增值税时 借：应交增值税——代扣代交增值税 　贷：银行存款等	借：事业支出/经营支出等 　贷：资金结存［实际支付的金额］
销售应税产品或提供应税服务	销售应税产品或提供应税服务时	借：银行存款/应收账款/应收票据等［包含增值税的价款总额］ 　贷：事业收入/经营收入等［扣除增值税销项税额后的价款］ 　　应交增值税——应交税金（销项税额）/应交增值税——简易计税	借：资金结存［实际收到的含税金额］ 　贷：事业预算收入/经营预算收入等

业务情形		财务会计	预算会计
金融商品实际转让时	收益	借：投资收益 　贷：应交增值税——转让金融商品应交增值税	—
	损失	借：应交增值税——转让金融商品应交增值税 　贷：投资收益	—
	缴纳时	借：应交增值税——转让金融商品应交增值税 　贷：银行存款	借：事业支出/经营支出 　贷：资金结存
月末转出多交和未交增值税	未交增值税	借：应交增值税——应交税金（转出未交增值税） 　贷：应交增值税——未交税金	—
	多交增值税	借：应交增值税——未交税金 　贷：应交增值税——应交税金（转出多交增值税）	—
缴纳增值税	缴纳本月增值税时	借：应交增值税——应交税金（已交税金） 　贷：银行存款等	借：事业支出/经营支出等 　贷：资金结存
	本月缴纳以前期间未交增值税	借：应交增值税——未交税金 　贷：银行存款等	借：事业支出/经营支出等 　贷：资金结存
	按规定预交增值税	预交时： 借：应交增值税——预交税金 　贷：银行存款等 月末： 借：应交增值税——未交税金 　贷：应交增值税——预交税金	借：事业支出/经营支出等 　贷：资金结存
	当期直接减免的增值税应纳税额	借：应交增值税——应交税金（减免税款） 　贷：业务活动费用/经营费用等	—

我国目前对一般纳税人采用的是国际上通行的购进扣税法，即当期销项税额抵扣当期进项税额后的余额。应纳税额的计算公式为：

当期应纳税额＝当期销项税额－当期进项税额

＝当期不含税销售额×适用税率－当期进项税额

【例3-3】 某市甲学院为增值税一般纳税人，2024年3月发生增值税相关业务如下：

（1）3月7日，因与乙软件公司合作开发A教学软件项目，收到乙公司支付的按照项目进度确认的支持资金254 400元；当日向乙公司开具的增值税专用发票上注明的价款为240 000元、增值税税额为14 400元。

3月7日，收到乙公司款项时：

	财务会计	预算会计
平行登记	借：银行存款　　　　　254 400 　贷：事业收入　　　　　240 000 　　　应交增值税——应交税金（销项税额）　　　　　　14 400	借：资金结存——货币资金 254 400 　贷：事业预算收入　　　254 400

（2）3月10日，以基本户通过网银缴纳上月未交增值税63 200元、城市维护建设税4 424元、教育费附加1 896元和地方教育费附加1 264元。会计分录下。

	财务会计	预算会计
平行登记	借：应交增值税——未交税金　　　63 200 　　其他应交税费——应交城市维护建设税 　　　　　　　　　　　　　　　4 424 　　　　　——应交教育费附加　1 896 　　　　　——应交地方教育费附加 　　　　　　　　　　　　　　　1 264 　贷：银行存款　　　　　　　　70 784	借：事业支出　　　　70 784 　贷：资金结存——货币资金　　　　70 784

（3）3月16日，因与乙企业共同研究某项课题，收到乙企业支付的按照课题完成进度确认的支持资金103 880元；当日向乙企业开具的增值税专用发票上注明的价款为98 000元、增值税税额为5 880元。

3月16日，收到丙煤炭企业款项时：

平行登记	财务会计	预算会计
	借：银行存款 103 880 　贷：事业收入 98 000 　　应交增值税——应交税金（销项税额） 5 880	借：资金结存——货币资金 103 880 　贷：事业预算收入 103 880

（4）3月21日，购买某项教学软件，当日安装完毕，收到丁供应商开具的增值税专用发票上注明的价款为 82 000 元、增值税税额 4 920 元；当日已办理报销手续并支付款项。

3月21日，向丁供应商支付购买软件款时：

平行登记	财务会计	预算会计
	借：无形资产 82 000 　应交增值税——应交税金（进项税额） 4 920 　贷：银行存款 86 920	借：事业支出 86 920 　贷：资金结存——货币资金 86 920

（5）3月25日，商学院两位教师报销差旅费：会议费 8 480 元和住宿费 1 272 元，均取得增值税专用发票；往返高铁车票费共计 1 526 元，当日用单位自有资金通过网银转账报销上述费用。两位教师无个人借款。

各项费用可以抵扣的进项税额如下：

会议费：[8 480÷（1+6%）]×6%＝480（元），取得增值税发票上已标明；

住宿费：[1 272÷（1+6%）]×6%＝72（元），取得增值税发票上已标明；

火车票：[1 526÷（1+9%）]×9%＝126（元），根据火车票票面金额计算确定。

平行登记	财务会计	预算会计
	借：业务活动费用 10 600 　应交增值税——应交税金（进项税额） 678 　贷：银行存款 11 278	借：事业支出 11 278 　贷：资金结存——货币资金 11 278

（6）3月31日，计算确认本月应交的增值税、城市维护建设税、教育费附加和地方教育附加。甲学院3月初无留抵税额，本月取得的增值税专用发票均已上传认证可以抵扣，不考虑其他税费。

3月31日，计算确认本月应交的增值税、城市维护建设税、教育费附加和地方教育费附加时：

①计算有关税费金额：

本月应交的增值税＝销项税额－进项税额

＝14 400＋5 880－678－4 920＝14 682（元）

本月应交的城市维护建设税＝14 682×7％＝1 027.74（元）

本月应交的教育费附加＝14 682×3％＝440.46（元）

本月应交的地方教育费附加＝14 682×2％＝293.64（元）

②将本月应交未交的增值税转出：

平行登记	财务会计		预算会计
	借：应交增值税——应交税金——转出未交增值税　　14 682 　贷：应交增值税——未交税金　　14 682		—

预算会计：

③确认本月应交的城市维护建设税、教育费附加和地方教育附加：

平行登记	财务会计		预算会计
	借：业务活动费用　　1 761.84 　贷：其他应交税费——应交城市维护建设税　　1 027.74 　　　　　　　　——应交教育费附加　　440.46 　　　　　　　　——应交地方教育附加　　293.64		—

3.3.3 小规模纳税人账务处理

增值税小规模纳税人账务处理，见表3-6。

表 3-6　增值税小规模纳税人账务处理

业务情形	财务会计	预算会计
购入资产或服务时	借：业务活动费用/在途物资/库存物品（价税合计） 贷：银行存款（实际支付的金额）/应付票据（开出并承兑的商业汇票）/应付账款等（应付的金额）	借：事业支出/经营支出等（实际支付的款项） 贷：资金结存——货币资金
销售应税产品或提供应税服务	借：银行存款/应收账款/应收票据（包含增值税的价款总额） 贷：事业收入/经营收入等（扣除增值税金额后的价款） 应交增值税	借：资金结存——货币资金（不含增值税价款） 贷：事业预算收入/经营预算收入等
缴纳增值税时	借：应交增值税 贷：银行存款	借：事业支出/经营支出等 贷：资金结存——货币资金
减免增值税	借：应交增值税 贷：业务活动费用/经营费用	借：事业支出/经营支出等 贷：资金结存

【例 3-4】某市 A 食品研究所为增值税小规模纳税人，2024 年 3 月发生增值税相关业务如下：（A 食品研究所 3 月适用增值税免税政策，也可选择放弃免税，对部分应税销售收入开具征收率为 3％的增值税专用发票，不考虑其他税费）

（1）3 月 7 日，因与乙企业合作研发中秋月饼项目，收到乙企业支付的按照项目进度确认的支持资金 60 000 元；适用免税政策，当日向乙企业开具了增值税普通发票。

收到乙企业款项时，编制会计分录。

平行登记	财务会计		预算会计	
	借：银行存款	60 000	借：资金结存——货币资金	60 000
	贷：事业收入	60 000	贷：事业预算收入	60 000

（2）3月9日，为研发中秋月饼项目，用乙食品企业给予的资金购买一台设备，取得增值税普通发票上注明的价款 43 000 元、增值税税额 5 590 元，款项当日用单位自有资金通过网银支付。

平行登记	财务会计		预算会计	
	借：固定资产	48 590	借：事业支出	48 590
	贷：银行存款	48 590	贷：资金结存——货币资金	48 590

（3）3月13日，以基本户通过网银缴纳上月未交增值税 23 000 元、城市维护建设税 1 610 元、教育费附加 690 元和地方教育附加 460 元。

平行登记	财务会计		预算会计	
	借：应交增值税	23 000		
	其他应交税费——应交城市维护建设税		借：事业支出　25 760	
		1 610	贷：资金结存——货	
	——应交教育费附加　　690		币资金　25 760	
	——应交地方教育附加　460			
	贷：银行存款	25 760		

（4）3月20日，为锦江酒店提供食品烹饪服务，收到锦江酒店支付的按照业务完成进度确认的咨询费 36 676 元；根据锦江酒店要求，A 食品研究所选择放弃免税，当日向锦江酒店开具增值税专用发票上注明的价款为 34 600 元，增值税税额为 2 076 元。

平行登记	财务会计		预算会计	
	借：银行存款	36 676	借：资金结存——货币资金	36 676
	贷：事业收入	34 600	贷：事业预算收入	36 676
	应交增值税	2 076		

（5）3月25日，该所两名业务人员报销差旅费：发生会议费 12 700 元和住宿费 1 580 元，均取得增值税普通发票；往返高铁车票费共计 2 100 元，当日网银转账报销上述费用。两名业务人员无个人借款。此笔费用记入"业务活动费用"科目，金额为 16 380 元（12 700＋1 580＋2 100）。

平行登记	财务会计		预算会计	
	借：业务活动费用	16 380	借：事业支出	16 380
	贷：银行存款	16 380	贷：资金结存——货币资金	16 380

（6）3月29日，计算确认本月应交的增值税、城市维护建设税、教育费附加和地方教育附加。

计算有关税费金额：本月应交的增值税为 2 076 元；

本月应交的城市维护建设税＝2 076×7％＝145.32（元）；

本月应交的教育费附加＝2 076×3％＝62.28（元）；

本月应交的地方教育附加＝2 076×2％＝41.52（元）。

平行登记	财务会计		预算会计
	借：业务活动费用	249.12	—
	贷：其他应交税费——应交城市维护建设税	145.32	
	——应交教育费附加	62.28	
	——应交地方教育附加	41.52	

《国家税务总局关于增值税小规模纳税人减免增值税等政策有关征管事项的公告》（国家税务总局公告 2023 年第 1 号）：

"一、增值税小规模纳税人（以下简称小规模纳税人）发生增值税应税销售行为，合计月销售额未超过 10 万元（以 1 个季度为 1 个纳税期的，季度销售额未超过 30 万元，下同）的，免征增值税。

小规模纳税人发生增值税应税销售行为，合计月销售额超过 10 万元，但扣除本期发生的销售不动产的销售额后未超过 10 万元的，其销售货物、劳务、服务、无形资产取得的销售额免征增值税。"

《关于增值税小规模纳税人减免增值税政策的公告》（财政部 税务总局公告 2023 年第 19 号）：

"为进一步支持小微企业和个体工商户发展，现将延续小规模纳税人增值税减免政策公告如下：

一、对月销售额 10 万元以下（含本数）的增值税小规模纳税人，免征增值税。

二、增值税小规模纳税人适用 3％征收率的应税销售收入，减按 1％征收率征收增值税；适用 3% 预征率的预缴增值税项目，减按 1% 预征率预缴增值税。

三、本公告执行至 2027 年 12 月 31 日。"

3.3.4　发票的相关规定

发票是单位和个人在购销商品、提供或者接受服务以及其他经营活动中，开具、取得的收付款凭证。电子发票包括全面数字化的电子发票（以下简称数电票）、增值税电子普通发票、增值税电子专用发票等，其法律效力、基本用途等与纸质发票相同。

▶▶ **1. 数电票**

数电票，是与纸质发票具有同等法律效力的全新发票，不以纸质形式存在、不用介质支撑、无须申请领用、发票验旧及申请增版增量。纸质发票的票面信息全面数字化，将多个票种集成归并为电子发票单一票种，数电票实行全国统一赋码、自动流转交付。

（1）数电票的票面信息。

数电票的票面信息包括基本内容和特定内容。

为了符合纳税人开具发票的习惯，数电票的基本内容在现行增值税发票基础上进行了优化，主要包括：发票号码、开票日期、购买方信息、销售方信息、项目名称、规格型号、单位、数量、单价、金额、税率/征收率、税额、合计、价税合计（大写、小写）、备注、开票人等，如图 3-1 所示。

为了满足从事特定行业、发生特定应税行为及特定应用场景业务（以下简称"特定业务"）的试点纳税人开具发票的个性化需求，税务机关根据现行发票开具的有关规定和特定业务的开票场景，在数电票中设计了相应的特定内容。特定业务包括但不限于稀土、建筑服务、旅客运输服务、货物运输服务、不动产销售、不动产经营租赁服务、农产品收购、光伏收购、代收车船税、自产农产品销售、差额征税等。试点纳税人在开具数电票时，可以按照实际业务开展情况，选择特定业务，将按规定应填写在发票备注等栏次的信息，填写在特定内容栏次，进一步规范发票票面内容，便利纳税人使用。特定业务的数电票票面按照特定内容展示相应信息，同时票面左上角展示该业务类型的字样。

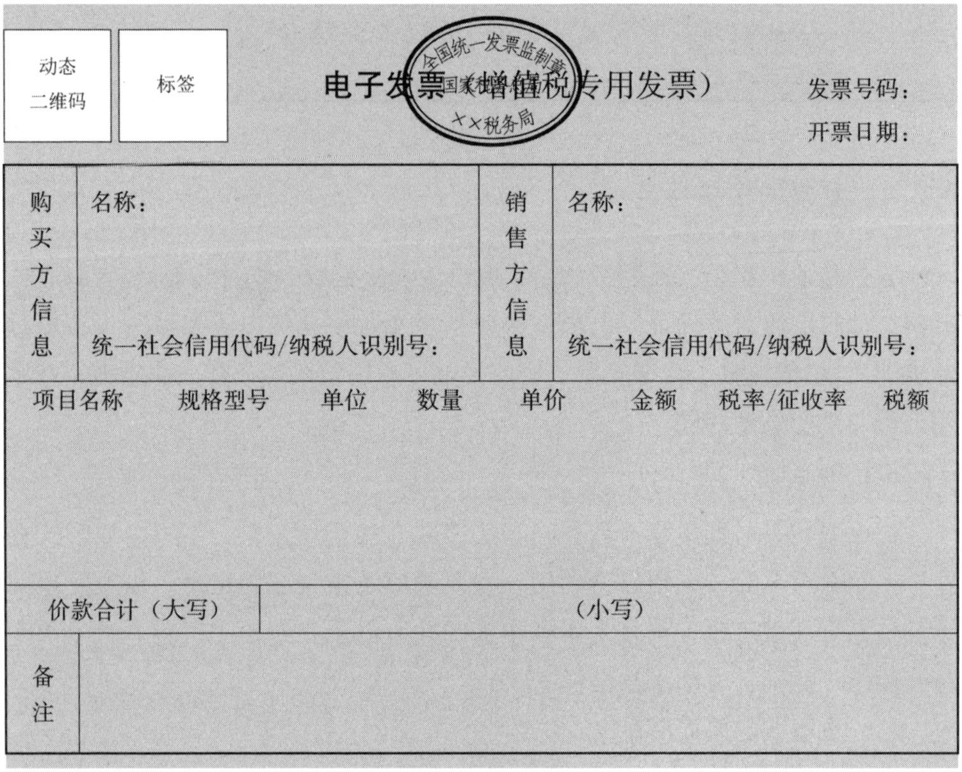
动态二维码 标签 电子发票（增值税专用发票） 发票号码：
开票日期：
全国统一发票监制章
××税务局

购买方信息	名称： 统一社会信用代码/纳税人识别号：	销售方信息	名称： 统一社会信用代码/纳税人识别号：

项目名称	规格型号	单位	数量	单价	金额	税率/征收率	税额

价款合计（大写）	（小写）
备注	

图 3-1　数电票票样

（2）数电票开具、保管方式如下：

开具数电票，纳税人无须使用税控专用设备、发票票种核定、领用发票，登录电子税务局直接开票，流程如下。

登录电子税务局→我要办税→开票业务→篮子发票开具→立即开票→选择票类→电子专票（普通发票）→填入信息→发票开具→下载。

（3）数电票交付方式有以下几种：一是通过电子发票服务平台税务数字账户自动交付；二是通过电子邮件、二维码等方式自行交付。而交付样式（XML 格式或 PDF、OFD 版式文件格式）可根据需要由交付方自行选择；销售方开具发票后，系统默认将数电票文件及数据自动交付至购买方的税务数字账户，购买方可在税务数字账户中下载所需要的数电票文件。

（4）纳税人下载数电票时，应对数电票文件规范命名，便于后续处理。例如：以“dzfp _ 数电票号码 _ 下载时间”命名，如 dzfp _ 22442000000922030206 _ 20221104153434. pdf 等。

（5）数电票报销方式有两种：一是线上报销；二是线下报销。已建设业务系统和报销系统的单位可通过在线方式完成。对于没有应用报销系统，或是报销系统尚不具备报销审批功能的单位，数电票的报销审批、归集、登记等流程一般通过纸质报销单采用线下方式进行。

（6）数电票保管人员或负责报销的会计人员，应建立数电票归集文件夹，文件夹以"年份＋月份"命名，妥善保管集中归集的数电票，并建立接收的数电票台账。

▶▶ 2. 增值税电子发票

增值税电子发票分为增值税电子普通发票和增值税电子专用发票。

（1）增值税电子普通发票。

根据《国家税务总局关于增值税发票综合服务平台等事项的公告》（国家税务总局公告 2020 年第 1 号）规定：

"二、纳税人通过增值税电子发票公共服务平台开具的增值税电子普通发票（票样见附件），属于税务机关监制的发票，采用电子签名代替发票专用章，其法律效力、基本用途、基本使用规定等与增值税普通发票相同。

增值税电子普通发票版式文件格式为 OFD 格式。单位和个人可以登录全国增值税发票查验平台，下载增值税电子发票版式文件阅读器查阅增值税电子普通发票。

三、纳税人办理增值税普通发票、增值税电子普通发票、收费公路通行费增值税电子普通发票、机动车销售统一发票、二手车销售统一发票票种核定事项，除税务机关按规定确定的高风险等情形外，主管税务机关应当即时办结。

增值税电子普通发票的发票代码为 12 位，编码规则为：第 1 位为 0，第 2—5 位代表省、自治区、直辖市和计划单列市，第 6—7 位代表年度，第 8—10 位代表批次，第 11—12 位代表票种（11 代表电子增值税普通发票）。发票号码为 8 位，按年度、分批次编制。

增值税电子普通发票的开票方和受票方需要纸质发票的，可以自行打印增值税电子普通发票的版式文件，其法律效力、基本用途和基本使用规定等与税务机关监制的增值税普通发票相同。"

增值税电子普通发票如图 3-2 所示。

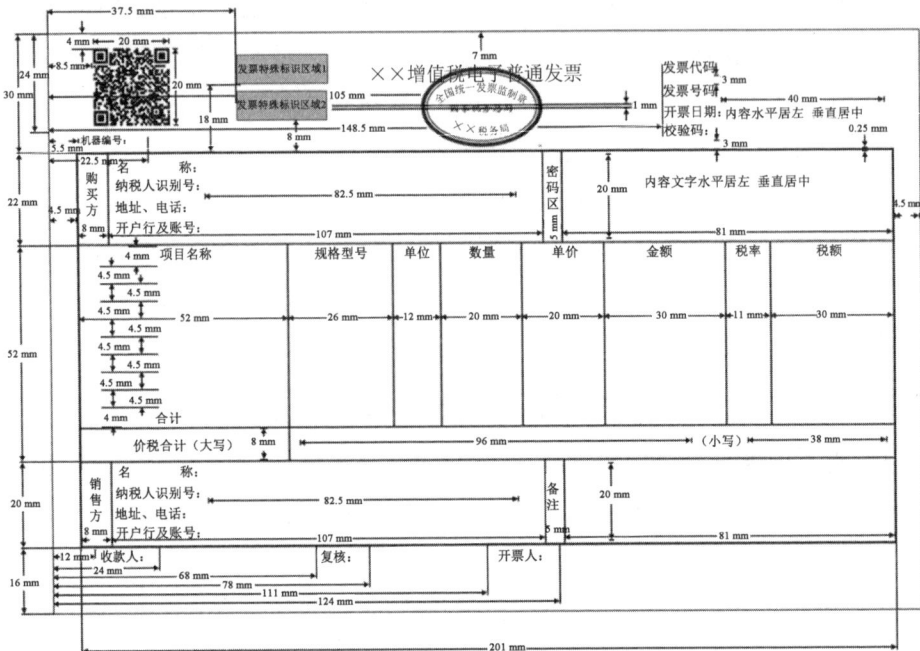

图 3-2 增值税电子普通发票

（资料来源：国家税务总局）

（2）增值税电子专用发票。

根据《国家税务总局关于在新办纳税人中实行增值税专用发票电子化有关事项的公告》（国家税务总局公告 2020 年第 22 号）规定：

"二、电子专票由各省税务局监制，采用电子签名代替发票专用章，属于增值税专用发票，其法律效力、基本用途、基本使用规定等与增值税纸质专用发票（以下简称"纸质专票"）相同。……

三、电子专票的发票代码为 12 位，编码规则：第 1 位为 0，第 2—5 位代表省、自治区、直辖市和计划单列市，第 6—7 位代表年度，第 8—10 位代表批次，第 11—12 位为 13。发票号码为 8 位，按年度、分批次编制。

……………

五、税务机关按照电子专票和纸质专票的合计数，为纳税人核定增值税专用发票领用数量。电子专票和纸质专票的增值税专用发票（增值税税控系统）最高开票限额应当相同。

六、纳税人开具增值税专用发票时，既可以开具电子专票，也可以开具纸质专票。受票方索取纸质专票的，开票方应当开具纸质专票。"

3. 电子发票命名规范

企业批量下载电子发票时，应对电子发票文件规范命名，便于后续处理。对于电子发票接收存储的命名格式给出了具体的参考示例，具体见表 3-7。

表 3-7　电子发票命名规范

项目	增值税电子发票	数电票
个人分散接收	电子邮箱、二维码、增值税发票查验平台等途径	电子邮件、二维码、电子文件导出等方式
单位批量下载接收	增值税发票综合服务平台	税务数字账户
命名格式	开票日期-发票代码-发票号码	Dzfp_全面数字化的电子发票号码_下载时间
命名示例	20220820-051002000311_06142522.pdf 20220821-051002000311_09457503.pdf 20220822-051002000411_24809986.pdf 20220822-051002000411_24843552.pdf	dzfp_22442000000922030206_20221104153434.pdf dzfp_22442000000922030207_20221104153422.ofd dzfp_22442000000922030209_20221104153403.pdf

4. 电子发票存档

根据《关于规范电子会计凭证报销入账归档的通知》（财会〔2020〕6 号）规定：

为适应电子商务、电子政务发展，规范各类电子会计凭证的报销入账归档，根据国家有关法律、行政法规，现就有关事项通知如下：

一、本通知所称电子会计凭证，是指单位从外部接收的电子形式的各类会计凭证，包括电子发票、财政电子票据、电子客票、电子行程单、电子海关专用缴款书、银行电子回单等电子会计凭证。

二、来源合法、真实的电子会计凭证与纸质会计凭证具有同等法律效力。

三、除法律和行政法规另有规定外，同时满足下列条件的，单位可以仅使用电子会计凭证进行报销入账归档：

（一）接收的电子会计凭证经查验合法、真实；

（二）电子会计凭证的传输、存储安全、可靠，对电子会计凭证的任何篡改能够及时被发现；

（三）使用的会计核算系统能够准确、完整、有效接收和读取电子会计凭证及其元数据，能够按照国家统一的会计制度完成会计核算业务，能够按照国家档案行政管理部门规定格式输出电子会计凭证及其元数据，设定了经办、审核、审批等必要的审签程序，且能有效防止电子会计凭证重复入账；

（四）电子会计凭证的归档及管理符合《会计档案管理办法》（财政部国家档案局第79号令）等要求。

四、单位以电子会计凭证的纸质打印件作为报销入账归档依据的，必须同时保存打印该纸质件的电子会计凭证。

五、符合档案管理要求的电子会计档案与纸质档案具有同等法律效力。除法律、行政法规另有规定外，电子会计档案可不再另以纸质形式保存。

六、单位和个人在电子会计凭证报销入账归档中存在违反本通知规定行为的，县级以上人民政府财政部门、档案行政管理部门应当依据《中华人民共和国会计法》《中华人民共和国档案法》等有关法律、行政法规处理处罚。

将相应纸质载体会计凭证的档号、保管期限等信息填入报销入账过程中形成的电子发票台账中，见表3-8。

表3-8　电子发票台账

序号	发票类型	发票代码	开票日期	销售方	货物或应税劳务、服务名称	价款	税额	价税合计	电子发票文件名称	报账单位	报销人	报销单号	报账日期	报账金额	档号	保管期限

3.4 "其他应交税费"科目的应用

"其他应交税费"科目核算行政事业单位按照税法等规定计算应缴纳的除增值税以外的各种税费，包括城市维护建设税、教育费附加、车船税、房产税、城镇土地使用税、企业所得税等。

单位代扣代缴的个人所得税，也通过本科目核算。

单位应缴纳的印花税不需要预提应缴税费，直接通过"业务活动费用""单位管理费用"等科目核算，不在本科目核算。

3.4.1 "其他应交税费"科目的设置

"其他应交税费"科目应当按照应缴纳的税费种类进行明细核算。本科目期末借方余额，反映单位多缴纳的税费；本科目期末贷方余额，反映单位应缴未缴的税费，见表 3-9。

表 3-9　其他应交税费会计科目编码的设置

科目代码	总分类科目（一级科目）	明细分类科目	
		二级明细科目	三级明细科目
2102	其他应交税费	—	—
210201	其他应交税费	城市维护建设税	—
210202	其他应交税费	教育费附加	—
210203	其他应交税费	车船税	—
210204	其他应交税费	房产税	—
210205	其他应交税费	城镇土地使用税	—
210206	其他应交税费	企业所得税	—
210207	其他应交税费	个人所得税	职工姓名

3.4.2 "其他应交税费"科目主要账务处理

其他应交税费的主要账务处理，见表 3-10。

表 3-10　其他应交税费账务处理

业务情形		财务会计	预算会计
城市维护建设税、教育费附加等	发生时，按税法规定计算的应缴税费金额	借：业务活动费用/单位管理费用/经营费用等 　　贷：其他应交税费——应交城市维护建设税/应交教育费附加	—

业务情形		财务会计	预算会计
城市维护建设税、教育费附加等	实际缴纳时	借：其他应交税费——应交城市维护建设税/应交教育费附加 贷：银行存款等	借：事业支出/经营支出等 贷：资金结存——货币资金
代扣代缴个人所得税	计算应代扣代缴的个人所得税金额	借：应付职工薪酬 贷：其他应交税费——应交个人所得税	—
	实际缴纳时	借：其他应交税费——应交个人所得税 贷：银行存款等	借：行政支出/事业支出/经营支出等 贷：资金结存——货币资金
发生企业所得税纳税义务	发生时，按税法规定计算的应缴税费金额	借：所得税费用 贷：其他应交税费——单位应交所得税	—
	实际缴纳时	借：其他应交税费——单位应交所得税 贷：银行存款等	借：经营支出 事业支出 非财政拨款结余 累计结余 贷：资金结存——货币资金

【例 3-5】2024 年 4 月，某园林绿化单位当月实际缴纳城市维护建设税 24 000元，教育费附加 9 450 元。账务处理如下，缴税付款凭证如图 3-3 所示。

	财务会计	预算会计
平行登记	（1）计提城建税和教育费附加。 借：经营费用　　　　　　　33 450 　　贷：其他应交税费——应缴城市维护建设税 　　　　　　　　　　　　　24 000 　　　　——应缴教育费附加　9 450	—
	（2）缴纳城建税。 借：其他应交税费——应缴城市维护建设税 　　　　　　　　　　　　　24 000 　　　　——应缴教育费附加　9 450 　　贷：银行存款　　　　　　33 450	借：事业支出 　　　　　　　　　　　33 450 　　贷：资金结存——货币资金 　　　　　　　　　　　33 450

××银行电子缴税付款凭证

转账日期：2024 年 5 月 5 日   凭证字号：567897654

付款人全称	××园林绿化单位	征收机关名称	地方税务局
付款人账号	7564532454	收款国库名称	中华人民共和国国家金库利水街支库
付款人开户银行	中国银行深圳市前进小街支行	小写（合计）金额	33 450
缴款书交易流水号	346342	大写（合计）金额	叁万叁仟肆佰伍拾元整
税（费）种名称	所属日期		实缴金额
城市维护建设税	2024 年 4 月 1 日至 2024 年 4 月 30 日		24 000
教育费附加	2024 年 4 月 1 日至 2024 年 4 月 30 日		9 450

图 3-3　付款凭证

3.5 "应付财政补贴款"科目的应用

"应付财政补贴款"科目核算负责发放政府补贴的行政单位。

3.5.1 "应付财政补贴款"科目的设置

单位按照国家税法等有关规定应当交纳的各种税费，通过"应交增值税""其他应交税费"科目核算，不在本科目核算。本科目应当按照应支付的政府补贴种类类别进行明细核算。本科目期末贷方余额，反映单位应付但尚未付的款项。科目设置见表 3-11。

表 3-11　应付财政补贴款会计科目编码的设置

科目代码	总分类科目（一级科目）	明细分类科目		是否辅助核算	辅助核算类别
		二级明细科目	三级明细科目		
2303	应付财政补贴款	—	—	—	—
230301	应付财政补贴款	税收优惠	—	是	单位名称
230302	应付财政补贴款	财政拨款	—	是	单位名称
230303	应付财政补贴款	财政贴息	—	是	单位名称
230304	应付财政补贴款	免征	—	是	单位名称
230305	应付财政补贴款	贷款贴息	—	是	单位名称
230306	应付财政补贴款	专项基金	—	是	单位名称

3.5.2 "应付财政补贴款"科目主要账务处理

应付财政补贴款的主要账务处理，见表3-12。

表3-12 应付财政补贴款的主要账务处理

业务情形	财务会计	预算会计
发生应付财政补贴款时	借：业务活动费用 贷：应付财政补贴款	—
支付财政补贴款时	借：应付财政补贴款 贷：银行存款等	借：行政支出 贷：资金结存等

【例3-6】2024年3月15日，某行政单位投入一个科研项目，获得当地政府资助。根据协议约定当地政府提供40万元基金。4月，获得税收减免3.5万元。

（1）确认应付财政补贴款。

借：业务活动费用   400 000

    贷：应付财政补贴款   400 000

（2）支付时。

借：应付财政补贴款   400 000

    贷：银行存款   400 000

（3）4月3日，获得税收减免3.5万元。

借：业务活动费用   35 000

    贷：应付财政补贴款   35 000

3.6 | "应缴财政款"科目的应用

"应缴财政款"科目核算事业单位按规定应缴入财政专户的款项。

3.6.1 "应缴财政款"科目的设置

"应缴财政款"科目应当按照应缴财政专户的各款项类别进行明细核算，见表3-13。

表 3-13　应缴财政款会计科目编码的设置

科目代码	总分类科目 （一级科目）	明细分类科目		是否辅 助核算	辅助核 算类别
		二级明细科目	三级明细科目		
2103	应缴财政款	—			
210301	应缴财政款	预算资金	—	是	单位名称
210302	应缴财政款	国债资金	—	是	单位名称
210303	应缴财政款	其他财政性 资金	中央政府和 地方政府的财 政收支	是	单位名称
210304	应缴财政款	其他财政性 资金	与国家财政 有关系的企业、 事业和行政单 位的货币收支	是	单位名称

3.6.2　"应缴财政款"科目主要账务处理

"应缴财政款"科目的主要账务处理，见表 3-14。

表 3-14　应缴财政专户款的主要账务处理

业务情形	财务会计	业务情形	财务会计
取得应缴财政 专户的款项时	借：银行存款/应收账款 　贷：应缴财政款	上缴款项时	借：应缴财政款 　贷：银行存款

【例 3-7】2024 年 3 月，某科研所收取委托培训费 100 000 元，全部款项已存入银行。会计分录如下。

（1）取得应缴财政款项时。

借：银行存款　　　　　　　　　　　　　　100 000

　　贷：应缴财政款　　　　　　　　　　　　　　100 000

（2）上缴财政款时。

借：应缴财政款　　　　　　　　　　　　　100 000

　　贷：银行存款　　　　　　　　　　　　　　　100 000

3.7 ┃ "应付职工薪酬"科目的应用

应付职工薪酬，是指行政事业单位为获得职工提供的服务或解除劳动关系而给予的各种形式的报酬或补偿。职工薪酬包括短期薪酬、离职后福利、辞退福利和其他长期职工福利。行政单位提供给职工配偶、子女、受赡养人、已故员工遗属及其他受益人等的福利，也属于职工薪酬。职工薪酬的内容如图 3-4 所示。

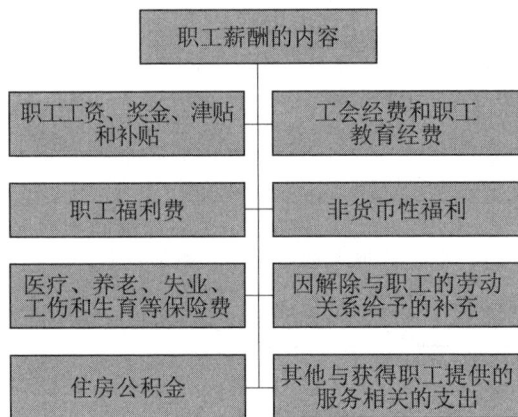

图 3-4　职工薪酬的内容

3.7.1　"应付职工薪酬"科目的设置

　　"应付职工薪酬"科目核算单位按有关规定应付给职工及为职工（含长期聘用人员）支付的各种薪酬，包括基本工资、绩效工资、国家统一规定的津贴补贴、社会保险费、住房公积金等。本科目应当根据国家有关规定按照"工资（离退休费）""地方（部门）津贴补贴""其他个人收入""社会保险费""住房公积金"等进行明细核算。本科目期末贷方余额，反映单位应付未付的职工薪酬，见表 3-15。

表 3-15　应付职工薪酬会计科目编码的设置

科目代码	总分类科目（一级科目）	明细分类科目		是否辅助核算	辅助核算类别
		二级明细科目	三级明细科目		
2201	应付职工薪酬	—		—	—
220101	应付职工薪酬	基本工资	—	—	—
220102	应付职工薪酬	绩效工资	—	是	部门
220103	应付职工薪酬	津贴补贴	—	是	部门
220104	应付职工薪酬	社会保险费	—	是	部门
220105	应付职工薪酬	住房公积金	—	是	部门
220106	应付职工薪酬	职业年金	—	是	部门
220107	应付职工薪酬	其他	—	是	部门

3.7.2 "应付职工薪酬"科目主要账务处理

应付职工薪酬的主要账务处理，见表 3-16。

表 3-16　应付职工薪酬的主要账务处理

业务情形	财务会计		预算会计
计算当期应付职工薪酬	借：业务活动费用/单位管理费用/在建工程等 　　贷：应付职工薪酬		—
向职工支付工资、津贴补贴等薪酬	借：应付职工薪酬 　　贷：财政拨款收入/银行存款等		借：行政支出/事业支出等 　　贷：财政拨款预算收入（财政直接支付方式）/资金结存
从职工薪酬中代扣各种款项	代扣代缴个人所得税	借：应付职工薪酬——工资 　　贷：其他应交税费——应交个人所得税	—
	代扣社会保险费和住房公积金	借：应付职工薪酬——工资 　　贷：应付职工薪酬——社会保险费 　　　　　　——住房公积金	—
	代扣为职工垫付的水电费、房租等费用时	借：应付职工薪酬——工资 　　贷：其他应收款等	—
按规定缴纳职工社会保险费和住房公积金	借：应付职工薪酬——社会保险费 　　　　　　——住房公积金 　　贷：财政拨款收入/银行存款等		借：行政支出/事业支出等 　　贷：财政拨款预算收入/资金结存

根据《国务院办公厅印发〈降低社会保险费率综合方案〉的通知》（国办发〔2019〕13 号）第一条："……降低城镇职工基本养老保险……单位缴费比例。……高于 16％的省份，可降至 16％……"

【例 3-8】某市水利管理局为中央全额拨款事业单位。2024 年 3 月，应发工资 442 870 元，其中，基本工资 247 890 元，津贴补贴 56 340 元，绩效工资 138 640 元，见表 3-17。

表 3-17　2024 年 3 月计提工资表

类别	项目	金额	项目	金额
个人负担	基本养老保险金	35 429.60	个人所得税	8 523.90
	医疗保险金	8 857.40	—	—
	职业年金	17 714.80	—	—
	住房公积金	53 144.40	—	—
企业负担	基本养老保险金	88 574	—	—
	医疗保险金	44 287	—	—
	职业年金	35 429.60	—	—
	住房公积金	53 144.40	—	—
	工伤保险	2 214.35	—	—

3 月 8 日，财务人员通过代理银行代理账户实发工资 319 199.90 元，银行代发成功。3 月 12 日，财务人员将单位负担和代扣个人的基本养老保险金 124 003.60 元、医疗保险金 53 144.40 元、工伤保险 2 214.35 元，代缴合计 179 362.35元汇缴到央保中心；将单位负担和代扣个人的住房公积金 106 288.80元汇缴到中央公积金中心账户；将单位负担和代扣个人的职业年金 53 144.40 元汇缴到中央职业年金专门账户。3 月 15 日申报个人所得税并扣款成功。假设甲单位费用都为业务活动费用，支付方式采用国库集中支付。

该市水利管理局在 3 月份对于上述业务的账务处理如下。（单位：元）

（1）计算确认当期应付职工薪酬（含单位为职工计算缴纳的社会保险费、住房公积金）时。

①2022 年 3 月，该市水利管理局计提工资：

财务会计：

借：业务活动费用——工资福利费用　　　　　　　　442 870

　　贷：应付职工薪酬——基本工资　　　　　　　　247 890

　　　　　　　　　　——津贴补贴　　　　　　　　56 340

　　　　　　　　　　——绩效工资　　　　　　　　138 640

预算会计：不做账务处理。

②计提单位负担社会保险费和住房公积金。

财务会计：

借：业务活动费用——工资福利费用　　　　　　　　223 649.35

　　　　贷：应付职工薪酬——社会保险费——养老保险金　　88 574

　　　　　　　　　　　　——社会保险费——医疗保险金　　44 287

　　　　　　　　　　　　——社会保险费——职业年金　　35 429.60

　　　　　　　　　　　　——社会保险费——其他社会保障缴费

　　　　　　　　　　　　　　　　　　　　　　　　　　　　　2 214.35

　　　　　　　　　　　　——住房公积金　　　　　　　　　53 144.40

　　（2）从应付职工薪酬中代扣个人应负担的社会保险费、住房公积金和个人所得税等（为简便核算，假设代扣代缴部分均从基本工资中扣除）。

　　财务会计：

　　借：应付职工薪酬——基本工资　　　　　　　123 670.10

　　　　贷：应付职工薪酬——社会保险费——基本养老保险金

　　　　　　　　　　　　　　　　　　　　　　　　　35 429.60

　　　　　　　　　　　　——社会保险费——医疗保险金　8 857.40

　　　　　　　　　　　　——社会保险费——职业年金　17 714.80

　　　　　　　　　　　　——住房公积金　　　　　　　　53 144.40

　　　　　　其他应交税费——应交个人所得税　　　　　　8 523.90

　　预算会计：不做账务处理

　　（3）2022年3月8日，向职工支付工资、津贴补贴等薪酬时。

　　财务会计：

　　借：应付职工薪酬——基本工资　　　　　　　124 219.90

　　　　　　　　　　——津贴补贴　　　　　　　　56 340

　　　　　　　　　　——绩效工资　　　　　　　　138 640

　　　　贷：财政拨款收入　　　　　　　　　　　319 199.90

　　预算会计：

　　借：事业支出——财政拨款支出——基本支出——人员经费——基本工资

　　　　　　　　　　　　　　　　　　　　　　　　124 219.90

　　　　　　——财政拨款支出——基本支出——人员经费——津贴补贴

　　　　　　　　　　　　　　　　　　　　　　　　56 340

　　　　　　——财政拨款支出——基本支出——人员经费——其他工资

　　　福利支出　　　　　　　　　　　　　　　　138 640

　　　　贷：财政拨款预算收入　　　　　　　　　319 199.90

　　（4）按照国家有关规定缴纳住房公积金、社会保险费、个人所得税时。

（5）①3 月 12 日，缴纳住房公积金、社会保险费。

财务会计：

借：应付职工薪酬——社会保险费——基本养老保险金

                                        124 003.60

          ——社会保险费——医疗保险金 53 144.40

          ——社会保险费——其他社会保障缴费

                                          2 214.35

          ——社会保险费——职业年金　53 144.40

          ——住房公积金　　　　　　106 288.80

    贷：财政拨款收入　　　　　　　　　338 795.55

预算会计（预算会计未做代扣处理，有关明细科目应根据计提金额核算），其中社会保险费＝88 574＋44 287＋35 429.60＋2 214.35＝170 504.95（元）

基本工资＝338 795.55－53 144.40－170 504.95＝115 146.20（元）

借：事业支出——财政拨款支出——基本支出——人员经费——基本工资

                                        115 146.20

          ——财政拨款支出——基本支出——人员经费——社会保

险费　　　　　　　　　　　170 504.95

          ——财政拨款支出——基本支出——人员经费——住房公

积金　　　　　　　　　　　53 144.40

    贷：财政拨款预算收入　　　　　　　338 795.55

②3 月 15 日缴纳个人所得税：

财务会计：

借：其他应交税费——个人所得税　　　8 523.90

    贷：财政拨款收入　　　　　　　　　8 523.90

预算会计：

借：事业支出——财政拨款支出——基本支出——人员经费——基本工资

                                        8 523.90

    贷：财政拨款预算收入　　　　　　　8 523.90

3.8 | "应付票据"科目的应用

"应付票据"科目核算事业单位因购买材料、物资等而开出、承兑的商业汇票，包括银行承兑汇票和商业承兑汇票。本科目应当按照债权单位进行明细核算。

　　企业应设置"应付票据备查簿"，详细登记每一笔应付票据的种类、号码、出票日期、到期日、票面金额、交易合同号、收款单位名称等详细资料。应付票据到期付清时，应在备查簿内逐笔注销。本科目期末贷方余额，反映事业单位开出、承兑的尚未到期的应付票据金额。

3.8.1　"应付票据"科目的设置

　　企业支付的银行承兑汇票手续费应计入当期其他费用或经营费用。具体科目设置，见表 3-18。

表 3-18　应付票据会计科目编码的设置

科目代码	总分类科目（一级科目）	明细分类科目		是否辅助核算	辅助核算类别
		二级明细科目	三级明细科目		
2301	应付票据	—	—	—	—
230101	应付票据	银行承兑汇票	种类	是	客户往来
230102	应付票据	商业承兑汇票	种类	是	客户往来

3.8.2　"应付票据"科目主要账务处理

　　应付票据的主要账务处理，见表 3-19。

表 3-19　应付票据主要账务处理

业务情形	财务会计		预算会计
开出、承兑商业汇票	借：固定资产/库存物品等 　　贷：应付票据		—
支付银行承兑汇票的手续费	借：业务活动费用/经营费用等 　　贷：银行存款等		借：事业支出/经营支出等 　　贷：资金结存——货币资金
商业汇票到期时	收到银行支付到期票据的付款通知时	借：应付票据 　　贷：银行存款	借：事业支出/经营支出 　　贷：资金结存——货币资金

续上表

业务情形	财务会计		预算会计
商业汇票到期时	银行承兑汇票到期，本单位无力支付票款	借：应付票据 贷：短期借款	借：事业支出/经营支出 贷：债务预算收入
	商业承兑汇票到期，本单位无力支付票款	借：应付票据 贷：应付账款	—
以商业汇票抵付应付账款	借：应付账款 贷：应付票据		—

【例 3-9】某事业单位购入材料一批，价值 40 000 元，增值税款 5 200 元，对方代垫运费 1 308 元，开出并承兑一张期限 3 个月的不带息商业汇票，金额 46 580 元，如图 3-5 所示。该单位为增值税一般纳税人。账务处理如下。

（1）购入材料时，存货成本＝40 000＋1 308÷（1＋9％）＝41 200（元）

进项税额＝5 200＋1 200×9％＝5 308（元）

商业承兑汇票

签发日期：2024 年 2 月 20 日　　　　　第 026 号

承兑人	全　称	××事业单位		收款人	全　称	西方公司		
	账　号	56432335676			账　号	75325342146		
	开户银行	工商银行	行号 16		开户银行	建设银行青海市白云支行	行号 55	

汇票金额	人民币（大写）⊗肆万陆仟伍佰零捌元整	千 百 十 万 千 百 十 元 角 分
		￥ 4 6 5 0 8 0 0
汇票到期日	2024 年 5 月 19 日	

备注：　　　　承兑协议编号 XM34　交易合同号码 HT6454

负责：　　　　经办：

此联签发人存查

图 3-5　商业承兑汇票

178

借：在途物品——材料　　　　　　　　　　　　　　41 200

　　应交增值税——应交税金（进项税额）　　　　　5 308

　　　贷：应付票据　　　　　　　　　　　　　　　　　46 508

（2）偿还应付票据款项时。

借：应付票据　　　　　　　　　　　　　　　　　46 508

　　　贷：银行存款　　　　　　　　　　　　　　　　　46 508

同时，借：经营支出　　　　　　　　　　　　　　46 508

　　　　　贷：资金结存——货币资金　　　　　　　　46 508

（3）票据到期不能如期支付票据款时。

借：应付票据　　　　　　　　　　　　　　　　　46 508

　　　贷：应付账款　　　　　　　　　　　　　　　　　46 508

【例 3-10】 某事业单位用商业承兑汇票结算方式购入材料一批，材料成本 10 000 元，增值税 1 300 元。单位开出期限为 6 个月的带息商业承兑汇票一张，年利率为 12％，材料已验收入库。账务处理如下。

（1）购入材料时。

借：库存物品——原材料　　　　　　　　　　　　10 000

　　应交增值税——应交税金（进项税额）　　　　　1 300

　　　贷：应付票据　　　　　　　　　　　　　　　　　11 300

（2）票据到期偿还时，利息支出 = 11 300 × 12％ × 6 ÷ 12 = 678（元）

平行登记	财务会计	预算会计
	借：其他费用——利息支出　678　　应付票据　　　11 300　　　贷：银行存款　　　11 978	借：其他支出　　　　　　678　　事业支出　　　　11 300　　　贷：资金结存——货币资金　11 978

（3）票据到期不能如期支付票款时。

借：应付票据　　　　　　　　　　　　　　　　　11 300

　　其他费用——利息支出　　　　　　　　　　　　678

　　　贷：应付账款　　　　　　　　　　　　　　　　　11 978

3.9 "应付账款" 科目的应用

应付账款是指事业单位因购买材料、物资和接受劳务供应等而应付给有关单位的款项。应付账款因事业单位购进商品或接受劳务等经济业务发生时间与付款时间不一致而产生。

应付账款的入账时间应为所采购买商品的所有权转移之日，即对所采购的商品、材料等验收入库后，按发票金额登记入账。入账金额一般是到期的应付金额，即发票金额，但如果购货时有现金折扣，入账金额还应考虑现金折扣。

3.9.1 "应付账款"科目的设置

为了总括反映单位因购买材料、物资、接受劳务等而产生的应付账款及偿还情况，事业单位会计核算上应设置"应付账款"账户，该账户贷方反映单位应支付的款项，借方反映已支付、已转销或已转作商业汇票结算方式的款项，期末贷方余额反映尚未支付的应付款项。"应付账款"账户应按照供应单位设置明细账进行明细核算。

"应付账款"科目核算单位因购买物资或接受服务、工程建设等而应付的偿还期限在 1 年以内（含 1 年）的款项。本科目应当按照债权单位进行明细核算。核销的应付账款应在备查簿中保留登记。本科目期末贷方余额，反映单位尚未支付的应付账款。具体科目设置，见表 3-20。

表 3-20　应付账款会计科目编码的设置

科目代码	总分类科目（一级科目）	明细分类科目		是否辅助核算	辅助核算类别
		二级明细科目	三级明细科目		
2302	应付账款	—			
230201	应付账款	材料	种类	是	客户往来
230202	应付账款	商品	种类	是	客户往来

3.9.2 "应付账款"科目主要账务处理

应付账款的主要账务处理，见表 3-21。

表 3-21　应付账款主要账务处理

业务情形	财务会计	预算会计
购入材料、物资等已验收入库但货款尚未支付	借：库存物品/固定资产等 应交增值税——应交税金（进项税额）（增值税一般纳税人可抵扣税额） 贷：应付账款	—

业务情形	财务会计	预算会计
偿付应付账款	借：应付账款 　贷：应付票据/银行存款等	借：行政支出/事业支出等 　贷：财政拨款预算收入 　（财政直接支付方式）/ 　（货币资金）
开出、承兑商业汇票抵付应付账款	借：应付账款 　贷：应付票据	—
无法偿付或债权人豁免偿还的应付账款时	借：应付账款 　贷：其他收入	—

【例 3-11】某行政单位收到所购物资甲材料 7 000 元，增值税税率 13％。甲材料验收入库，款项未付，5 日后用银行存款支付。相关票据，如图 3-6 所示。

动态二维码（略）	电子发票（增值税专用发票）		发票号码：××××× 开票日期：2024 年 4 月 8 日				
购买方信息	名称：×××行政单位 统一社会信用代码/纳税人识别号： 13456780988765543H			销售方信息	名称：恒水材料厂 统一社会信用代码/纳税人识别号： 342353425534623K		
项目名称	规格型号	单位	数量	单价	金额	税率/征收率	税额
甲材料		公斤	100	70	7 000	13％	910
合计					￥7 000		￥910
价款合计（大写）	⊗柒仟玖佰壹拾元整				（小写）￥7 910		
备注	销方开户银行：中国银行深圳市顺同大街支行　　　银行账号：3352314232						

图 3-6　发票

借：库存物品   7 000
　　应交增值税——应交税金（进项税额）   910
　　贷：应付账款   7 910

5 日后用银行存款支付，支票存根如图 3-7 所示。

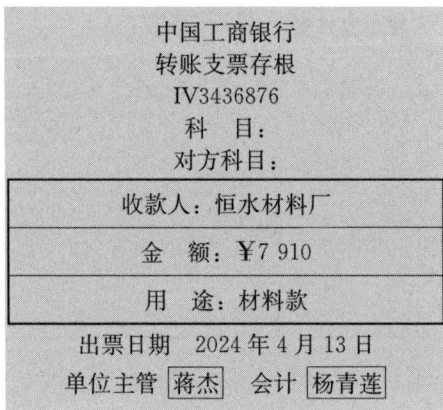

```
              中国工商银行
              转账支票存根
              IV3436876
           科  目：
           对方科目：
       ┌─────────────────────┐
       │   收款人：恒水材料厂      │
       ├─────────────────────┤
       │   金  额：￥7 910       │
       ├─────────────────────┤
       │   用  途：材料款         │
       └─────────────────────┘
         出票日期  2024 年 4 月 13 日
       单位主管 蒋杰  会计 杨青莲
```

图 3-7　转账支票存根

借：应付账款   7 910
　　贷：银行存款   7 910

同时，借：行政支出   7 910
　　　　贷：资金结存——货币资金   7 910

【例 3-12】某事业单位 2024 年 5 月有关应付账款业务如下。

（1）向甲公司购进材料一批，价值 40 000 元，增值税额 5 200 元。货物已验收入库，货款尚未支付。账务处理如下。

借：库存物品——材料   40 000
　　应交增值税——应交税金（进项税额）   5 200
　　贷：应付账款   45 200

（2）用银行存款支付前欠甲公司的材料款 45 200 元，账务处理如下。

	财务会计	预算会计
平行登记	借：应付账款　　45 200　　　　　贷：银行存款　　45 200	借：事业支出　　45 200　　　　贷：资金结存——货币资金　　　　　　　　　　　　　　45 200

（3）开出商业承兑汇票一张，抵付前欠东方公司的货款 20 000 元，如

图 3-8 所示，账务处理如下。

借：应付账款   20 000

     贷：应付票据   20 000

商业承兑汇票

签发日期：2024 年 5 月 20 日   第 026 号

承兑人	全 称	××事业单位			收款人	全 称	东方公司		
	账 号	253454768787856				账 号	3452354546		
	开户银行	工商银行	行号	16		开户银行	建设银行青海市白云支行	行号	55
汇票金额		人民币（大写）⊗贰万元整			千 百 十 万 千 百 十 元 角 分				
					¥ 2 0 0 0 0 0 0				
汇票到期日		2024 年 11 月 19 日							
备 注：				承兑协议编号	XM3	交易合同号码	HT4366		
				负责：××		经办：××			

此联签发人存查

图 3-8 商业承兑汇票

（4）购入原材料 200 000 元，账务处理如下。

借：库存物品——材料   200 000

     贷：应付账款   200 000

【例 3-13】某事业单位 2024 年 6 月发生如下经济业务。

（1）6 月 19 日，购入材料一批，增值税专用发票上注明材料价款 200 000 元，增值税税额 26 000 元。

①如果在 10 天内付款，可享受 2% 的价格优惠，即 200 000×2%＝4 000（元）

平行登记	财务会计		预算会计	
	借：应付账款	200 000	借：事业支出	196 000
	贷：银行存款	196 000	贷：资金结存——货币资金 196 000	
	其他费用	4 000		

②如果在 10 天以后付款，不享受价格优惠。

借：应付账款   200 000

		贷：银行存款	200 000

预算会计：

借：事业支出　　　　　　　　　　　　　　　　　　200 000

　　贷：资金结存——货币资金　　　　　　　　　　　　　　200 000

③材料已验收入库，货款未付。账务处理如下。

借：库存物品　　　　　　　　　　　　　　　　　　200 000

　　应交增值税——应交税金（进项税额）　　　　　26 000

　　贷：应付账款　　　　　　　　　　　　　　　　　　226 000

（2）6月28日，购入价值90 000元的一批材料，同时向对方支付增值税进项税额11 700元，材料已验收入库，款项未付。但对方开具的增值税专用发票尚未收到。该单位暂不作账务处理。月末仍未收到发票，暂估材料价值为90 000元。账务处理如下。

①月末暂估材料价款时。

借：库存物品　　　　　　　　　　　　　　　　　　90 000

　　贷：应付账款　　　　　　　　　　　　　　　　　　90 000

②下月初用红字冲销。

借：库存物品　　　　　　　　　　　　　　　　　　90 000

　　贷：应付账款　　　　　　　　　　　　　　　　　　90 000

③7月2日，收到对方转来的增值税发票时。

借：库存物品　　　　　　　　　　　　　　　　　　90 000

　　应交增值税——应交税金（进项税额）　　　　　11 700

　　贷：应付账款　　　　　　　　　　　　　　　　　　101 700

（3）7月15日，该事业单位支付6月19日的应付账款。账务处理如下。

平行登记	财务会计	预算会计
	借：应付账款　　　　226 000 　　贷：银行存款　　　　226 000	借：事业支出　　　　　　　　226 000 　　贷：资金结存——货币资金　226 000

（4）7月20日，假设单位开出一张商业汇票抵付6月28日购入材料款。账务处理如下。

借：应付账款　　　　　　　　　　　　　　　　　　101 700

　　贷：应付票据　　　　　　　　　　　　　　　　　　101 700

3.10 "应付利息"科目的应用

"应付利息"科目核算行政事业单位按照合同约定应支付的利息，包括短期借款、分期付息到期还本的长期借款等应支付的利息。

3.10.1 "应付利息"科目的设置

"应付利息"科目可按存款人或债权人进行明细核算。本科目期末贷方余额，反映事业单位应付未付的利息。应付利息科目按贷款单位和贷款种类进行明细核算，见表 3-22。

表 3-22　应付利息会计科目编码的设置

科目代码	总分类科目（一级科目）	明细分类科目		是否辅助核算	辅助核算类别
		二级明细科目	三级明细科目		
2304	应付利息	—	—	—	—
240401	应付利息	吸收存款	项目	是	存款人或债权人
230402	应付利息	分期付息到期还本的长期借款	项目	是	存款人或债权人
230403	应付利息	公司债券	项目	是	存款人或债权人
230404	应付利息	其他	项目	是	存款人或债权人

3.10.2 "应付利息"科目主要账务处理

"应付利息"科目主要账务处理，见表 3-23。

表 3-23　"应付利息"科目的账务处理

业务情形	财务会计	预算会计
按计算确定的利息费用	借：在建工程/其他费用等 　贷：应付利息	—
实际支付利息时	借：应付利息 　贷：银行存款等	借：其他支出 　贷：资金结存——货币资金

【例 3-14】 2024 年 1 月 1 日，某交通管理局改建一条道路，向银行贷款 300 000 元，期限为 2 年，年利率为 7%。

2024 年 12 月 31 日，计提利息费用时：

应付利息＝300 000×7%＝21 000（元）

借：在建工程   21 000

    贷：应付利息   21 000

实际支付利息时：

平行登记	财务会计		预算会计	
	借：应付利息	21 000	借：行政支出	21 000
	贷：银行存款	21 000	贷：资金结存——货币资金	21 000

3.11 "预收账款"科目的应用

"预收账款"科目核算单位按规定预收的款项。

3.11.1 "预收账款"科目的设置

"预收账款"科目应当按照债权单位（或个人）进行明细核算。

"预收账款"科目核算的，其"预收账款"科目的贷方，反映预收的货款和补付的货款；借方反映应收的货款和退回多收的货款；期末贷方余额，反映尚未结清的预收款项，借方余额反映应收的款项。预收账款科目应按购货单位进行明细核算。本科目期末贷方余额，反映单位按规定预收但尚未实际结算的款项，见表 3-24。

表 3-24 预收账款会计科目编码的设置

科目代码	总分类科目（一级科目）	明细分类科目		是否辅助核算	辅助核算类别
		二级明细名称	三级明细科目		
2305	预收账款	—	—	—	—
230501	预收账款	预收的账款	商品、劳务类别	是	购货单位名称
230502	预收账款	预收的定金	商品、劳务类别	是	购货单位名称
230503	预收账款	预收原料款	商品、劳务类别	是	购货单位名称
230504	预收账款	预收工程款	商品、劳务类别	是	购货单位名称

3.11.2 "预收账款"科目主要账务处理

预收账款的主要账务处理，见表 3-25。

表 3-25 预收账款的主要账务处理

业务情形	财务会计	预算会计
从付款方预收款项时	借：银行存款等 　贷：预收账款	借：资金结存——货币资金 　贷：事业预算收入/经营预算 　　　收入等
确认有关收入时	借：预收账款 　　银行存款（付款方补付） 　贷：事业收入/经营收入 　　　应交增值税 　　　银行存款（退回付款方）	借：资金结存——货币资金 　贷：事业预算收入等（收到 　　　付款方补付） 退回付款方的金额做相反会计 分录
无法偿付或债权人豁免偿还的预收账款	借：预收账款 　贷：其他收入	—

【例 3-15】甲科研单位为增值税一般纳税人。2024 年 6 月 3 日，甲科研单位与乙公司签订供货合同，向其出售一批产品，货款共计 100 000 元，应交增值税 13 000 元。根据购货合同的规定，乙公司在购货合同签订后一周内，应当向甲科研单位预付货款 60 000 元，剩余货款在交货后付清。2024 年 6 月 9 日，甲科研单位收到乙公司交来的预付货款 60 000 元并存入银行，6 月 19 日，甲科研单位将货物发到乙公司并开出增值税专用发票，乙公司验收后付清了剩余货款。甲科研单位有关的账务处理如下。

（1）6 月 9 日，收到乙公司交来的预付货款 60 000 元。

平行登记	财务会计	预算会计
	借：银行存款　　　60 000 　贷：预收账款——乙公司 　　　　　　　　　60 000	借：资金结存——货币资金　60 000 　贷：经营预算收入　　　60 000

（2）6 月 19 日，按合同规定，向乙公司发出货物。

借：预收账款——乙公司　　　　　　　　　　　113 000

187

	贷：经营收入	100 000
	应交增值税——应交税金（销项税额）	13 000

（3）收到乙公司补付的货款。

平行登记	财务会计	预算会计
	借：银行存款　　　　53 000 　　贷：预收账款　　　　53 000	借：资金结存——货币资金　53 000 　　贷：经营预算收入　　　53 000

3.12 "其他应付款"科目的应用

事业单位除了应付票据、应付账款和预收账款等以外，还会发生一些应付、暂收其他单位或个人的款项。

3.12.1 "其他应付款"科目的设置

"其他应付款"科目核算单位除应缴财政专户款、应付转拨款、应付票据、应付账款、预收账款、应付职工薪酬、应缴增值税、其他应缴税费、应付利息以外，其他各项偿还期限在 1 年内（含 1 年）的应付及暂收款项，如收取的押金、存入保证金。本科目应当按照其他应付款的类别以及债权单位（或个人）进行明细核算。本科目期末贷方余额，反映单位尚未支付的其他应付款，见表 3-26。

表 3-26　其他应付款会计科目编码的设置

科目代码	总分类科目（一级科目）	明细分类科目		是否辅助核算	辅助核算类别
		二级明细科目	三级明细科目		
2307	其他应付款	—	—	—	—
230701	其他应付款	应收个人往来款项	按借款人设置	是	人员档案
230702	其他应付款	应收单位往来款项	按单位设置	是	客户档案

科目代码	总分类科目（一级科目）	明细分类科目		是否辅助核算	辅助核算类别
		二级明细科目	三级明细科目		
230703	其他应付款	公司内部往来款项	按单位设置	是	客户档案
230704	其他应付款	存入保证金	按单位设置	是	客户档案
230705	其他应付款	经营租入资产和包装物租金	按单位设置	是	客户档案
230706	其他应付款	其他	按单位设置	是	客户档案

3.12.2 "其他应付款"科目主要账务处理

其他应付款的主要账务处理，见表3-27。

表3-27 其他应付款的主要账务处理

业务情形	财务会计	预算会计
发生暂收款项	借：银行存款等 　贷：其他应付款	借：资金结存——货币资金 　贷：其他预算收入
发生其他应付款项时	借：业务活动费用/单位管理费用等 　贷：其他应付款	—
支付其他应付款项	借：其他应付款 　贷：银行存款等	借：其他支出/行政支出等 　贷：资金结存——货币资金
无法偿付或债权人豁免偿还的其他应付款项	借：其他应付款 　贷：其他收入	—

【例3-16】某事业单位2024年1月租入一台道路清理设备，租金3 000元。

平行登记	财务会计	预算会计
	借：单位管理费用　　　3 000 　贷：其他应付款　　　　3 000 借：其他应付款——设备　3 000 　贷：银行存款　　　　　3 000	借：其他支出　　　　　　　3 000 　贷：资金结存——货币资金　3 000

【例 3-17】 2024 年 7 月，某事业单位发生如下业务。

（1）出借 A 公司一台机器，收到 A 公司支付的押金 3 000 元，存入银行。

平行登记	财务会计	预算会计
	借：银行存款　　　　　　3 000 　　贷：其他应付款——押金 3 000	借：资金结存——货币资金　3 000 　　贷：其他预算收入　　　　3 000

（2）支付租入设备的租赁费 4 000 元。账务处理如下。

平行登记	财务会计	预算会计
	借：其他应付款　　　　　4 000 　　贷：银行存款　　　　　4 000	借：其他支出　　　　　　　　4 000 　　贷：资金结存——货币资金　4 000

【例 3-18】 某事业单位办公楼装修工程完工，返还工程质量保证金 4 100 元，账务处理如下。

平行登记	财务会计	预算会计
	借：其他应付款　　　　　4 100 　　贷：银行存款　　　　　4 100	借：其他支出　　　　　　　　4 100 　　贷：资金结存——货币资金　4 100

3.13 "预提费用"科目的应用

"预提费用"科目核算行政事业单位预先提取的已经发生但尚未支付的费用，如预提租金费用等。

3.13.1 "预提费用"科目的设置

"预提费用"科目应当按照预提费用种类设置明细账，进行明细核算。本科目期末贷方余额，反映已预提但尚未支付的各项费用。"预提费用"科目设置见表 3-28。

表 3-28　预提费用会计科目编码的设置

科目代码	总分类科目 （一级科目）	明细分类科目		是否辅 助核算	辅助核 算类别
		二级明细科目	三级明细科目		
2401	预提费用	—	—	—	—
240101	预提费用	租金	按单位设置	是	—
240102	预提费用	利息	按单位设置	是	客户档案
240103	预提费用	其他	按单位设置	是	客户档案

3.13.2 "预提费用"科目主要账务处理

预提费用的主要账务处理，见表 3-29。

表 3-29　预提费用账务处理

业务情形	财务会计	预算会计
按规定预提 每期租金费用	借：业务活动费用/单位管理费 用/经营费用/其他费用等 贷：预提费用	—
实际支付款 项时	借：预提费用 贷：银行存款	借：行政支出/事业支出等 贷：资金结存——货币资金

【例 3-19】某行政单位租用一台精密仪器，租用时间为 1 年，每月租金 3 000元，每季度支付一次。

租金预提费用明细见表 3-30。

表 3-30　XT 精密仪器租金预提费用明细表

预提年月		预提项目名称	预提金额	累计预提	备注
年	月				
2024	1	XT 精密仪器	3 000	3 000	
2024	2	XT 精密仪器	3 000	6 000	
2024	3	XT 精密仪器	3 000	9 000	
—		—	—	—	
合计			9 000	9 000	

（1）每月计提租金时。

借：业务活动费用   3 000

    贷：预提费用   3 000

（2）每季度支付时。

平行登记	财务会计		预算会计	
	借：预提费用	9 000	借：行政支出	9 000
	贷：银行存款	9 000	贷：资金结存——货币资金	9 000

3.14 "长期借款"科目的应用

"长期借款"科目核算行政事业单位经批准向银行或其他金融机构借入的期限超过 1 年（不含 1 年）的各种借款。对于基建项目借款，还应按具体项目进行明细核算。

3.14.1 "长期借款"科目的设置

企业应通过"长期借款"科目核算长期借款的取得和偿还情况，并分别设置"本金""应计利息"等二级科目进行明细核算。本科目期末贷方余额，反映企业尚未偿还的长期借款的摊余成本，见表 3-31。

表 3-31　长期借款会计科目编码的设置

科目代码	总分类科目（一级科目）	明细分类科目		是否辅助核算	辅助核算类别
		二级明细科目	三级明细科目		
2501	长期借款	—	—	—	—
250101	长期借款	本金	贷款种类	是	贷款单位
250102	长期借款	应计利息	贷款种类	是	贷款单位
250103	长期借款	交易费用	贷款种类	是	贷款单位
250104	长期借款	其他	贷款种类	是	贷款单位

3.14.2 "长期借款"科目主要账务处理

长期借款的主要账务处理，见表3-32。

表3-32 长期借款的主要账务处理

业务情形		财务会计	预算会计
借入各项长期借款时		借：银行存款 贷：长期借款——本金	借：资金结存——货币资金 贷：债务预算收入（本金）
为购建固定资产支付的专门借款利息	属于工程项目建设期间发生的	借：在建工程 贷：应付利息（分期付息、到期还本） 长期借款——应付利息（到期一次还本付息）	—
	属于工程项目完工交付使用后发生的	借：其他费用等 贷：应付利息（分期付息、到期还本）/长期借款——应付利息（到期一次还本付息）	—
	实际支付利息时	借：应付利息 贷：银行存款等	借：其他支出等（支付的利息） 贷：资金结存——货币资金
其他长期借款利息	其他长期借款利息发生时	借：其他费用等 贷：应付利息（分期付息、到期还本）/长期借款——应付利息（到期一次还本付息）	—
实际支付利息时		借：应付利息 贷：银行存款等	借：其他支出等（支付的利息） 贷：资金结存——货币资金
归还长期借款本息		借：长期借款——本金 ——应付利息（到期一次还本付息） 贷：银行存款	借：债务还本支出（本金） 贷：资金结存——货币资金 借：其他支出等（支付的利息） 贷：资金结存——货币资金

【例 3-20】 某科研机构向银行借入一笔 160 000 元的借款，年利率为 10%，借款期限为 5 年，采用复利方式计息，如图 3-9 所示。

中国银行 借款凭证

日期：2019 年 1 月 1 日

借款人：××科研机构　　　　贷款账号：

借款种类：一般企业流动性资金贷款　　　　利率：10%

借款用途：材料款

借款合同科目代码：No45653

担保合同科目代码：No9436

借款日期：2019 年 1 月 1 日　　　　到期日：2023 年 12 月 31 日

金额：人民币壹拾陆万元整　　　　存款账号

上述贷款已入借款人账户

中国人民银行深圳支行
2019.01.01
业务办讫章

制单：　　　　复核：

图 3-9　借款凭证

（1）借入长期借款时：

平行登记	财务会计	预算会计
	借：银行存款　　160 000 　贷：长期借款——本金 160 000	借：资金结存——货币资金　160 000 　贷：债务预算收入（本金）　160 000

（2）每年应付利息，见表 3-33。

第一年的利息＝160 000×10%＝16 000（元）

第二年的利息＝（160 000＋16 000）×10%＝17 600（元）

第三年的利息＝（160 000＋16 000＋17 600）×10%＝19 360（元）

第四年的利息＝（160 000＋16 000＋17 600＋19 360）×10%＝21 296（元）

第五年的利息＝（160 000＋16 000＋17 600＋19 360＋21 296）×10%＝23 425.60（元）

表 3-33　借款利息计提表

序号	日　期	借款本金	年利率	年利息金额
1	2019	160 000	10％	16 000
2	2020		10％	17 600
3	2021		10％	19 360
4	2022		10％	21 296
5	2023		10％	23 425.60
合计		160 000		97 681.60

审核　　　　　　　　　　制单

（3）第一年应计利息账务处理。

借：其他费用　　　　　　　　　　　　　　　　　16 000

　　贷：长期借款——应付利息（到期一次还本付息）　16 000

（4）第二年应计利息账务处理。

借：其他费用　　　　　　　　　　　　　　　　　17 600

　　贷：长期借款——应付利息（到期一次还本付息）　17 600

（5）第三年应计利息账务处理。

借：其他费用　　　　　　　　　　　　　　　　　19 360

　　贷：长期借款——应付利息（到期一次还本付息）　19 360

（6）第四年应计利息账务处理。

借：其他费用　　　　　　　　　　　　　　　　　21 296

　　贷：长期借款——应付利息（到期一次还本付息）　21 296

（7）第五年应计利息账务处理。

借：其他费用　　　　　　　　　　　　　　　23 425.60

　　贷：长期借款——应付利息（到期一次还本付息）23 425.60

（8）5 年到期时某科研机构需偿还银行的资金总额为：

　　　　本利和＝160 000＋97 681.60＝257 681.60（元）

还款付息凭证，见表 3-34。

表 3-34　中国银行存（贷）款利息凭证

币种：人民币（本位币）2023 年 12 月 31 日　　　　单位：元

付款人	户名	××科研机构	收款人	户名	普通长期贷款利息收入
	账号	211565435678512546		账号	211565435678512341
	金额	160 000	计息账号		211565435678517621
借据科目代码			借据序号		

备注		起息日	止息日	积数	利率	利息
		2019 年 1 月 1 日	2023 年 12 月 31 日		10%	97 681.60
	调整利息：			冲正利息：		

银行章　　　　　　　　　经办人

（9）到期还本付息账务处理：

	财务会计	预算会计
平行登记	借：长期借款——本金　　160 000 　　　　——应付利息（到期一次还本付息） 　　　　　　　　　97 681.60 贷：银行存款　　257 681.60	借：债务还本支出（本金）　160 000 贷：资金结存——货币资金 160 000 借：其他支出——利息　97 681.60 贷：资金结存——货币资金 　　　　　　　　　　97 681.60

3.15 "长期应付款"科目的应用

长期应付款是企业除长期借款和应付债券以外的其他各种长期应付款项，包括应付融资租入固定资产的租赁费、以分期付款方式购入固定资产等发生的应付款项等。本科目核算单位发生的偿还期限超过 1 年（不含 1 年）的应付款项，如以融资租赁方式取得的固定资产的租赁费等。

3.15.1 "长期应付款"科目的设置

"长期应付款"科目应当按照长期应付款的类别以及债权单位（或个人）进行明细核算。涉及质保金形成长期应付款的，相关账务处理参照"固定资产"科目。本科目期末贷方余额，反映单位尚未支付的长期应付款。

长期应付款科目的具体设置，见表 3-35。

表 3-35　长期应付款会计科目编码的设置

科目代码	总分类科目（一级科目）	明细分类科目		是否辅助核算	辅助核算类别
		二级明细科目	三级明细科目		
2502	长期应付款	—	—	—	—
250201	长期应付款	人民币	—	—	—
25020101	长期应付款	人民币	融资租入固定资产	是	债权人
25020102	长期应付款	人民币	分期付款购入固定资产	是	债权人
250202	长期应付款	外币	—	—	—
25020201	长期应付款	外币	融资租入固定资产	是	债权人
25020202	长期应付款	外币	分期付款购入固定资产	是	债权人
25020203	长期应付款	外币	补偿贸易	是	债权人

3.15.2　"长期应付款"科目主要账务处理

长期应付款的主要账务处理，见表 3-36。

表 3-36　长期应付款的主要账务处理

业务情形	财务会计	预算会计
发生长期应付款时	借：固定资产（不需安装） 　　在建工程（需安装） 　贷：长期应付款	—
支付长期应付款	借：长期应付款 　贷：财政拨款收入/银行存款	借：行政支出/事业支出/经营支出等 　贷：财政拨款预算收入（财政直接支付方式）/资金结存——货币资金
无法偿付或债权人豁免偿还的长期应付款	借：长期应付款 　贷：其他收入	—

【例3-21】2020年1月1日，某交通单位购入一台大型挖掘机，价款总计689 000元，分四年付清，每年年末以财政拨款支付172 250元。假设不考虑相关税费。

借：固定资产——挖掘机　　　　　　　　　　　689 000
　　贷：长期应付款　　　　　　　　　　　　　　689 000

2020年12月31日、2021年12月31日、2022年12月31日、2023年12月31日账务处理如下：

平行登记	财务会计		预算会计	
	借：长期应付款	172 250	借：行政支出	172 250
	贷：财政拨款收入	172 250	贷：财政拨款预算收入	172 250

3.16 | "预计负债"科目的应用

"预计负债"科目核算行政事业单位对因或有事项所产生的现时义务而确认的负债，如未决诉讼等确认的负债。

3.16.1 "预计负债"科目的设置

"预计负债"科目按照预计负债的项目进行明细核算。本科目期末贷方余额，反映单位已预计尚未支付的预计负债。

"预计负债"科目的具体设置，见表3-37。

表3-37　长期应付款会计科目编码的设置

科目代码	总分类科目（一级科目）	明细分类科目		是否辅助核算	辅助核算类别
		二级明细科目	三级明细科目		
2601	预计负债	—	—	—	—
260101	预计负债	修理费	产品名称	是	债权人
260102	预计负债	质量保证	产品名称	是	债权人

科目代码	总分类科目（一级科目）	明细分类科目		是否辅助核算	辅助核算类别
		二级明细科目	三级明细科目		
260103	预计负债	诉讼	—	是	债权人
260104	预计负债	担保	—	是	债权人
260105	预计负债	其他	—	是	债权人

3.16.2 "预计负债"科目主要账务处理

预计负债的主要账务处理，见表3-38。

表3-38 预计负债的主要账务处理

业务情形	财务会计	预算会计
确认预计负债	借：业务活动费用/经营费用等 　　贷：预计负债	—
实际清偿或冲减的预计负债	借：预计负债 　　贷：银行存款	借：行政支出/事业支出/经营支出等 　　贷：资金结存——货币资金
对预计负债账面余额进行调整	借：业务活动费用/经营费用等 　　贷：预计负债 或做相反会计分录	—

【例3-22】2023年5月，某高校科研所因与B公司签订了互相担保协议，而成为相关诉讼的第二被告，截至2023年12月31日，诉讼尚未判决。但是，由于B公司经营困难，该科研所很可能要承担连带责任。预计所承担还款金额1 200 000元责任的可能性为60%，而承担还款金额800 000元责任的可能性为40%。

本例中，该高校科研所因连带责任而承担了现时义务，该义务的履行很可能导致经济利益流出企业，且该义务的金额能够可靠地计量。因此，该高校科研所应在2023年12月31日确认一项负债1 200 000元（假定该高校科研所不负担诉讼费）。

借：单位管理费用——赔偿支出　　　　　　　　1 200 000

贷：预计负债——未决诉讼　　　　　　　　1 200 000

3.17 | "受托代理负债"科目的应用

"受托代理负债"科目核算单位接受委托，取得受托管理资产时形成的负债。本科目应当按照委托人等进行明细核算，属于指定转赠物资和资金的，还应当按照指定受赠人进行明细核算。本科目期末贷方余额，反映单位尚未清偿的受托代理负债。

3.17.1 "受托代理负债"科目的设置

"受托代理负债"科目的具体设置，见表3-39。

表 3-39　受托代理负债会计科目编码的设置

科目代码	总分类科目（一级科目）	明细分类科目		是否辅助核算	辅助核算类别
		二级明细科目	三级明细科目		
2901	受托代理负债	—	—	—	—
290101	受托代理负债	物资	品种	是	委托人
290102	受托代理负债	资金	币种	是	委托人

3.17.2 "受托代理负债"科目主要账务处理

受托代理负债账务处理，见表3-40。

表 3-40　受托代理负债主要账务处理

业务情形	财务会计	预算会计
收到受托代理、代管资产	借：库存现金——受托代理资产 　　银行存款——受托代理资产 　　受托代理资产 贷：受托代理负债	—

业务情形	财务会计	预算会计
支付受托代理、代管资产	借：受托代理负债 　　贷：库存现金——受托代理 　　　　资产 　　　　银行存款——受托代理 　　　　资产 　　　　受托代理资产	—

【例 3-23】2024 年 7 月 10 日，某行政单位接受某单位委托代管款项，共计 38 500 元。2024 年 10 月 20 日，代管期满退回该笔款项。

（1）2024 年 7 月 10 日，收到时。

借：银行存款——受托代理资产　　　　　　　38 500

　　贷：受托代理负债　　　　　　　　　　　　　38 500

（2）2024 年 10 月 20 日，归还时。

借：受托代理负债　　　　　　　　　　　　　38 500

　　贷：银行存款——受托代理资产　　　　　　　38 500

第4章
行政事业单位净资产的核算

本章介绍净资产科目的设置及账务处理，净资产科目包括"累计盈余""无偿调拨净资产""专用基金""权益法调整""本期盈余""本年盈余分配""以前年度盈余调整"。

4.1 "累计盈余"科目的应用

"累计盈余"科目核算单位历年实现的盈余扣除盈余分配后滚存的金额，以及因无偿调入调出资产产生的净资产变动额。按照规定上缴、缴回、单位间调剂结转结余资金产生的净资产变动额，以及对以前年度盈余的调整金额，也通过本科目核算。本科目期末余额，反映单位未分配盈余（或未弥补亏损）的累计数以及截至上年末无偿调拨净资产变动的累计数；年末余额，反映单位未分配盈余（或未弥补亏损），以及无偿调拨净资产变动的累计数。

4.1.1 "累计盈余"科目的设置

"累计盈余"科目的具体设置，见表4-1。

表4-1 累计盈余会计科目编码的设置

科目代码	总分类科目（一级科目）	明细分类科目		是否辅助核算	辅助核算类别
		二级明细科目	三级明细科目		
3001	累计盈余	—	—	—	—
300101	累计盈余	财政拨款结转	项目	是	单位名称
300102	累计盈余	财政拨款结余	项目	是	单位名称
300103	累计盈余	非财政拨款结转	项目	是	单位名称
300104	累计盈余	专用基金	项目	是	单位名称

4.1.2 "累计盈余"科目主要账务处理

"累计盈余"科目主要账务处理，见表4-2。

表4-2 "累计盈余"科目主要账务处理

业务情形	财务会计	预算会计
年末，将"本年盈余分配"科目余额转入	借：本年盈余分配 　　贷：累计盈余 或做相反会计分录	—
年末，将"无偿调拨净资产"科目余额转入	借：无偿调拨净资产 　　贷：累计盈余 或做相反会计分录	—
按照规定上缴财政拨款结转结余、缴回非财政拨款结转资金、向其他单位调出财政拨款结转资金时	借：累计盈余 　　贷：财政应返还额度/银行存款等	借：财政拨款结余——归集上缴 　　贷：资金结存——财政应返还额度
按照规定从其他单位调入财政拨款结转资金时	借：银行存款等 　　贷：累计盈余	借：资金结存——货币资金 　　贷：财政拨款结转——归集调入
将"以前年度盈余调整"科目的余额转入	借：以前年度盈余调整 　　贷：累计盈余 或做相反会计分录	—

【例 4-1】 某行政单位年末根据预算会计下结转结余金额，财政拨款账户余额 234 800 元，非财政拨款 98 560 元。

  借：本年盈余分配   333 360

    贷：累计盈余——财政拨款结转   234 800

       ——非财政拨款结转   98 560

（1）从收入中计提专项基金 24 590 元，账务处理如下。

平行登记	财务会计		预算会计	
	借：业务活动费用	24 590	借：行政支出	24 590
	贷：专用基金	24 590	贷：资金结存——货币资金	24 590

（2）用专项基金购置一批材料，价款 12 785 元，账务处理如下。

平行登记	财务会计		预算会计	
	借：固定资产——设备	12 785	借：行政支出	12 785
	贷：银行存款	12 785	贷：资金结存——货币资金	12 785
	借：专用基金	12 785		
	贷：银行存款	12 785		

4.2 | "无偿调拨净资产"科目的应用

"无偿调拨净资产"科目，反映单位因取得无偿调入或划拨资产增加的净资产。本科目年末无金额。

4.2.1 "无偿调拨净资产"科目的设置

"无偿调拨净资产"科目的具体设置，见表 4-3。

表 4-3 无偿调拨净资产会计科目编码的设置

科目代码	总分类科目（一级科目）	明细分类科目		是否辅助核算	辅助核算类别
		二级明细科目	三级明细科目		
3401	无偿调拨净资产				
340101	无偿调拨净资产	存货	种类	是	单位名称
340102	无偿调拨净资产	固定资产	种类	是	单位名称
340103	无偿调拨净资产	长期股权投资	种类	是	单位名称

科目代码	总分类科目 （一级科目）	明细分类科目		是否辅 助核算	辅助核 算类别
		二级明细科目	三级明细科目		
340104	无偿调拨净资产	无形资产	种类	是	单位名称
340105	无偿调拨净资产	公共基础设施	种类	是	单位名称
340106	无偿调拨净资产	政府储备物资	种类	是	单位名称
340107	无偿调拨净资产	文物文化资产	种类	是	单位名称
340108	无偿调拨净资产	保障性住房	种类	是	单位名称
340109	无偿调拨净资产	其他	种类	是	单位名称

4.2.2 "无偿调拨净资产"科目主要账务处理

无偿调拨净资产的主要账务处理，见表4-4。

表4-4 无偿调拨净资产的主要账务处理

业务情形		财务会计	预算会计
取得无偿调入的资产时		借：库存物品/固定资产/无形资产/长期股权投资/公共基础设施/政府储备物资/保障性住房等 贷：无偿调拨净资产 　　银行存款等	借：其他支出［发生的归属于调入方的相关费用］ 贷：资金结存等
经批准无偿调出资产时		借：无偿调拨净资产 　　固定资产累计折旧/无形资产累计摊销/公共基础设施累计折旧（摊销）/保障性住房累计折旧 贷：库存物品/固定资产/无形资产/长期股权投资/公共基础设施/政府储备物资等［账面余额］ 借：资产处置费用 贷：银行存款等	借：其他支出［发生的归属于调出方的相关费用］ 贷：资金结存等
年末，将本科目余额转入累计盈余	科目余额在贷方时	借：无偿调拨净资产 　　贷：累计盈余	—
	科目余额在借方时	借：累计盈余 　　贷：无偿调拨净资产	—

【例 4-2】2024 年年末，某事业单位从其他单位无偿调入一台设备，价款 48 930元，运费 200 元。

借：固定资产 49 130

贷：无偿调拨净资产 48 930

银行存款 200

同时，结转上年度其他净资产 13 260 元。编制预算会计分录：

借：其他支出 13 260

贷：资金结存——货币资金 13 260

4.3 "专用基金"科目的运用

"专用基金"核算事业单位按照规定提取或设置的具有专门用途的净资产，主要包括职工福利基金、科技成果转换基金等。本科目应当按照专用基金的类别进行明细核算。

4.3.1 "专用基金"科目的设置

"专用基金"科目设置，见表 4-5。

表 4-5 专用基金会计科目编码的设置

科目代码	总分类科目（一级科目）	明细分类科目		是否辅助核算	辅助核算类别
		二级明细科目	三级明细科目		
3101	专用基金	—	—	—	—
310101	专用基金	职工福利基金	—	是	部门
310102	专用基金	医疗风险基金	—	是	部门
310103	专用基金	住房公积金	—	是	部门
310104	专用基金	科技成果转化基金	—	是	部门

4.3.2 "专用基金"科目主要账务处理

行政事业单位应设置"专用基金"科目，本科目核算事业单位按规定提取、设置的有专门用途的资金的收入、支出及结存情况，见表 4-6。

表 4-6　专用基金的主要账务处理

业务情形	财务会计	预算会计
年末，按照规定从本年度非财政拨款结余或经营结余中提取专用基金的	借：本年盈余分配 　　贷：专用基金［按照预算会计下计算的提取金额］	借：非财政拨款结余分配 　　贷：专用结余
按照规定使用从收入中提取的专用基金并计入费用	借：业务活动费用（使用专用基金）/单位管理费用（使用专用基金） 　　贷：专用基金	—
使用提取的专用基金购置资产	借：固定资产/无形资产等 　　贷：银行存款 借：专用基金 　　贷：累计盈余	借：事业支出等 　　贷：资金结存
设置其他专用基金	借：银行存款 　　贷：专用基金	—

【例 4-3】甲事业单位有关职工福利基金的业务如下。

（1）2023 年 12 月 31 日，由"其他结余"和"经营结余"转入"非财政拨款结余分配"的本年度结余数额分别为 12 000 000 元和 2 000 000 元，该单位当年确定的职工福利基金的计提比例为 40%。

2023 年度，职工福利基金计提数为 5 600 000 元（14 000 000×40%）。

平行登记	财务会计	预算会计
	借：本年盈余分配　　5 600 000 　　贷：专用基金——职工福利基金 　　　　　　　　　　　5 600 000	借：非财政拨款结余分配　5 600 000 　　贷：专用结余　　　5 600 000

（2）2024 年 1 月 10 日，使用职工福利基金用于集体福利待遇发生费用 600 000 元。根据该单位实际情况，业务部门、行政管理及后勤部门、经营部门分摊比例为 5∶3∶2。因此，计入业务活动费用、单位管理费用、经营费用的金额分别为：

业务活动费用＝600 000×5÷（5＋3＋2）＝300 000（元）

单位管理费用＝600 000×3÷（5＋3＋2）＝180 000（元）

经营费用＝600 000×2÷（5＋3＋2）＝120 000（元）

	财务会计	预算会计
平行登记	借：业务活动费用——使用专用基金 　　　　　　　　　　　300 000 　　单位管理费用——使用专用基金 　　　　　　　　　　　180 000 　　经营费用——使用专用基金 　　　　　　　　　　　120 000 　　　贷：银行存款　　600 000	借：事业支出——使用专用结余 　　　　　　　　　　　480 000 　　经营支出——使用专用结余 　　　　　　　　　　　120 000 　　　贷：资金结存　　600 000

（3）2024年2月20日，使用职工福利基金用于购置集体福利设施，形成固定资产1 000 000元。根据该单位实际情况，业务部门、行政管理及后勤部门、经营部门分摊比例为5：3：2。本案例假设不考虑相关税费。

事业支出＝1 000 000×（5＋3）÷（5＋3＋2）＝800 000（元）

经营支出＝1 000 000×2÷（5＋3＋2）＝200 000（元）

	财务会计	预算会计
平行登记	借：固定资产　　　1 000 000 　　　贷：银行存款　1 000 000 借：专用基金——职工福利基金 　　　　　　　　　　1 000 000 　　　贷：累计盈余　1 000 000	借：事业支出——使用专用结余 　　　　　　　　　　　800 000 　　经营支出——使用专用结余 　　　　　　　　　　　200 000 　　　贷：资金结存　1 000 000

（4）期末（年末）账务处理。

2024年1月31日，将有关费用中使用专用基金的本期发生额转入专用基金财务会计；将有关预算支出中使用专用结余的本年发生额转入专用结余预算会计。

	财务会计	预算会计
平行登记	借：专用基金——职工福利基金 　　　　　　　　　　600 000 　　　贷：业务活动费用——使用专用 　　　　基金　　　　300 000 　　　单位管理费用——使用专用 　　　　基金　　　　180 000 　　　经营费用——使用专用基金 　　　　　　　　　　120 000	借：专用结余　　　1 600 000 　　　贷：事业支出——使用专用结余 　　　　　　　　　　1 280 000 　　　经营支出——使用专用结余 　　　　　　　　　　320 000

4.4 "权益法调整"科目的应用

"权益法调整"科目核算事业单位取得长期股权投资后，根据被投资单位所有者权益变动情况，按照权益法对投资的账面价值进行的调整。本科目应当按照被投资单位进行明细核算。

本科目年末余额，反映单位滚存的被投资单位权益变动金额。

4.4.1 "权益法调整"科目的设置

"权益法调整"科目的具体设置，见表 4-7。

表 4-7　权益法调整会计科目编码的设置

科目代码	总分类科目（一级科目）	明细分类科目		是否辅助核算	辅助核算类别
		二级明细科目	三级明细科目		
3201	权益法调整	—	—	—	—
320101	权益法调整	其他权益变动	项目	是	债权人
320102	权益法调整	损益调整	项目	是	债权人

4.4.2 "权益法调整"科目主要账务处理

"权益法调整"科目的主要账务处理，见表 4-8。

表 4-8　权益法调整净资产的主要账务处理

业务情形		财务会计
年末	按照被投资单位除净损益和利润分配以外的所有者权益变动的份额（增加）	借：长期股权投资——其他权益变动 　贷：权益法调整
年末	按照被投资单位除净损益和利润分配以外的所有者权益变动的份额（减少）	借：权益法调整 　贷：长期股权投资——其他权益变动
长期股权投资处置时	权益法调整科目为借方余额	借：投资收益 　贷：权益法调整
	权益法调整科目为贷方余额	借：权益法调整 　贷：投资收益

【例 4-4】某事业单位投资 A 厂，持股比例为 40%，能够对 A 厂进行管理与监督。2023 年年底，A 厂除净损益和利润分配以外的所有者权益变动的份额（增加）500 万元。

即该事业单位应享有的份额为 $500 \times 40\% = 200$（万元）

借：长期股权投资——其他权益变动　　　　　　　　2 000 000
　　贷：权益法调整　　　　　　　　　　　　　　　　　2 000 000

【例 4-5】被投资单位除净损益和利润分配以外的所有者权益变动，被投资单位从其他单位无偿调入一台专用工具，增加其他净资产 240 000 元。持股比例 50%。

权益法下被投资单位除净损益和利润分配以外的所有者权益变动 120 000 元。

借：长期股权投资——其他权益变动（$240\,000 \times 50\%$）
　　　　　　　　　　　　　　　　　　　　　　　　　120 000
　　贷：权益法调整　　　　　　　　　　　　　　　　　120 000

采用权益法核算的长期股权投资，在处置该项投资时，还应按照相应比例将原计入净资产的部分结转至投资收益。

4.5 "本期盈余"科目的应用

"本期盈余"科目核算单位各项收入、费用相抵后的余额。本科目应当设置"行政事业盈余""经营盈余"科目进行明细核算。本科目年末如为贷方余额，反映单位当年实现的盈余；如为借方余额，反映单位当年发生的亏损。

年末结账后，本科目应无余额。

4.5.1 "本期盈余"科目的设置

"本期盈余"科目的具体设置，见表 4-9。

表 4-9　本年盈余会计科目编码的设置

科目代码	总分类科目（一级科目）	明细分类科目		是否辅助核算	辅助核算类别
		二级明细科目	三级明细科目		
3301	本期盈余	—	—	—	—
330101	本期盈余	行政事业盈余	项目	是	部门
330102	本期盈余	经营盈余	项目	是	部门

4.5.2 "本期盈余"科目主要账务处理

本期盈余的主要账务处理，见表4-10。

表4-10　本年盈余的主要账务处理

业务情形		财务会计
年末结账	结转收入	借：财政拨款收入 　　事业收入 　　经营收入 　　上级补助收入 　　附属单位上缴收入 　　非同级财政拨款收入 　　投资收益 　　利息收入 　　捐赠收入 　　租金收入 　　其他收入 　贷：本期盈余——行政事业盈余
	结转费用	借：本期盈余 　贷：业务活动费用 　　　单位管理费用 　　　资产处置费用 　　　所得税费用 　　　其他费用 　　　上缴上级费用 　　　对附属单位补助费用
转入盈余分配	本年盈余为贷方余额时	借：本期盈余 　贷：本年盈余分配
	本年盈余为借方余额时	借：本年盈余分配 　贷：本期盈余

【例4-6】某事业单位2023年12月31日，各损益类账户余额见表4-11。

表4-11　损益类账户余额表

单位：元

科目名称	余额方向	期末余额
财政拨款收入	贷	924 500
事业收入	贷	176 000

科目名称	余额方向	期末余额
投资收益	贷	345 600
捐赠收入	贷	120 000
其他收入	贷	23 456
经营收入	贷	54 000
上缴上级费用	借	123 450
单位管理费用	借	128 620
所得税费用	借	37 890
其他费用	借	12 730
经营费用	借	8 900

（1）结转收入，账务处理如下。

借：财政拨款收入   924 500

  事业收入   176 000

  投资收益   345 600

  捐赠收入   120 000

  其他收入   23 456

   贷：本期盈余   1 589 556

借：经营收入   54 000

   贷：本期盈余——经营盈余   54 000

（2）结转费用，账务处理如下。

借：本期盈余   302 690

   贷：上缴上级费用   123 450

    单位管理费用   128 620

    所得税费用   37 890

    其他费用   12 730

借：本期盈余——经营盈余   8 900

   贷：经营费用   8 900

（3）转入盈余分配，账务处理如下。

借：本期盈余   1 331 966

   贷：本年盈余分配   1 331 966

4.6 "本年盈余分配"科目的应用

"本年盈余分配"科目核算单位本年度盈余分配的情况和结果。年末，将本科目余额结转入累计盈余，借记或贷记本科目，贷记或借记"累计盈余"科目。

年末结账后，本科目应无余额。

4.6.1 "本年盈余分配"科目的设置

"本年盈余分配"科目的具体设置，见表 4-12。

表 4-12 本年盈余分配会计科目编码的设置

科目代码	总分类科目 （一级科目）	明细分类科目	
		二级明细科目	三级明细科目
3302	本年盈余分配	—	—

4.6.2 "本年盈余分配"科目主要账务处理

本年盈余分配的主要账务处理，见表 4-13。

表 4-13 本年盈余分配的主要账务处理

业务情形		财务会计	预算会计
年末结账，本年盈余转入盈余分配	本年盈余为贷方余额时	借：本期盈余 　贷：本年盈余分配	—
	本年盈余为借方余额时	借：本年盈余分配 　贷：本年盈余	—
年末，按照有关规定计提专用基金	按照预算会计下计算的提取金额	借：本年盈余分配 　贷：专用基金	借：非财政拨款结余分配 　贷：专用结余
转入累计盈余	本年盈余分配为贷方余额时	借：本年盈余分配 　贷：累计盈余	—
	本年盈余分配为借方余额时	借：累计盈余 　贷：本年盈余分配	—

【例4-7】某事业单位年末结入本年盈余分配320 000元，根据预算会计下结转结余，其中，财政拨款130 000元，非财政拨款190 000元。

借：本年盈余分配　　　　　　　　　　　　　320 000
　　贷：本期盈余——财政拨款结转　　　　　　　130 000
　　　　　　　　——非财政拨款结转　　　　　　190 000

计提专用基金86 700元。

借：本年盈余分配　　　　　　　　　　　　　86 700
　　贷：专用基金　　　　　　　　　　　　　　86 700

4.7 "以前年度盈余调整"科目的应用

"以前年度盈余调整"科目核算年度资产负债表日后发生的，或者发现由于计量、确认、记录等方面出现错误，以及盘盈实物资产等需要对以前年度财务报表数据进行调整的事项。本科目应当按照报表项目分别进行明细核算。年末结账后，本科目应无余额。

4.7.1 "以前年度盈余调整"科目的设置

"以前年度盈余调整"科目的具体设置，见表4-14。

表4-14　以前年度盈余调整会计科目编码的设置

科目代码	总分类科目（一级科目）	明细分类科目		是否辅助核算	辅助核算类别
		二级明细科目	三级明细科目		
3501	以前年度盈余调整	—	—	—	—
350101	以前年度盈余调整	盘盈	项目	是	部门
350102	以前年度盈余调整	盘亏	项目	是	部门
350103	以前年度盈余调整	其他	项目	是	部门

4.7.2 "以前年度盈余调整"科目主要账务处理

以前年度盈余调整的主要账务处理，见表4-15。

表 4-15　以前年度盈余调整的主要账务处理

业务情形		财务会计	预算会计
调整以前年度收入	增加以前年度收入时	借：有关资产或负债科目 　　贷：以前年度盈余调整	按照实际收到的金额 借：资金结存 　　贷：财政拨款结转/财政拨款结余/非财政拨款结转/非财政拨款结余（年初余额调整）
调整以前年度收入		减少收入 借：以前年度盈余调整 　　贷：有关资产和负债科目 增加收入做相反分录	按照实际收到的金额 借：财政拨款结转/财政拨款结余/非财政拨款结转/非财政拨款结余（年初余额调整） 　　贷：资金结存
调整以前年度费用	增加以前年度费用时	借：以前年度盈余调整 　　贷：有关资产和负债科目	按照实际支付的金额 借：财政拨款结转/财政拨款结余/非财政拨款结转/非财政拨款结余（年初余额调整） 　　贷：资金结存
调整以前年度费用	减少以前年度费用时	借：有关资产和负债科目 　　贷：以前年度盈余调整	按照实际支付的金额 借：资金结存 　　贷：财政拨款结转/财政拨款结余/非财政拨款结转/非财政拨款结余（年初余额调整）
盘盈实物资产	报经批准处理时	借：待处理财产损溢 　　贷：以前年度盈余调整	—
年末结账	本科目为借方余额时	借：累计盈余 　　贷：以前年度盈余调整	—
年末结账	前期调整为贷方余额时	借：以前年度盈余调整 　　贷：累计盈余	

【例 4-8】某事业单位属于增值税一般纳税人，适用的增值税税率为 13%，所得税税率为 25%。2024 年 1 月 25 日，收到退货一批（已验收入库），该批退货系 2023 年 11 月销售给甲公司的某产品，销售收入为 250 万元，增值税销项税额 40 万元。结转的产品销售成本 200 万元，此项销售收入已在销售当月确认，款项至 2023 年 12 月 31 日尚未收到。2023 年年末，该事业对应收甲公司账款按账面余额的 5% 计提坏账准备。

由于上述销售退回，某事业单位应调减报告年度应交所得税的金额＝（250－200）×25%＝12.5（万元）

调减报告年度未分配利润＝（250－200－290×5%－12.5）＝23（万元）

相关调整分录如下：

借：以前年度盈余调整　　　　　　　　　　　　　2 500 000
　　贷：应收账款　　　　　　　　　　　　　　　　　　　2 500 000
借：库存物品　　　　　　　　　　　　　　　　　2 000 000
　　贷：以前年度盈余调整　　　　　　　　　　　　　　　2 000 000
借：坏账准备（2 900 000×5%）　　　　　　　　　 145 000
　　贷：以前年度盈余调整　　　　　　　　　　　　　　　 145 000
借：应交税费——应交所得税
　　　　　　125 000［（2 500 000－2 000 000）×25%］
　　贷：以前年度盈余调整　　　　　　　　　　　　　　　 125 000

转入累计盈余，即 2 500 000－2 000 000－145 000－125 000＝230 000（元）

借：累计盈余　　　　　　　　　　　　　　　　　 230 000
　　贷：以前年度盈余调整　　　　　　　　　　　　　　　 230 000

第5章
行政事业单位收入的核算

本章核算收入科目的设置及运用。

5.1 收入概述

《政府会计准则——基本准则》（中华人民共和国财政部令第 78 号）第四十二条规定：

"收入是指报告期内导致政府会计主体净资产增加的、含有服务潜力或者经济利益的经济资源的流入。"

第四十三条规定，"收入的确认应当同时满足以下条件：

（一）与收入相关的含有服务潜力或者经济利益的经济资源很可能流入政府会计主体；

（二）含有服务潜力或者经济利益的经济资源流入会导致政府会计主体资产增加或者负债减少；

（三）流入金额能够可靠地计量。"

《行政单位财务规则》（中华人民共和国财政部令第 113 号）第十六条，"收入是指行政单位依法取得的非偿还性资金，包括财政拨款收入和其他收入。……行政单位依法取得的应当上缴财政的罚没收入、行政事业性收费收入、政府性基金收入、国有资源（资产）有偿使用收入等，不属于行政单位的收入。"

《事业单位财务规则》（中华人民共和国财政部令第 108 号）第十七条，"事业单位收入包括：

（一）财政补助收入，即事业单位从本级财政部门取得的各类财政拨款。

（二）事业收入，即事业单位开展专业业务活动及其辅助活动取得的收入。其中：按照国家有关规定应当上缴国库或者财政专户的资金，不计入事业收入；从财政专户核拨给事业单位的资金和经核准不上缴国库或者财政专户的资金，计入事业收入。

（三）上级补助收入，即事业单位从主管部门和上级单位取得的非财政补助收入。

（四）附属单位上缴收入，即事业单位附属独立核算单位按照有关规定上缴的收入。

（五）经营收入，即事业单位在专业业务活动及其辅助活动之外开展非独立核算经营活动取得的收入。

（六）其他收入，即本条上述规定范围以外的各项收入，包括投资收益、利息收入、捐赠收入、非本级财政补助收入、租金收入等。"

5.2 "财政拨款收入" 科目的应用

"财政拨款收入"科目核算单位从同级财政部门取得的各类财政拨款。

5.2.1 "财政拨款收入" 科目的设置

"财政拨款收入"科目可以按照公共财政预算拨款、政府性基金预算拨款等种类进行明细核算。年末结账后，本科目应无余额。

"财政拨款收入"科目的具体设置，见表5-1。

表 5-1　财政拨款收入会计科目编码的设置

科目代码	总分类科目（一级科目）	明细分类科目		是否辅助核算	辅助核算类别
		二级明细科目	三级明细科目		
4001	财政拨款收入	—	—	—	—
400101	财政拨款收入	一般公共财政预算	种类	是	单位名称
400102	财政拨款收入	政府性基金预算	种类	是	单位名称
400103	财政拨款收入	国有资本经营预算	种类	是	项目
400104	财政拨款收入	社会保险基金预算	种类	是	项目

5.2.2　"财政拨款收入"科目主要账务处理

财政拨款收入的主要账务处理，见表5-2。

表 5-2　财政拨款收入的主要账务处理

业务情形		财务会计	预算会计
收到拨款	财政直接支付方式下,根据财政国库支付执行机构委托代理银行转来的财政直接支付入账通知书及相关原始凭证	借：库存物品/固定资产/业务活动费用/单位管理费用/应付职工薪酬/固定资产等 贷：财政拨款收入	借：行政支出/事业支出等 贷：财政拨款预算收入/资金结存——财政应返还额度
	其他支付方式下，根据实际收到的金额	借：银行存款 贷：财政拨款收入	借：资金结存——货币资金 贷：财政拨款预算收入

业务情形		财务会计	预算会计
年末确认拨款差额	根据本年度财政支付预算指标数与当年财政直接支付实际支付数的差额	借：财政应返还额度 贷：财政拨款收入	借：资金结存——财政应返还额度 贷：财政拨款预算收入
因差错更正或购货退回等发生的国库直接支付款项退回的	属于本年度支付的款项	借：财政拨款收入 贷：业务活动费用/库存物品等	借：财政拨款预算收入 贷：行政支出/事业支出等
	属于以前年度支付的款项（财政拨款结转资金）	借：财政应返还额度 贷：以前年度盈余调整/库存物品	借：资金结存——财政应返还额度 贷：财政拨款结转——年初余额调整
期末/年末结转		借：财政拨款收入 贷：本期盈余	借：财政拨款预算收入 贷：财政拨款结转——本年收支结转

【例5-1】某行政单位通过政府采购完成单位内部局域网的改扩建工程。工程完工后验收合格，总支出为234 000元，款项由财政直接支付。

	财务会计	预算会计
平行登记	借：固定资产　234 000 　贷：财政拨款收入　234 000	借：行政支出　234 000 　贷：财政拨款预算收入　234 000

（1）经单位申请，财政批准，本月财政授权支付额度为341 000元。

	财务会计	预算会计
平行登记	借：银行存款　341 000 　贷：财政拨款收入　341 000	借：资金结存——货币资金　341 000 　贷：财政拨款预算收入　341 000

（2）召开专题工作会议，支出 245 300 元，财政直接支付。

平行登记	财务会计	预算会计
	借：业务活动费用　　245 300 　　贷：财政拨款收入　　245 300	借：行政支出　　　　　245 300 　　贷：财政拨款预算收入　245 300

5.3 "事业收入"科目的应用

事业收入是指事业单位开展专业业务活动及辅助活动所取得的收入及财政专户核拨的预算外资金或经财政部门核准不上缴财政专户管理的预算外资金。

5.3.1 "事业收入"科目的设置

"事业收入"科目核算事业单位开展的专业业务活动及其辅助活动取得的收入。本科目应当按照事业收入的类别进行明细核算。年末结账后，本科目应无余额。

"事业收入"科目的具体设置，见表 5-3。

表 5-3　事业收入会计科目编码的设置

科目代码	总分类科目 （一级科目）	明细分类科目		是否辅助核算	辅助核算类别
		二级明细科目	三级明细科目		
4101	事业收入	—	—	—	—
410101	事业收入	项目	—	是	部门
410102	事业收入	项目	—	是	部门

5.3.2 "事业收入"科目主要账务处理

事业收入的主要账务处理，见表 5-4。

表 5-4　事业收入的主要账务处理

业务情形		财务会计	预算会计
采用财政专户返还方式管理	收到应上缴财政专户的款项时，按照实际收到的金额	借：银行存款/应收账款等 　　贷：应缴财政款	—
采用财政专户返还方式管理	向财政专户上缴款项时，按照实际上缴的金额	借：应缴财政款 　　贷：银行存款等	—
	收到财政专户返还时，按照实际收到的金额	借：银行存款等 　　贷：事业收入	借：资金结存——货币资金 　　贷：事业预算收入
采用预收款方式	实际收到款项时按照收到的金额	借：银行存款等 　　贷：预收账款	借：资金结存——货币资金 　　贷：事业预算收入
	以合同完成进度确认收入时，按照合同完成进度确认的金额	借：预收账款 　　贷：事业收入	—
采用应收款方式	根据合同完成进度计算本期应收的款项	借：应收账款 　　贷：事业收入	—
	实际收到款项时	借：银行存款等 　　贷：应收账款	借：资金结存——货币资金 　　贷：事业预算收入
其他方式	实际收到款项时	借：银行存款等 　　贷：应收账款等	借：资金结存——货币资金 　　贷：事业预算收入
期末/年末结转	专项资金收入	借：事业收入 　　贷：本期盈余	—
	非专项资金收入		

【例 5-2】某学校的学杂费收入实行按收入总额 50% 比例上缴财政专户的管理办法。2024 年 9 月发生如下业务。

（1）2024 年 9 月 1 日，收到新学期学杂费收入 96 000 元，款项当日送存银行。账务处理如下：

借：银行存款   96 000

  贷：应缴财政款   48 000

   事业收入——杂费收入   48 000

（2）2024 年 9 月 10 日，学校按规定将学杂费收入的 50%，即共计 48 000 元送存财政专户。账务处理为如下：

借：应缴财政款   48 000

  贷：银行存款   48 000

【例 5-3】某医院门诊部交来 2024 年 4 月 12 日门诊收入，共计 180 000 元，其中医疗收入 80 000 元，药品收入 100 000 元。账务处理如下。

	财务会计	预算会计

平行登记	借：银行存款 180 000
	  贷：事业收入——门诊医疗收入
	         80 000
	      ——药品收入
	         100 000
		借：资金结存——货币资金
		         180 000
		  贷：事业预算收入 180 000

【例 5-4】某勘测设计院完成一项市级设计任务，收入 280 000 元，存入银行。账务处理如下。

	财务会计	预算会计

平行登记	借：银行存款 280 000
	  贷：事业收入 280 000
		借：资金结存——货币资金
		         280 000
		  贷：事业预算收入 280 000

5.3.3 期末账务结转

期末，事业预算收入有专项用途时，应将"事业收入"本期发生额结转入"本期盈余——行政事业盈余"科目，借记"事业收入"，贷记"本期盈余——行政事业盈余"科目；同时进行预算会计处理，借记"事业预算收入"，贷记"非财政拨款结转——本年收支结转"。事业预算收入无专项用途时，财务会计处理同上，预算会计借记"事业预算收入"账户，贷记"其他结余"账户。具体账务处理见表 5-5。

表 5-5　期末事业收入账务处理

业务情形	财务会计	预算会计
专项用途收入	借：事业收入 　　贷：本期盈余——行政事业盈余	借：事业预算收入 　　贷：非财政拨款结转——本年收支结转
无专项用途收入	借：事业收入 　　贷：本期盈余——行政事业盈余	借：事业预算收入 　　贷：其他结余

【例 5-5】2023 年，某事业单位取得事业收入 5 200 000 元，其中专项资金收入 3 800 000 元，非专项资金收入 1 400 000 元。年末，将事业收入转入本年盈余。

（1）事业预算收入纳入专项资金。

平行登记	财务会计	预算会计
	借：事业收入　　3 800 000 　　贷：本期盈余　　3 800 000	借：事业预算收入　　3 800 000 　　贷：非财政拨款结转——本年收支结转　　3 800 000

（2）事业预算收入纳入非专项资金时无专项用途时。

平行登记	财务会计	预算会计
	借：事业收入　　1 400 000 　　贷：本期盈余　　1 400 000	借：事业预算收入　　1 400 000 　　贷：其他结余　　1 400 000

5.4 "上级补助收入"科目的应用

上级补助收入是指行政事业单位从主管部门和上级单位取得的非财政补助收入，是事业单位的上级单位、主管部门用财政补助收入之外的收入拨给所属单位的经费，如用自身组织的收入和集中下级单位的收入拨给事业单位的资金。

5.4.1 "上级补助收入"科目的设置

"上级补助收入"科目核算事业单位从主管部门和上级单位取得的非财政

拨款收入。本科目应当按照发放补助单位、补助项目等进行明细核算。年末结账后，本科目应无余额。

"上级补助收入"科目的具体设置，见表5-6。

表5-6　上级补助收入会计科目编码的设置

科目代码	总分类科目（一级科目）	明细分类科目		是否辅助核算	辅助核算类别
		二级明细科目	三级明细科目		
4201	上级补助收入	—	—	—	—
420101	上级补助收入	项目	—	是	部门
420102	上级补助收入	项目	—	是	部门

5.4.2　"上级补助收入"科目主要账务处理

上级补助收入的主要账务处理，见表5-7。

表5-7　上级补助收入的主要账务处理

业务情形		财务会计	预算会计
日常核算	确认时按照应收金额	借：银行存款/其他应收款等 　贷：上级补助收入	借：资金结存——货币资金 　贷：上级补助预算收入
	实际收到时按收到的金额	借：银行存款等 　贷：其他应收款等	借：资金结存——货币资金 　贷：上级补助预算收入
年末结账	上级补助预算收入有专项用途时	借：上级补助收入 　贷：本期盈余	借：上级补助预算收入 　贷：非财政拨款结转——本年收支结转
	上级补助预算收入无专项用途时	借：上级补助收入 　贷：本期盈余	借：上级补助预算收入 　贷：其他结余

【例5-6】某医疗研究机构收到上级单位拨入补助款300 000元，账务处理如下。

平行登记	财务会计	预算会计
	借：银行存款　　　300 000 　贷：上级补助收入　　300 000	借：资金结存——货币资金 300 000 　贷：上级补助预算收入　　300 000

年末，该医疗研究机构有专项用途"上级补助收入"贷方余额120 000元。账务处理如下。

平行登记	财务会计	预算会计
	借：上级补助收入　　120 000 　贷：本期盈余　　　　120 000	借：上级补助预算收入　　120 000 　贷：非财政拨款结转——本年收支 　　　　结转　　　　　　120 000

【例5-7】2024年3月，某事业单位发生如下业务。

（1）2024年3月10日，接到银行通知，收到上级单位拨来的专项补助款850 000元。账务处理如下。

平行登记	财务会计	预算会计
	借：银行存款　　　850 000 　贷：上级补助收入　　850 000	借：资金结存——货币资金 850 000 　贷：上级补助预算收入　　850 000

（2）3月20日，该事业单位通过银行将上级单位多拨的补助款项60 000元退回。

平行登记	财务会计	预算会计
	借：上级补助收入　　60 000 　贷：银行存款　　　　60 000	借：上级补助预算收入　　　60 000 　贷：资金结存——货币资金 60 000

（3）月终，该事业单位将"上级补助收入"账户贷方余额790 000元（850 000－60 000）全部转入"非财政拨款结转"账户

平行登记	财务会计	预算会计
	借：上级补助收入　　790 000 　贷：本期盈余　　　　790 000	借：上级补助预算收入　　790 000 　贷：非财政拨款结转——本年收支 　　　　结转　　　　　　790 000

【例5-8】2024年2月23日，某社会保险经办机构收到上级社会保险经办机构拨付的失业保险基金150 000元，期末结转失业保险基金账户。账务处理如下。

（1）收到上级社会保险经办机构下拨的失业保险基金时。

平行登记	财务会计	预算会计
	借：银行存款　　　　150 000 　　贷：上级补助收入　　150 000	借：资金结存——货币资金　150 000 　　贷：上级补助预算收入　　150 000

（2）期末结转时。

平行登记	财务会计	预算会计
	借：上级补助收入　　　150 000 　　贷：本期盈余　　　　150 000	借：上级补助预算收入　　150 000 　　贷：非财政拨款结转——本年收支结转　　150 000

5.5 ｜ "附属单位上缴收入" 科目的应用

"附属单位上缴收入"科目核算行政事业单位附属单位按照有关规定上缴的收入。本科目应当按照附属单位、缴款项目等进行明细核算。年末结账后，本科目应无余额。

5.5.1　"附属单位上缴收入"科目的设置

"附属单位上缴收入"科目的具体设置，见表5-8。

表 5-8　附属单位上缴收入会计科目编码的设置

科目代码	总分类科目 （一级科目）	明细分类科目		是否辅助核算	辅助核算类别
		二级明细科目	三级明细科目		
4301	附属单位上缴收入	—	—	—	—
430101	附属单位上缴收入	缴款项目	—	是	单位名称
430102	附属单位上缴收入	附属单位	—	是	单位名称

5.5.2　"附属单位上缴收入"科目主要账务处理

附属单位上缴收入的主要账务处理，见表5-9。

表 5-9 附属单位上缴收入的主要账务处理

业务情形		财务会计	预算会计
日常核算	确认时按照应收金额	借：银行存款/其他应收款等 　贷：附属单位上缴收入	借：资金结存——货币资金 　贷：附属单位上缴预算收入
	实际收到时按收到的金额	借：银行存款 　贷：其他应收款等	
期末/年末结账	专项资金收入	借：附属单位上缴收入 　贷：本期盈余	借：附属单位上缴预算收入 　贷：非财政拨款结转 　　——本年收支结转
	非专项资金收入		借：附属单位上缴预算收入 　贷：其他结余

【例 5-9】某事业单位收到下属乙单位按比例缴来专项款 100 000 元。账务处理如下。

平行登记	财务会计	预算会计
	借：银行存款　　　　1 00 000 　贷：附属单位上缴收入　1 00 000	

年终结算，将"附属单位缴款"贷方余额 100 000 元转入"非财政补助结转"科目，账务处理如下。

平行登记	财务会计	预算会计
	借：附属单位上缴收入 100 000 　贷：本期盈余　　　　100 000	借：附属单位上缴预算收入　100 000 　贷：非财政拨款结转——本年收支结 转　　　　　　　　100 000

【例 5-10】某事业单位发生如下附属单位缴款业务。

（1）2024 年 7 月，收到下属甲单位按比例交来款项 400 000 元。账务处理如下。

平行登记	财务会计	预算会计
	借：银行存款　　　　　400 000 　贷：附属单位上缴收入——甲单 位　　　　　　　　400 000	借：资金结存——货币资金　400 000 　贷：附属单位上缴预算收入 　　　　　　　　　400 000

（2）2024 年 10 月，退回下属甲单位交来款项 20 000 元，账务处理如下。

平行登记	财务会计	预算会计
	借：附属单位上缴收入——甲单位 　　　　20 000 　　贷：银行存款　　20 000	借：附属单位上缴预算收入　20 000 　　贷：资金结存——货币资金　20 000

（3）年终结算，结转"附属单位上缴收入"科目，账务处理如下。

平行登记	财务会计	预算会计
	借：附属单位上缴收入——甲单位 　　　　380 000 　　贷：本期盈余——行政事业盈余 　　　　380 000	借：附属单位上缴预算收入　380 000 　　贷：非财政拨款结转——本年收支结转　380 000

5.6 "经营收入"科目的应用

行政事业单位取得的经营收入，应在提供劳务或发出商品时收取价款或者取得凭据时予以确认。事业单位经营收入包括以下几点。

（1）产品（商品）销售收入，即单位通过销售定型、批量产品（不包括试制产品）和经销商品取得的收入。该种收入一般存在于科学研究事业单位，医院销售药品的收入应纳入事业收入中的药品收入。

（2）经营服务收入，即单位对外提供餐饮、住宿和交通运输等经营服务活动取得的收入。

（3）工程承包收入，即单位承包建筑、安装、维修等工程取得的收入。

（4）租赁收入，即单位出租、出借暂时闲置的仪器设备、房屋、场地等取得的收入。

（5）其他经营收入，即除上述收入以外的经营收入。

5.6.1 "经营收入"科目的设置

"经营收入"科目核算事业单位在专业业务活动及其辅助活动之外开展非独立核算营利性活动取得的收入。本科目应当按照经营活动类别、项目等进行明细核算。经营收入应当在提供服务或发出存货，同时收讫价款或者取得索取价款的凭据时，按照实际收到或应收的金额确认收入。年末结账后，本科目应无余额。

"经营收入"科目的具体设置，见表 5-10。

表 5-10　经营收入会计科目编码的设置

科目代码	总分类科目（一级科目）	明细分类科目		是否辅助核算	辅助核算类别
		二级明细科目	三级明细科目		
4401	经营收入	—	—	—	—
440101	经营收入	产品（商品）销售收入	品种	—	—
440102	经营收入	经营服务收入	类别	是	单位名称
440103	经营收入	工程承包收入	项目	是	单位名称
440104	经营收入	租赁收入	项目	是	单位名称
440105	经营收入	其他经营收入	项目	是	单位名称

5.6.2　"经营收入"科目主要账务处理

经营收入的主要账务处理，见表 5-11。

表 5-11　经营收入的主要账务处理

业务情形		财务会计	预算会计
提供服务或发出存货，同时收讫价款或者取得索取价款的凭据时		借：应收账款/应收票据等 　贷：经营收入 　　　应交增值税——应交税金（销项税额）（增值税一般纳税人使用） 　　　应缴增值税（增值税小规模纳税人使用）	借：资金结存——货币资金 　贷：经营预算收入
收取价款时	按照收到的金额	借：银行存款 　贷：应收账款/应收票据等	借：资金结存——货币资金 　贷：经营预算收入
年末结账		借：经营收入 　贷：本期盈余——经营盈余	借：经营预算收入 　贷：经营结余

【例 5-11】某大学科研部门生产研制一种新产品推向市场销售，单价 120 元，共计 4 000 件，总价款 480 000 元，款项已入账，增值税税率为 13%。账务处理如下。

平行登记	财务会计	预算会计
	借：银行存款　　　　542 400 　　贷：经营收入——产品销售收入 　　　　　　　　　　480 000 　　　　应交增值税——应交税金（销项税额）　　　62 400	借：资金结存——货币资金 　　　　　　　　　　542 400 　　贷：经营预算收入　542 400

（1）假设购货单位退回不合格品20件，共计2 712元。账务处理如下。

平行登记	财务会计	预算会计
	借：经营收入——产品销售收入 　　　　　　　　　　2 400 　　　　应交增值税——应交税金（销项税额）　　　　312 　　贷：银行存款　　　2 712	借：经营预算收入　　2 712 　　贷：资金结存——货币资金 2 712

（2）该科研单位年终结算，将经营收入477 600元（480 000－2 400）转入"本期盈余"科目。账务处理如下。

平行登记	财务会计	预算会计
	借：经营收入　　　　477 600 　　贷：本期盈余——经营盈余 477 600	借：经营预算收入　　477 600 　　贷：经营结余——本年经营收支结余　　　　477 600

【例5-12】2023年，某研究院发生下列经营收入。

（1）非独立核算的车队向外单位提供服务，收入20 000元，账务处理如下。

平行登记	财务会计	预算会计
	借：银行存款　　　　20 000 　　贷：应收账款/应收票据等 　　　　　　　　　　20 000	借：资金结存——货币资金 20 000 　　贷：经营预算收入　20 000

（2）出售产品一批，收到货款10 170元，存入银行，账务处理如下。

平行登记	财务会计	预算会计
	借：银行存款　　　　10 170 　　贷：经营收入　　　　9 000 　　　　应交增值税——应交税金（销项税额）　　　1 170	借：资金结存——货币资金 10 170 　　贷：经营预算收入　10 170

（3）销售产品一批，不含税售价180 000元，增值税税额23 400元，收

到转账支票 150 000 元，其余的价款属于应收账款。账务处理如下。

	财务会计	预算会计

平行登记	借：银行存款 150 000
	  应收账款 53 400
	 贷：经营收入 180 000
	  应缴增值税——应交税金（销项
	  税额） 23 400
		借：资金结存——货币资金
		         150 000
		 贷：经营预算收入 150 000

（4）年终结算，本年度共发生经营收入 209 000 元，转入经营结余科目。

	财务会计	预算会计
平行登记	借：经营收入 209 000 贷：本期盈余——经营盈余 209 000	借：经营预算收入 209 000 贷：经营结余——本年经营收 支结余 209 000

5.7 "非同级财政拨款收入"科目的应用

"非同级财政拨款收入"科目核算单位从非同级财政部门取得的经费拨款。本科目应当按照本级横向财政拨款和非本级财政拨款进行明细核算。年末结账后，本科目应无余额。

5.7.1 "非同级财政拨款收入"科目的设置

"非同级财政拨款收入"科目的具体设置，见表 5-12。

表 5-12 非同级财政拨款收入会计科目编码的设置

科目代码	总分类科目 （一级科目）	明细分类科目		是否辅助核算	辅助核算类别
		二级明细科目	三级明细科目		
4601	非同级财政拨款收入	—	—	—	—
460101	非同级财政拨款收入	本级横向财政拨款	单位名称	是	单位名称
460102	非同级财政拨款收入	非本级财政拨款	单位名称	是	单位名称

5.7.2 "非同级财政拨款收入"科目主要账务处理

非同级财政拨款收入的主要账务处理，见表 5-13。

表 5-13　非同级财政拨款收入的主要账务处理

业务情形		财务会计	预算会计
确认收入时		借：应收账款/其他应收款/预收账款等 　　贷：非同级财政拨款收入	借：资金结存——货币资金 　　贷：非同级财政拨款预算收入
收到	按照实际收到的金额	借：银行存款 　　贷：其他应收款	
年末结账	非同级财政拨款预算收入有专项用途时	借：非同级财政拨款收入 　　贷：本期盈余——行政事业盈余	借：非同级财政拨款预算收入 　　贷：非财政拨款结转 　　　　——本年收支结转
	非同级财政拨款预算收入无专项用途时	借：非同级财政拨款收入 　　贷：本期盈余——行政事业盈余	借：非同级财政拨款预算收入 　　贷：其他结余

【例 5-13】2024 年 8 月，某行政单位收到同级单位专项资金 10 000 元，无专项用途。

平行登记	财务会计	预算会计
	借：银行存款等　　　　10 000 　　贷：非同级财政拨款收入 　　　　　　　　　　　10 000	借：资金结存——货币资金　10 000 　　贷：非同级财政拨款预算收入 　　　　　　　　　　　　10 000

期末，结转非同级财政拨款收入 10 000 元，转入本期盈余。

平行登记	财务会计	预算会计
	借：非同级财政拨款收入　　10 000 　　贷：本期盈余——行政事业盈余 　　　　　　　　　　　10 000	借：非同级财政拨款预算收入 　　　　　　　　　　　　10 000 　　贷：其他结余　　　10 000

5.8 "投资收益"科目的应用

"投资收益"科目核算行政事业单位股权投资和债券投资所取得的收益或损失。投资收益大于投资损失的差额为投资净收益；反之则为投资净损失。本科目应当按照投资的种类和被投资单位等进行明细核算。年末结账后，本科目应无余额。

5.8.1 "投资收益"科目的设置

"投资收益"科目的具体设置，见表 5-14。

表 5-14 投资收益会计科目编码的设置

科目代码	总分类科目（一级科目）	明细分类科目		是否辅助核算	辅助核算类别
		二级明细科目	三级明细科目		
4602	投资收益	—	—	—	—
460201	投资收益	股权投资	项目	是	单位名称
460202	投资收益	债权投资	项目	是	单位名称
460203	投资收益	其他投资	项目	是	单位名称

5.8.2 "投资收益"科目主要账务处理

投资收益的主要账务处理，见表 5-15。

表 5-15 投资收益的主要账务处理

业务情形		财务会计	预算会计
出售或到期收回短期债券本息		借：银行存款 　　投资收益（成本大于实际收到金额时） 贷：短期投资 　　投资收益	借：资金结存——货币资金（实际收到的款项） 贷：投资预算收益（成本小于实际收到金额时） 　　投资支出/其他结余
持有的分期付息、一次还本的债券投资	计算应收未收利息	借：应收利息 贷：投资收益	—
	实际收到利息时	借：银行存款 贷：应收利息	借：资金结存——货币资金 贷：投资预算收益
持有的一次还本付息的债券投资	计算确定的应收未收利息增加长期债券投资的账面余额	借：长期债券投资——应收利息 贷：投资收益	—

业务情形		财务会计	预算会计
出售长期债券投资或到期收回长期债券投资本息		借：银行存款 投资收益（成本大于实际收到金额时） 贷：长期债券投资 应收利息 投资收益	借：资金结存——货币资金（实际收到的款项） 贷：投资预算收益 投资支出/其他结余
长期股权投资持有期间，被投资单位宣告分派利润（成本法）	按照宣告分派的利润中属于单位应享有的份额	借：应收股利 贷：投资收益	—
	取得分派的利润，按实际收到的金额	借：银行存款 贷：应收股利	借：资金结存——货币资金 贷：投资预算收益
采用权益法核算的长期股权投资持有期间	按照应享有或应分担的被投资单位实现的净损益的份额	借：长期股权投资——损益调整 贷：投资收益 借：投资收益（被投资单位发生净亏损） 贷：长期股权投资——损益调整	—
	被投资单位发生净亏损，但以后年度又实现净利润的，单位在其收益分享额弥补未确认的亏损分担额等后，恢复确认投资收益	借：长期股权投资——损益调整 贷：投资收益	—
处置长期股权投资		账务处理参见"长期股权投资"	
年末结账	投资收益为贷方余额时	借：投资收益 贷：本期盈余	借：投资预算收益 贷：其他结余
	投资收益为借方余额时	借：本期盈余 贷：投资收益	借：其他结余 贷：投资预算收益

【例 5-14】2023 年 1 月 1 日，某事业单位用银行存款购入面值为 200 000 元、年利率为 5%、2 年期的国库券，实际支付的价款及相关税费为 260 000 元，账务处理如下。

借：长期债券投资　　　　　　　　　　　　　　　　260 000
　　贷：银行存款　　　　　　　　　　　　　　　　　　260 000

（1）如果该国库券利息每年支付一次，200 000×5%＝10 000 元，即 2024 年 1 月 1 日收到利息时。

借：应收利息　　　　　　　　　　　　　　　　　　　10 000
　　贷：投资收益　　　　　　　　　　　　　　　　　　　10 000

（2）收到时。

平行登记	财务会计	预算会计
	借：银行存款　　　　　10 000 　　贷：应收利息　　　　　10 000	借：资金结存——货币资金　10 000 　　贷：投资预算收益　　　　10 000

【例 5-15】承上例，2024 年 6 月 30 日，该事业单位对外转让了 50% 国库券，其面值为 100 000 元，取得转让价款 140 000 元，另支付相关税费 500 元，账务处理如下。

平行登记	财务会计	预算会计
	借：银行存款　　　　　140 000 　　贷：长期债券投资　　100 000 　　　　投资收益　　　　39 500 　　　　其他应交税费　　　500	借：资金结存——货币资金　140 000 　　贷：投资预算收益　　　　140 000

【例 5-16】2024 年 3 月 4 日，某事业单位被投资单位宣布分配股利，4 月 11 日，从被投资单位分得利润 31 000 元，存入银行。该事业单位对长期股权投资采用成本法核算，账务处理如下。

（1）3 月 4 日，按照宣告分派的利润中属于单位应享有的份额。

借：应收股利　　　　　　　　　　　　　　　　　　　31 000
　　贷：投资收益　　　　　　　　　　　　　　　　　　　31 000

（2）4 月 11 日，取得分派的利润，按实际收到的金额。

平行登记	财务会计		预算会计	
	借：银行存款	31 000	借：资金结存——货币资金	31 000
	贷：应收股利	31 000	贷：投资预算收益	31 000

【例 5-17】某事业单位有关投资转让业务如下。转让一笔历史成本为120 000元的股票，实际收到价款为160 000元，存入银行，账务处理如下。

出售长期股权投资取得价款。

平行登记	财务会计		预算会计	
	借：银行存款	160 000	对于货币资金形成的投资	
	贷：长期股权投资（投资成本）		借：资金结存——货币资金	160 000
		120 000	贷：投资支出（投资成本）	120 000
	投资收益	40 000	投资预算收益	40 000

【例 5-18】2024 年 7 月 31 日，某事业单位到期兑付原购入的 20 000 元国库券，利息 8 000 元，账务处理如下。

平行登记	财务会计		预算会计	
	借：银行存款	28 000		
	贷：长期债券投资	20 000	借：资金结存——货币资金	28 000
	应收利息	8 000	贷：投资预算收益	28 000
	借：应收利息	8 000		
	贷：投资收益	8 000		

5.9 "捐赠收入"科目的应用

"捐赠收入"科目核算单位接受其他单位或者个人捐赠取得的收入。本科目应当按照捐赠资金的用途和捐赠单位等进行明细核算。年末结账后，本科目应无余额。

5.9.1 "捐赠收入"科目的设置

"捐赠收入"科目的具体设置，见表 5-16。

表 5-16 捐赠收入会计科目编码的设置

科目代码	总分类科目（一级科目）	明细分类科目		是否辅助核算	辅助核算类别
		二级明细科目	三级明细科目		
4603	捐赠收入	—	—	—	—
460301	捐赠收入	项目	—	是	单位
460301	捐赠收入	项目	—	是	单位

5.9.2 "捐赠收入"科目主要账务处理

捐赠收入的主要账务处理，见表 5-17。

表 5-17 捐赠收入的主要账务处理

业务情形		财务会计	预算会计
接受捐赠的货币资金	按照实际收到的金额	借：银行存款/库存现金 贷：捐赠收入	借：资金结存——货币资金 贷：其他预算收入
接受捐赠的存货验收入库	按照确定的成本	借：库存物品等 贷：银行存款等（发生的相关税费、运输费等） 捐赠收入（差额部分）	借：其他支出 贷：资金结存——货币资金
	按照名义金额入账	借：库存物品等 贷：捐赠收入 借：其他费用 贷：银行存款等（相关税费）	借：其他支出 贷：资金结存——货币资金
接受捐赠的固定资产	按照确定的成本	借：库存物品等 贷：银行存款等（发生的相关税费、运输费等） 捐赠收入（差额部分）	

业务情形		财务会计	预算会计
年末结账	捐赠预算收入有专项用途时	借：捐赠收入 　　贷：本期盈余	借：其他预算收入 　　贷：非财政拨款结 　　　转——本年收支 　　　结转
	捐赠预算收入无专项用途时		借：其他预算收入 　　贷：其他结余

【例 5-19】某红十字会接受兰宇有限公司捐款 1 200 000 元，用于资助云南贫困山区失学儿童使用。

平行登记	财务会计	预算会计
	借：银行存款　　　　　1 200 000 　　贷：捐赠收入　　　　1 200 000	借：资金结存——货币资金 　　　　　　　　　　　1 200 000 　　贷：其他预算收入　　1 200 000

年末结账。

平行登记	财务会计	预算会计
	借：捐赠收入　　　　　1 200 000 　　贷：本期盈余　　　　1 200 000	借：其他预算收入　　　1 200 000 　　贷：非财政拨款结转——本年收支 　　　结转　　　　　　1 200 000

5.10 | "利息收入"科目的应用

"利息收入"科目核算单位取得的银行存款利息收入。年末结账后，本科目应无余额。

5.10.1 "利息收入"科目的设置

"利息收入"科目的具体设置，见表 5-18。

表 5-18 利息收入会计科目编码的设置

科目代码	总分类科目（一级科目）	明细分类科目	
		二级明细科目	三级明细科目
4604	利息收入	—	—
460401	利息收入	项目	—
460402	利息收入	项目	—

5.10.2 "利息收入"科目主要账务处理

利息收入的主要账务处理，见表 5-19。

表 5-19 利息收入的主要账务处理

业务情形		财务会计	预算会计
确认银行存款利息收入	按照计算的金额	借：应收利息 　　贷：利息收入	—
	实际收到时	借：银行存款 　　贷：应收利息	借：资金结存——货币资金 　　贷：其他预算收入——利息收入
年末结账		借：利息收入 　　贷：本期盈余	借：其他预算收入——利息收入 　　贷：其他结余

【例 5-20】2024 年 1 月 1 日，某红十字会存入工商银行 1 980 000 元，为期 3 年，年利率 3.5%。

2024 年 12 月 31 日，利息收入＝1 980 000×3.5%＝69 300（元）

借：应收利息　　　　　　　　　　　　　　　　　　69 300

　　贷：利息收入　　　　　　　　　　　　　　　　　　　69 300

①实际收到利息时，账务处理如下。

平行登记	财务会计	预算会计
	借：银行存款　　　　69 300 　　贷：应收利息　　　　69 300	借：资金结存——货币资金　69 300 　　贷：其他预算收入　　　　69 300

②年末结账时。

平行登记	财务会计		预算会计	
	借：利息收入	69 300	借：其他预算收入	69 300
	贷：本期盈余	69 300	贷：其他结余	69 300

5.11 "租金收入"科目的应用

"租金收入"科目核算事业单位经批准利用国有资产出租、出借取得的收入。本科目应当按照出租、出借的国有资产类别进行明细核算。年末结账后，本科目应无余额。

5.11.1 "租金收入"科目的设置

"租金收入"科目的具体设置，见表5-20。

表5-20　租金收入会计科目编码的设置

科目代码	总分类科目（一级科目）	明细分类科目		是否辅助核算	辅助核算类别
		二级明细科目	三级明细科目		
4605	租金收入	—			
460501	租金收入	房屋及构筑物	—	是	承租单位名称
460502	租金收入	设备	—	是	承租单位名称

5.11.2 "租金收入"科目主要账务处理

租金收入的主要账务处理，见表5-21。

表5-21　租金收入的主要账务处理

业务情形		财务会计	预算会计
事业单位国有资产出租、出借（预付租金方式）	收到预付的租金时	借：银行存款等 　贷：预收账款	借：资金结存——货币资金 　贷：其他预算收入——租金收入
	分期确认租金收入时，按直线法	借：预收账款 　贷：租金收入	—

业务情形		财务会计	预算会计
事业单位国有资产出租、出借（后付租金方式）	确认租金收入时	借：应收账款 　　贷：租金收入	—
	收到租金时	借：银行存款等 　　贷：应收账款	借：资金结存——货币资金 　　贷：其他预算收入——租金收入
事业单位国有资产出租、出借（分期收取租金）	按期收取租金	借：银行存款等 　　贷：租金收入	借：资金结存——货币资金 　　贷：其他预算收入——租金收入
年末结转		借：租金收入 　　贷：本期盈余	借：其他预算收入——租金收入 　　贷：其他结余

【例 5-21】某高校将临街的底楼出租，年租金为 600 000 元。每季度收取一次。

每季度收租金时：600 000÷4＝150 000（元）

平行登记	财务会计	预算会计
	借：银行存款　　150 000 　　贷：租金收入　　150 000	借：资金结存——货币资金　　150 000 　　贷：其他预算收入——租金收入　　150 000

年末结账时。

平行登记	财务会计	预算会计
	借：租金收入　　600 000 　　贷：本期盈余　　600 000	借：其他预算收入——租金收入　　600 000 　　贷：其他结余　　600 000

5.12 "其他收入"科目的应用

"其他收入"科目核算各单位除财政拨款收入、事业收入、上级补助收入、附属单位上缴收入、经营收入、非同级财政拨款收入、投资收益、捐赠收入、利息收入、租金收入以外的各项收入，包括现金盘盈收入、无形资产处置（科技成果转化）收入、收回已核销的其他应收款、无法偿付的应付及预收款项、资产置换中的估价增值等。

本科目应当按照其他收入的类别等进行明细核算。年末结账后，本科目应无余额。

5.12.1 "其他收入"科目的设置

"其他收入"科目的具体设置，见表 5-22。

表 5-22 其他收入会计科目编码的设置

科目代码	总分类科目（一级科目）	明细分类科目		是否辅助核算	辅助核算类别
		二级明细科目	三级明细科目		
4609	其他收入	—	—	—	—
460901	其他收入	现金盘盈收入	—	—	—
460902	其他收入	无形资产处置（科技成果转化）收入	项目	是	单位名称
460903	其他收入	收回已核销的其他应收款	项目	是	单位名称
460904	其他收入	无法偿付的应付	项目	是	单位名称
460905	其他收入	资产置换中的估价增值	项目	是	单位名称
460906	其他收入	无法偿付的预收款项	项目	是	单位名称

5.12.2 "其他收入"科目主要账务处理

其他收入的主要账务处理，见表 5-23。

表 5-23 其他收入主要账务处理

业务情形		财务会计	预算会计
现金盘盈收入	属于无法查明原因的部分	借：待处理财产损溢 　贷：其他收入	—
无法偿付的应付及预收款项		借：应付账款/预收账款/其他应付款 　贷：其他收入	

业务情形		财务会计	预算会计
行政单位收回已核销的其他应收款	实收金额	借：银行存款等 　　贷：其他收入	借：资金结存——货币资金 　　贷：其他预算收入
年末结账	其他预算收入有专项用途时	借：其他收入 　　贷：本期盈余	借：其他预算收入 　　贷：非财政拨款结转—— 　　　　本年收支结转
	其他预算收入无专项用途时	借：其他收入 　　贷：本期盈余	借：其他预算收入 　　贷：其他结余

【例 5-22】2023 年 12 月 31 日，某行政单位现金盈余 3 400 元，无法查明原因，报经批准后转入其他收入。

平行登记	财务会计	预算会计
	借：待处理财产损溢　　　3 400 　　贷：其他收入　　　　　3 400	—

（1）无法偿付的应付款项 5 600 元。

平行登记	财务会计	预算会计
	借：应付账款　　　　　　5 600 　　贷：其他收入　　　　　5 600	—

（2）年终结账，假定"其他收入"账户余额为 9 000 元。

平行登记	财务会计	预算会计
	借：其他收入　　　　　　9 000 　　贷：本期盈余　　　　　9 000	借：其他预算收入　　　　9 000 　　贷：非财政拨款结转——本年收支 　　结转　　　　　　　　9 000

【例 5-23】某事业单位发生如下经济业务。

（1）收到上年度以银行存款对外投资取得的投资收益 46 000 元，账务处理如下。

借：银行存款　　　　　　　　　　　　　　　　　46 000

贷：其他收入——投资收益   46 000

（2）年终，将"其他收入"账户贷方余额转入"本期盈余"账户，账务处理如下。

借：其他收入——投资收益   46 000

贷：本期盈余   46 000

借：其他预算收入   46 000

贷：其他结余   46 000

【例5-24】某研究机构发生如下经济业务。

（1）收到国债利息收入 23 000 元。账务处理如下。

借：银行存款   23 000

贷：其他收入——利息收入   23 000

（2）出租固定资产取得租金收入 23 000 元。账务处理如下。

借：银行存款   23 000

贷：其他收入——固定资产出租收入   23 000

（3）年终，将"其他收入"账户贷方余额 93 000 元结转"本期盈余"账户。账务处理如下。

平行登记	财务会计		预算会计	
	借：其他收入	93 000	借：其他预算收入	93 000
	贷：本期盈余	93 000	贷：其他结余	93 000

第6章
行政事业单位费用的核算

本章介绍有关费用科目的设置与运用。

6.1 "业务活动费用"科目的应用

"业务活动费用"科目核算单位为实现其职能目标，依法履职或开展专业业务活动及其辅助活动中所发生的各项费用。本科目可按照项目、服务或者业务大类设置明细科目。

6.1.1 "业务活动费用"科目的设置

为了满足成本核算需要，还可根据"人员费用""公用费用""固定资产折旧费""无形资产摊销费""税金及附加""计提专用基金"等成本项目设置明细科目，归集能够直接计入活动或采用一定方法计算后计入活动的费用。年终结账后，本科目应无余额。

"业务活动费用"科目的具体设置，见表6-1。

表6-1　业务活动费用会计科目编码的设置

科目代码	总分类科目（一级科目）	明细分类科目		是否辅助核算	辅助核算类别
		二级明细科目	三级明细科目		
5001	业务活动费用	—	—	—	—
500101	业务活动费用	工资福利费用	项目	是	部门
500102	业务活动费用	公用费用	项目	是	部门
500103	业务活动费用	固定资产折旧费	项目	是	部门
500104	业务活动费用	无形资产摊销费	项目	是	部门
500105	业务活动费用	税金及附加	项目	是	部门
500106	业务活动费用	计提专用基金	项目	是	部门
500107	业务活动费用	商品和服务费用	项目	是	部门

6.1.2　"业务活动费用"科目主要账务处理

业务活动费用的主要账务处理，见表6-2。

表6-2　业务活动费用的主要账务处理

业务情形		财务会计	预算会计
支付职工薪酬	计提时，按照计算的金额	借：业务活动费用 　贷：应付职工薪酬	—
	实际支付给职工并代扣个人所得税时	借：应付职工薪酬 　贷：财政拨款收入/财政应返还额度/银行存款/其他应交税费——应交个人所得税	借：行政支出/事业支出（按支付给个人部分） 　贷：财政拨款预算收入/资金结存
	实际支付税款时	借：其他应交税费——应交个人所得税 　贷：库存现金/银行存款等	借：行政支出/事业支出（按实际缴纳额） 　贷：资金结存

业务情形		财务会计	预算会计
支付外部人员劳务费	计提时，按照计算的金额	借：业务活动费用 贷：其他应付款	—
	实际支付并代扣个人所得税时	借：其他应付款 贷：财政拨款收入/财政应返还额度/银行存款/其他应交税费——应交个人所得税	借：行政支出/事业支出（按实际支付给个人部分） 贷：财政拨款预算收入/资金结存
	实际支付税款时	借：其他应交税费——应缴个人所得税 贷：库存现金/银行存款等	借：行政支出/事业支出（按实际缴纳额） 贷：资金结存
发生的预付或应收款项	预付时，按照预付的金额	借：预付账款 贷：财政拨款收入/财政应返还额度/银行存款	借：行政支出/事业支出（待处理） 贷：财政拨款预算收入/资金结存
暂付款项	结算时	借：业务活动费用 贷：预付账款/银行存款等	调整支出相关明细科目 借：行政支出/事业支出（相关明细科目） 贷：财政拨款预算收入/资金结存
	支付款项时	借：其他应付款 贷：银行存款	—
为履行或开展业务活动购买资产或支付在建工程款		借：库存物品/固定资产/无形资产/基本建设/在建工程等 贷：财政拨款收入/银行存款等 （未考虑相关税费）	—

业务情形		财务会计	预算会计
固定资产、无形资产、公共基础设施计提的折旧、摊销	按照计提的折旧、摊销额	借：业务活动费用 贷：固定资产累计折旧/无形资产累计摊销/公共基础设施累计折旧	—
领用库存物品		借：业务活动费用 贷：库存物品	—
发生应负担的税金及附加时		借：业务活动费用 贷：其他应交税费 借：其他应交税费 贷：银行存款	借：行政支出/事业支出 贷：资金结存等
计提专用基金	从收入中按一定比例提取基金并列入费用	借：业务活动费用 贷：专用基金	—
购货退回或差错更正	当年发生的	借：财政拨款收入/银行存款/其他应收款等 贷：库存物品/业务活动费用等	借：财政拨款预算收入/资金结存 贷：行政支出/事业支出
年末结账		借：本期盈余 贷：业务活动费用	借：财政拨款结转——本年收支结转（财政资金支出部分） 非财政拨款结转——本年收支结转 其他结余 贷：行政支出/事业支出

【例6-1】某行政单位2024年1月发生下列业务：

（1）1月5日，计提职工工资238 940元，用财政拨款支付。

借：业务活动费用　　　　　　　　　　　　　238 940

　　贷：应付职工薪酬　　　　　　　　　　　　　238 940

（2）实际支付给职工并代扣个人所得税 18 450 元时。

平行登记	财务会计	预算会计
	借：应付职工薪酬　　　　　　257 390 　　贷：财政拨款收入　　　　　238 940 　　　　其他应交税费——应缴个人所得税 　　　　　　　　　　　　　　　18 450	借：行政支出　　238 940 　　贷：资金结存　238 940

（3）实际支付税款时。

平行登记	财务会计	预算会计
	借：其他应交税费——应交个人所得税 18 450 　　贷：银行存款　　　　　　　　　18 450	借：行政支出　　　18 450 　　贷：资金结存——货币 　　　　　资金　　18 450

（4）1 月 6 日，用银行存款支付本单位上个月应负担的税金及附加税费 26 530 元。

借：其他应交税费　　　　　　　　　　　26 530

　　贷：银行存款　　　　　　　　　　　　　　26 530

（5）1 月 15 日，领用库存物品 8 450 元。

借：业务活动费用　　　　　　　　　　　8 450

　　贷：库存物品　　　　　　　　　　　　　　8 450

6.2 "单位管理费用"科目的应用

"单位管理费用"科目核算单位本级行政管理部门开展管理活动发生的各项费用，以及由单位统一负担的工会经费、诉讼费、中介费等。单位统一负担的离退休人员的工资、津补贴等费用，也在本科目核算。本科目可参照《政府收支分类科目》中"支出经济分类科目"的款级科目进行明细核算。年终结账后，本科目应无余额。

6.2.1 "单位管理费用"科目的设置

"单位管理费用"科目的具体设置，见表 6-3。

表6-3 单位管理费用会计科目编码的设置

科目代码	总分类科目 （一级科目）	明细分类科目	
		二级明细科目	三级明细科目
5101	单位管理费用	—	—
510101	单位管理费用	工会经费	部门
510102	单位管理费用	诉讼费	项目
510103	单位管理费用	中介费	项目
510104	单位管理费用	离退休人员的工资	部门
510105	单位管理费用	津贴补助	部门
510106	单位管理费用	其他	部门

6.2.2 "单位管理费用"科目主要账务处理

单位管理费用的主要账务处理，见表6-4。

表6-4 单位管理费用主要账务处理

业务情形		财务会计	预算会计
支付管理人员职工薪酬	计提时，按照计算的金额	借：单位管理费用 　贷：应付职工薪酬	—
	实际支付给职工时	借：应付职工薪酬 　贷：财政拨款收入/银行存款/ 　　　其他应交税费—— 　　　应交个人所得税	借：事业支出（按支付给个人部分） 　贷：财政拨款预算收入/资金结存
	实际支付税款时	借：其他应交税费——应交个人所得税 　贷：库存现金/银行存款等	借：事业支出（按实际缴纳额） 　贷：资金结存

业务情形		财务会计	预算会计
支付外部人员劳务费	计提时，按照计算的金额	借：单位管理费用 　贷：其他应付款	—
	实际支付给职工时	借：其他应付款 　贷：财政拨款收入/财政应返还额度/银行存款/其他应交税费——应交个人所得税	借：事业支出（按实际支付给个人部分） 　贷：财政拨款预算收入/资金结存/
	实际支付税款时	借：其他应交税费——应交个人所得税 　贷：库存现金/银行存款等	借：事业支出（按实际缴纳额） 　贷：资金结存
发生的预付或应收款项	预付时，按照预付的金额	借：预付账款 　贷：财政拨款收入/财政应返还额度/银行存款	借：事业支出（待处理） 　贷：财政拨款预算收入/资金结存
	结算时	借：单位管理费用 　贷：预付账款/财政拨款收入/银行存款等	调整支出相关明细科目 借：事业支出（相关明细科目） 　贷：财政拨款预算收入/资金结存
其他各项费用		借：单位管理费用 　贷：财政拨款收入/财政应返还额度/银行存款/应付账款等	按照实际支付的金额 借：事业支出 　贷：财政拨款预算收入/资金结存

业务情形		财务会计	预算会计
购买存货、固定资产、无形资产等,支付基本建设、在建工程等款项	按照应当支付的价款	借:库存物品/固定资产/无形资产/在建工程等 贷:财政拨款收入/银行存款等 (未考虑相关税费)	借:事业支出 贷:财政拨款预算收入/资金结存
固定资产、无形资产计提的折旧、摊销	按照计提的折旧、摊销额	借:单位管理费用 贷:固定资产累计折旧/无形资产累计摊销	—
领用库存物品		借:单位管理费用 贷:库存物品	—
发生应负担的税金及附加时		借:单位管理费用 贷:其他应交税费	—
购货退回或差错更正	当年发生的	借:财政拨款收入/银行存款/其他应收款等 贷:库存物品/单位管理费用等	借:财政拨款预算收入/资金结存 贷:事业支出
期末/年末结转		借:本期盈余 贷:单位管理费用	借:财政拨款结转——本年收支结转(财政资金支出部分) 非财政拨款结转——本年收支结转(不属于财政拨款的专项资金支出部分) 其他结余(不属于财政拨款的非专项资金支出部分) 贷:事业支出

【例 6-2】 2024 年 2 月，某事业单位发生下列业务。

（1）向某建材公司预付 43 900 元购入断桥铝门窗，用于装修办公楼。

平行登记	财务会计		预算会计	
	借：预付账款	43 900	借：事业支出	43 900
	贷：财政拨款收入	43 900	贷：财政拨款预算收入	43 900

（2）取得确认依据时。

平行登记	财务会计		预算会计	
	借：单位管理费用	43 900	借：事业支出（相关明细科目）	43 900
	贷：预付账款	43 900	贷：财政拨款预算收入	43 900

（3）计提专用基金 34 800 元。

平行登记	财务会计		预算会计	
	借：单位管理费用	34 800	借：事业支出	34 800
	贷：专用基金	34 800	贷：财政拨款预算收入	
				34 800

（4）年末，结转单位管理费用，其中属于财政资金支出的资金为 28 320 元，不属于财政拨款的专项资金支出部分 42 380 元，不属于财政拨款的非专项资金支出部分 19 290 元。

平行登记	财务会计		预算会计	
	借：本期盈余——行政事业盈		借：财政拨款结转——本年收支结转 28 320	
	余	89 990	非财政拨款结转——本年收支结转	
	贷：单位管理费用			42 380
		89 990	其他结余	19 290
			贷：事业支出	89 990

6.3 | "经营费用" 科目的应用

"经营费用" 科目核算行政事业单位在专业业务活动及其辅助活动之外开展非独立核算营利性活动发生的各项费用。本科目应当按照经营活动类别、项目等进行明细核算。年终结账后，本科目应无余额。

6.3.1 "经营费用"科目的设置

"经营费用"科目的具体设置，见表 6-5。

表 6-5 经营费用会计科目编码的设置

科目代码	总分类科目（一级科目）	明细分类科目		是否辅助核算	辅助核算类别
		二级明细科目	三级明细科目		
5201	经营费用	—	—	—	—
520101	经营费用	项目	—	是	部门
520102	经营费用	项目	—	是	部门
520103	经营费用	项目	—	是	部门
520104	经营费用	项目	—	是	部门
520105	经营费用	项目	—	是	部门

6.3.2 "经营费用"科目主要账务处理

经营费用的主要账务处理，见表 6-6。

表 6-6 经营费用的主要账务处理

业务情形		财务会计	预算会计
支付经营活动职工薪酬	计提时，按照计算的金额	借：经营费用 　贷：应付职工薪酬	—
	实际支付给职工时	借：应付职工薪酬 　贷：银行存款 　　其他应交税费—— 　　应交个人所得税	借：经营支出（按支付给个人部分） 　贷：资金结存——货币资金
	实际支付税款时	借：其他应交税费——应交个人所得税 　贷：银行存款等	借：经营支出（按实际缴纳额） 　贷：资金结存

业务情形		财务会计	预算会计
开展经营活动购买资产工程等款项	按实际支付的金额（不考虑相关税费）	借：库存物品/固定资产/无形资产/在建工程 贷：银行存款/应付账款等	借：经营支出 贷：资金结存
开展经营活动内部领用或出售发出的材料等	按实际成本	借：经营费用 贷：库存物品等	—
开展经营活动发生的预付款项	预付时，按照预付的金额	借：预付账款 贷：银行存款等	借：经营支出 贷：资金结存——货币资金
	结算时	借：经营费用 贷：预付账款/银行存款等	借：经营支出 贷：资金结存——货币资金
发生应负担的税金及附加缴纳时		借：经营费用 贷：其他应交税费 借：其他应交税费 贷：银行存款	借：经营支出 贷：资金结存——货币资金
发生其他各项费用		借：经营费用 贷：银行存款/应付账款/其他应收款等	按照实际支付的金额 借：经营支出 贷：资金结存——货币资金
固定资产、无形资产计提的折旧、摊销	按照计提的折旧、摊销额	借：经营费用 贷：固定资产累计折旧/累计摊销	—
计提专用基金	按照预算会计下计算的提取金额	借：经营费用 贷：专用基金	
期末/年末结账		借：本期盈余 贷：经营费用	借：财政拨款结转/非财政拨款结转/其他结余 贷：经营支出

【例6-3】某高校科研室研制一种产品，从库房领用一批材料，价款总32 000元。

借：经营费用　　　　　　　　　　　　　　　　　　32 000

　　贷：库存物品　　　　　　　　　　　　　　　　　　32 000

6.4 "所得税费用"科目的应用

"所得税费用"科目核算有企业所得税缴纳义务的行政事业单位计算出应缴纳的企业所得税。年末结账后，本科目应无余额。

6.4.1 "所得税费用"科目的设置

"所得税费用"科目的具体设置，见表 6-7。

表 6-7　所得税费用会计科目编码的设置

科目代码	总分类科目（一级科目）	明细分类科目	
		二级明细科目	三级明细科目
5801	所得税费用	—	—
580101	所得税费用	企业所得税	预缴
580102	所得税费用	企业所得税	已缴

6.4.2 "所得税费用"科目主要账务处理

所得税费用的主要账务处理，见表 6-8。

表 6-8　所得税费用的主要账务处理

业务情形		财务会计	预算会计
发生企业所得税纳税义务	按税法规定计算的其他应缴税费数额	借：所得税费用 　贷：其他应交税费——单位应交所得税	—
	实际缴纳时	借：其他应交税费——单位应交所得税 　贷：银行存款等	借：非财政拨款结余——累计结余 　贷：资金结存——货币资金
年末结账		借：本期盈余（或贷） 　贷：所得税费用（或借）	—

【例 6-4】 某事业单位所属工厂 2024 年 6 月应交所得税 193 400 元。

（1）按税法规定计算的其他应缴税费数额

借：所得税费用   193 400

    贷：其他应交税费——单位应交所得税   193 400

实际缴纳时。

	财务会计	预算会计

平行登记	借：其他应交税费——单位应交所得税
	                 193 400
	  贷：银行存款 193 400
		借：非财政拨款结余——累计结余
		                 193 400
		  贷：资金结存——货币资金
		                 193 400

（2）年末结账时，应交所得税余额为 32 110 元。

借：本期盈余   32 110

    贷：所得税费用   32 110

6.5 | "资产处置费用" 科目的应用

"资产处置费用"科目核算单位经批准处置资产时发生的费用，包括转销的被处置资产价值，以及在处置过程中发生的相关费用或者处置收入小于相关费用形成的净支出。资产处置的形式按照规定包括无偿调拨、出售、出让、转让、置换、对外捐赠、报废、毁损以及货币性资产损失核销等。单位在资产清查中查明的资产盘亏、毁损以及资产报废等，应当先通过"待处理财产损溢"科目进行核算，再将处理资产价值和处理净支出计入本科目。短期投资、长期股权投资、长期债券投资的处置，按照相关资产科目的规定进行账务处理。期末结转后，无余额。

6.5.1   "资产处置费用" 科目的设置

"资产处置费用"科目的具体设置，见表 6-9。

表 6-9　资产处置费用会计科目编码的设置

科目代码	总分类科目 （一级科目）	明细分类科目		是否辅助 核算	辅助核算 类别
		二级明细科目	三级明细科目		
5301	资产处置费用	—	—	—	—
530101	资产处置费用	固定资产盘亏	资产名称	是	部门
530102	资产处置费用	固定资产毁损	资产名称	是	部门
530103	资产处置费用	换出资产评估损失	资产名称	是	部门
530104	资产处置费用	现金盘亏损失		是	部门
530105	资产处置费用	应收账款计提 的坏账准备	单位名称	是	部门
530106	资产处置费用	其他应收款计提 的坏账准备	单位或个人	是	部门

6.5.2　"资产处置费用"科目主要账务处理

资产处置费用的主要账务处理，见表 6-10。

表 6-10　资产处置费用科目编码的设置

业务情形		财务会计	预算会计
不通过"待处理财产损溢"科目核算的资产处置	注销被处置资产账面价值	借：资产处置费用 　　固定资产累计折旧/无形资产累计摊销/公共基础设施累计折旧（摊销）/保障性住房累计折旧 贷：库存物品/固定资产/无形资产/公共基础设施/政府储备物资/文物文化资产/保障性住房/在建工程等〔账面余额〕/其他应收款〔行政单位〕	—
	处置资产过程中仅发生相关费用的	借：资产处置费用 贷：银行存款/库存现金等	借：其他支出 贷：资金结存

业务情形			财务会计	预算会计
不通过"待处理财产损溢"科目核算的资产处置	处置资产过程中取得收入的		借：库存现金/银行存款等［取得的价款］ 贷：银行存款/库存现金等［支付的相关费用］ 资产处置费用 应缴财政款	—
通过"待处理财产损溢"科目核算的资产处置	账款核对中发现的现金短缺，无法查明原因的，报经批准核销时		借：资产处置费用 贷：待处理财产损溢	—
	盘亏、毁损、报废的资产	经批准处理时	借：资产处置费用 贷：待处理财产损溢——待处理财产价值	—
		处理过程中所发生的费用大于所取得收入的	借：资产处置费用 贷：待处理财产损溢——处理净收入	借：其他支出［净支出］ 贷：资金结存
期末结转			借：本期盈余 贷：资产处置费用	—

【例6-5】某事业单位报废一台设备，原价578 000元，已提折旧256 000元，未计提减值准备，报废资产的残料变价17 850元已存入银行，支付清理费用5 900元，设备清理完毕。

（1）结转设备账面价值。

借：资产处置费用　　　　　　　　　　　　　　　　322 000

　　累计折旧　　　　　　　　　　　　　　　　　　256 000

　　　贷：固定资产——设备　　　　　　　　　　　　　578 000

（2）支付清理费用。

平行登记	财务会计		预算会计	
	借：资产处置费用 　贷：银行存款	5 900 5 900	借：其他支出 　贷：资金结存	5 900 5 900

（3）残料变价收入存入银行。

借：银行存款   17 850

　　贷：应缴财政款   17 850

（4）结转固定资产清理。

借：本期盈余   310 050

　　贷：资产处置费用   310 050

6.6 "其他费用"科目的应用

"其他费用"科目核算行政事业单位发生的除业务活动费用、单位管理费用、经营费用、所得税费用、资产损失以外的各项费用，包括费用化的利息、对外捐赠费用、资产处置费用、待核销基建支出、接受捐赠（调入）非流动资产发生的税费和运输费、罚没支出、按照财政部门和主管部门的规定上缴上级单位的各类费用以及事业单位用财政拨款收入之外的收入对附属单位的补助费用等。本科目应当按照其他费用的类别等进行明细核算。年末结账后，本科目应无余额。

6.6.1 "其他费用"科目的设置

"其他费用"科目的具体设置，见表 6-11。

表 6-11　资产损失会计科目编码的设置

科目代码	总分类科目（一级科目）	明细分类科目		是否辅助核算	辅助核算类别
		二级明细科目	三级明细科目		
5901	其他费用	—	—	—	—
590101	其他费用	利息	—	是	部门
590102	其他费用	对外捐赠费用	—	是	部门
590103	其他费用	坏账损失	—	是	部门
590104	其他费用	利息费用	—	是	部门
590105	其他费用	税费和运输费	—	是	部门
590106	其他费用	罚没支出	—	是	部门
590107	其他费用	补助费用	—	是	部门
590108	其他费用	现金资产捐赠	—	是	部门

6.6.2 "其他费用"科目主要账务处理

其他费用的主要账务处理，见表 6-12。

表 6-12　其他费用的主要账务处理

业务情形		财务会计	预算会计
利息费用	计算确定借款利息费用时	借：其他费用/在建工程 贷：应付利息/长期借款——应计利息	—
	实际支付利息时	借：应付利息等 贷：银行存款等	借：其他支出 贷：资金结存——货币资金
坏账损失	计提坏账准备	借：其他费用 贷：坏账准备	—
	冲减多提的坏账准备时	借：坏账准备 贷：其他费用	
罚没支出	按照实际发生金额	借：其他费用 贷：银行存款/库存现金/其他应付款	借：其他支出 贷：资金结存——货币资金（实际支付金额）
其他相关税费、运输费等		借：其他费用 贷：其他应付款	借：其他支出 贷：资金结存
期末/年末结转		借：本期盈余 贷：其他费用	借：其他结余（非财政、非专项资金支出） 非财政拨款结转——本年收支结转（非财政专项资金支出） 财政拨款结转——本年收支结转（财政拨款资金支出） 贷：其他支出

【例 6-6】某行政单位对所属下级单位提供补助 23 000 元，用于职工医疗支出。会计处理如下：

平行登记	财务会计	预算会计
	借：其他费用　　　　　23 000 　　贷：银行存款　　　　　　23 000	借：对附属单位补助支出　　　23 000 　　贷：资金结存——货币资金　23 000

年末结账时，账务处理如下。

平行登记	财务会计	预算会计
	借：本期盈余　　　　　23 000 　　贷：其他费用　　　　　　23 000	借：非财政拨款结转——本年收支结转 　　　　　　　　　　　　　　23 000 　　贷：对附属单位补助支出　23 000

【例 6-7】2023 年年末，某行政单位计提本年度应收账款坏账损失 43 200元。

借：其他费用　　　　　　　　　　　　　　　　　43 200
　　贷：坏账准备　　　　　　　　　　　　　　　　　43 200

年末结转坏账准备。

借：本期盈余——行政事业盈余　　　　　　　　43 200
　　贷：其他费用　　　　　　　　　　　　　　　　　43 200

预算会计处理。

借：其他结余　　　　　　　　　　　　　　　　　43 200
　　贷：其他支出　　　　　　　　　　　　　　　　　43 200

第7章
预算会计科目设置与应用

预算会计要素包括预算收入、预算支出和预算结余。《政府会计制度》设置了三类预算会计科目。预算会计科目基本与现行行政事业单位的会计科目一致。

7.1 预算收入类科目的设置与应用

预算收入类一级科目共计九个，主要按照资金来源设置，具体包括财政拨款预算收入、事业预算收入、上级补助预算收入、附属单位上缴预算收入、非同级财政拨款预算收入、经营预算收入、投资预算收益、其他预算收入、债务预算收入。

图 7-1 是具有关联关系的财务会计科目与预算会计科目收入类对照。

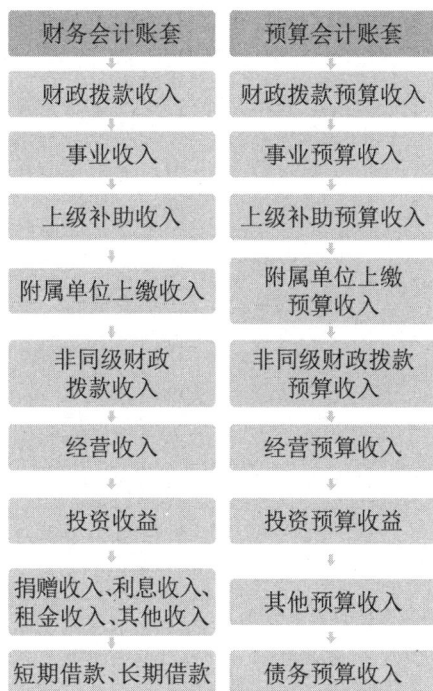

图 7-1　具有关联关系的财务会计科目与预算会计科目收入类对照

7.1.1　"财政拨款预算收入"科目的应用

"财政拨款预算收入"科目核算单位从同级政府财政部门取得的各类财政拨款，应当设置"基本支出"和"项目支出"两个明细科目，并按照《政府收支分类科目》中"支出功能分类科目"的项级科目进行明细核算；同时，在"基本支出"明细科目下按照"人员经费"和"日常公用经费"进行明细核算，在"项目支出"明细科目下按照具体项目进行明细核算。有一般公共预算财政拨款、政府性基金预算财政拨款等两种或两种以上财政拨款的单位，还应当按照财政拨款的种类进行明细核算。具体科目设置见表7-1。

表 7-1　"财政拨款预算收入"会计科目编码设置

科目代码	总分类科目（一级科目）	明细分类科目		四级明细科目	五级明细科目
		二级科目	三级科目		
6001	财政拨款预算收入	—	—	—	—

科目代码	总分类科目（一级科目）	明细分类科目		四级明细科目	五级明细科目
		二级科目	三级科目		
600101	财政拨款预算收入	一般公共预算拨款	政府支出功能分类的项级科目	—	—
60010101	财政拨款预算收入	一般公共预算拨款	政府支出功能分类的项级科目	基本支出拨款	人员经费
60010102	财政拨款预算收入	一般公共预算拨款	政府支出功能分类的项级科目	基本支出拨款	日常公用经费
60010103	财政拨款预算收入	一般公共预算拨款	政府支出功能分类的项级科目	项目支出拨款	××项目
60010104	财政拨款预算收入	一般公共预算拨款	政府支出功能分类的项级科目	项目支出拨款	××项目
600102	财政拨款预算收入	政府性基金预算拨款	—	—	—
60010201	财政拨款预算收入	政府性基金预算拨款	政府支出功能分类的项级科目	基本支出拨款	人员经费
60010202	财政拨款预算收入	政府性基金预算拨款	政府支出功能分类的项级科目	基本支出拨款	日常公用经费
60010203	财政拨款预算收入	政府性基金预算拨款	政府支出功能分类的项级科目	项目支出拨款	××项目
60010204	财政拨款预算收入	政府性基金预算拨款	政府支出功能分类的项级科目	项目支出拨款	××项目

7.1.2 "事业预算收入"科目的应用

"事业预算收入"核算单位开展专业业务活动及其辅助活动取得的现金流入。

单位因开展科研及其辅助活动从非同级政府财政部门取得的经费拨款，也通过本科目核算。

应当按照事业预算收入类别、项目、来源、《政府收支分类科目》中"支出功能分类科目"项级科目等进行明细核算。对于因开展科研及其辅助活动从非同级政府财政部门取得的经费拨款，应当在本科目三级科目"专项收入"下单设"非同级财政拨款"明细科目进行明细核算；事业预算收入中如有专项资金收入，还应按照具体项目进行明细核算，年终结账时，将本科目本年发生额转入"其他结余""非财政拨款结转"科目。年终结转后，本科目应无余额。具体科目设置见表7-2。

表7-2 "事业预算收入"会计科目编码设置

科目代码	总分类科目 （一级科目）	二级科目	三级科目	四级科目	五级科目
6101	事业预算收入	—	—	—	—
61010101	事业预算收入	政府支出功能分类的项级科目	非专项收入	非同级财政拨款	××补助
60010102	事业预算收入	政府支出功能分类的项级科目	非专项收入	其他资金收入	××补助
60010201	事业预算收入	政府支出功能分类的项级科目	专项收入	非同级财政拨款	××项目
60010202	事业预算收入	政府支出功能分类的项级科目	专项收入	非同级财政拨款	××项目
60010203	事业预算收入	政府支出功能分类的项级科目	专项收入	其他货币资金	××项目
60010204	事业预算收入	政府支出功能分类的项级科目	专项收入	其他货币资金	××项目

事业预算收入账务处理，见表7-3。

表7-3 事业预算收入账务处理

业务情形		会计处理
事业单位收到预算收入资金时		借：资金结转——货币资金 　　贷：事业预算收入
收到从财政专户返还的收入资金时		借：资金结存——货币资金 　　贷：事业预算收入
年末结账时	将"事业预算收入"科目本期发生额的项目资金收入结转至非财政拨款结转	借：事业预算收入 　　贷：非财政拨款结转

业务情形		会计处理
年末结账时	将"事业预算收入"科目本期发生额的非项目资金收入结转至其他结余	借：事业预算收入 　贷：其他结余

【例 7-1】衡水一中收到学生缴纳的学费 780 000 元，存入学校的银行账户。

（1）学费 780 000 元不登记预算会计账户。

（2）收到财政部门返还的学费收入（非专项）350 000 元，存入单位银行账户。

借：资金结存——货币资金　　　　　　　　　　　　350 000

　　贷：事业预算收入——高中教育——非专项收入——学费收入

　　　　　　　　　　　　　　　　　　　　　　　　350 000

7.1.3 "上级补助预算收入"科目的应用

"上级补助预算收入"科目核算事业单位从主管部门和上级单位取得的非财政补助现金流入。

应当按照发放补助单位、补助项目、《政府收支分类科目》中"支出功能分类科目"的项级科目等进行明细核算。上级补助预算收入中如有专项资金收入，还应按照具体项目进行明细核算。年终结账时，将本科目本年发生额转入"其他结余""非财政拨款结转"科目。年终结转后，本科目应无余额。具体科目设置见表 7-4。

表 7-4 "上级补助预算收入"会计科目编码设置

科目代码	总分类科目（一级科目）	二级科目	三级科目	四级科目	五级科目
6201	上级补助预算收入	—	—	—	—
620101	上级补助预算收入	政府支出功能分类的项级科目	××上级单位	非专项补助	××收入
620102	上级补助预算收入	政府支出功能分类的项级科目	××上级单位	专项补助	××项目
620103	上级补助预算收入	政府支出功能分类的项级科目	××上级单位	同上	同上

"上级补助预算收入"科目账务处理如图 7-2 所示。

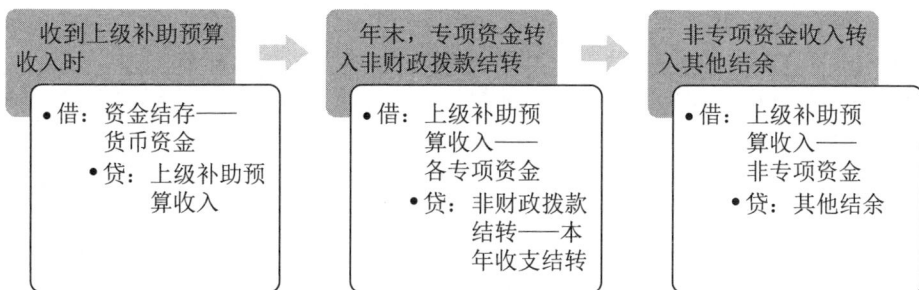

图 7-2 账务处理

【例 7-2】某中学收到教育部门拨来的专项补助资金 50 000 元，用于校园活动建设。

借：资金结存——货币资金　　　　　　　　　　　　　　　50 000

　　贷：上级补助预算收入——专项收入　　　　　　　　　　　50 000

7.1.4　"附属单位上缴预算收入"科目的应用

"附属单位上缴预算收入"科目核算事业单位取得附属独立核算单位根据有关规定上缴的现金流入。

应当按照附属单位、缴款项目、《政府收支分类科目》中"支出功能分类科目"的项级科目等进行明细核算。附属单位上缴预算收入中如有专项资金收入，还应按照具体项目进行明细核算。具体科目设置见表 7-5。

表 7-5　"附属单位上缴预算收入"会计科目编码设置

科目代码	总分类科目 （一级科目）	二级科目	三级科目	四级科目	五级科目
6301	附属单位 上缴预算收入	—	—	—	—
630101	附属单位 上缴预算收入	政府支出功能分类的项级科目	××附属单位	非专项缴款	××缴款
630102	附属单位 上缴预算收入	政府支出功能分类的项级科目	××附属单位	专项缴款	××缴款
630103	附属单位 上缴预算收入	政府支出功能分类的项级科目	××附属单位	同上	同上

"附属单位上缴预算收入"账务处理如图 7-3 所示。

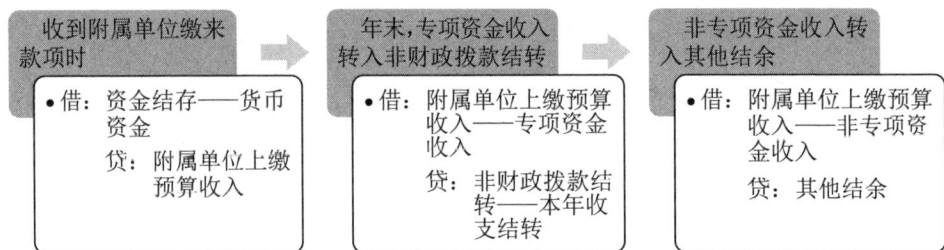

图 7-3　账务处理

7.1.5　"经营预算收入"科目的应用

"经营预算收入"核算事业单位在专业业务活动及其辅助活动之外开展非独立核算经营活动取得的现金流入。

应当按照经营活动类别、项目、《政府收支分类科目》中"支出功能分类科目"的项级科目等进行明细核算。年终结账时,将本科目本年发生额转入"经营结余"科目,年终结转后,本科目应无余额。具体科目设置见表 7-6。

表 7-6　"经营预算收入"会计科目编码设置

科目代码	总分类科目 (一级科目)	二级科目	三级科目	四级科目
6401	经营预算收入	—	—	—
640101	经营预算收入	政府支出功能分类的项级科目	××活动	××项目
640102	经营预算收入	政府支出功能分类的项级科目	××活动	××项目
640103	经营预算收入	政府支出功能分类的项级科目	××活动	同上

经营预算收入账务处理如图 7-4 所示:

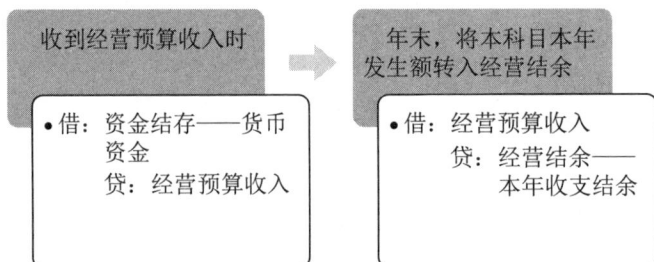

图 7-4　账务处理

【例 7-3】 某科研机构非独立核算机构收到买方预付款 120 000 元。

借：资金结存——货币资金　　　　　　　　　　　　　 120 000

　　贷：经营预算收入——产品销售　　　　　　　　　　　 120 000

7.1.6　"债务预算收入"科目的应用

"债务预算收入"科目核算事业单位按照规定从银行和其他金融机构等借入的、纳入部门预算管理的、不以财政资金作为偿还来源的债务本金。本科目应当按照贷款单位、贷款种类、《政府收支分类科目》中"支出功能分类科目"的项级科目等进行明细核算。债务预算收入中如有专项资金收入，还应按照具体项目进行明细核算。年终结账时，将本科目本年发生额转入"其他结余""非财政拨款结转"科目。年终结转后，本科目应无余额。具体科目设置见表 7-7。

表 7-7　"债务预算收入"会计科目编码设置

科目代码	总分类科目（一级科目）	二级科目	三级科目	四级科目	五级科目
6501	债务预算收入	—	—	—	—
650101	债务预算收入	政府支出功能分类的项级科目	××银行	非专项债务	××项目
650102	债务预算收入	政府支出功能分类的项级科目	××银行	专项债务	××项目
650103	债务预算收入	政府支出功能分类的项级科目	××银行	同上	同上

债务预算收入的主要账务处理如图 7-5 所示。

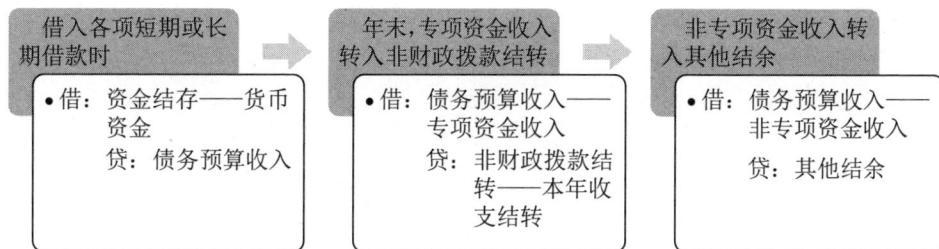

借入各项短期或长期借款时
- 借：资金结存——货币资金
  贷：债务预算收入

年末，专项资金收入转入非财政拨款结转
- 借：债务预算收入——专项资金收入
  贷：非财政拨款结转——本年收支结转

非专项资金收入转入其他结余
- 借：债务预算收入——非专项资金收入
  贷：其他结余

图 7-5　账务处理

【例 7-4】 某普通高校经批准从建设银行借入为期 3 年的基建专项贷款用于工程建设，还款资金由该学校自筹。2024 年 4 月 1 日借入 1 000 000 元贷款，已经存入单位银行账户。

借：资金结存——货币资金　　　　　　　　　　　1 000 000

贷：债务预算收入——建设银行——基建专项贷款 1 000 000

7.1.7　"非同级财政拨款预算收入"科目的应用

"非同级财政拨款预算收入"科目核算单位从非同级政府财政部门取得的财政拨款，包括本级横向转拨财政款和非本级财政拨款。对于因开展科研及其辅助活动从非同级政府财政部门取得的经费拨款，应当通过"事业预算收入——非同级财政拨款"科目进行核算，不通过本科目核算。本科目应当按照非同级财政拨款预算收入的类别、来源、《政府收支分类科目》中"支出功能分类科目"的项级科目等进行明细核算。非同级财政拨款预算收入中如有专项资金收入，还应按照具体项目进行明细核算。具体科目设置见表7-8。

表 7-8　"非同级财政拨款预算收入"会计科目编码设置

科目代码	总分类科目（一级科目）	二级科目	三级科目	四级科目	五级科目
6601	非同级财政拨款预算收入	—	—	—	—
660101	非同级财政拨款预算收入	政府支出功能分类的项级科目	××拨款单位	非专项拨款	××项目拨款
660102	非同级财政拨款预算收入	政府支出功能分类的项级科目	××拨款单位	专项拨款	××项目拨款
660103	非同级财政拨款预算收入	政府支出功能分类的项级科目	××拨款单位	同上	同上

非同级财政拨款预算收入账务处理如图7-6所示。

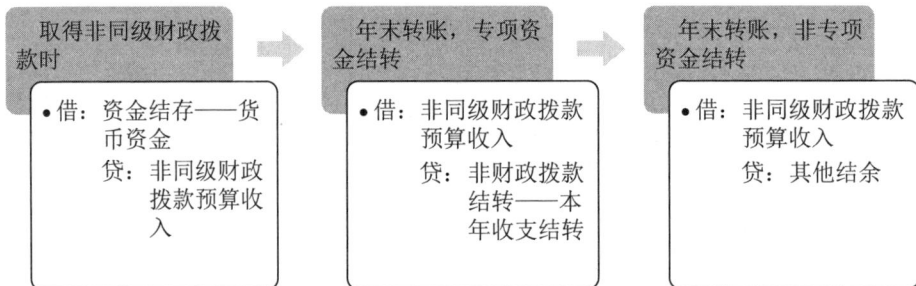

取得非同级财政拨款时		年末转账，专项资金结转		年末转账，非专项资金结转
• 借：资金结存——货币资金 　　贷：非同级财政拨款预算收入	→	• 借：非同级财政拨款预算收入 　　贷：非财政拨款结转——本年收支结转	→	• 借：非同级财政拨款预算收入 　　贷：其他结余

图 7-6　账务处理

【例 7-5】 某林业局收到开户银行到账通知，收到所在地财政部门拨付给本单位经费 1 690 000 元，用于本市园林建设。

借：资金结存——货币资金   1 690 000

贷：非同级财政拨款预算收入   1 690 000

7.1.8 "其他预算收入"科目的应用

"其他预算收入"科目核算单位除财政拨款预算收入、事业预算收入、上级补助预算收入、附属单位上缴预算收入、经营预算收入、债务预算收入、非同级财政拨款预算收入、投资预算收益之外的纳入部门预算管理的现金流入，包括捐赠预算收入、利息预算收入、租金预算收入、现金盘盈收入等。本科目应当按照其他收入类别、《政府收支分类科目》中"支出功能分类科目"的项级科目等进行明细核算。年终结账时，将本科目本年发生额转入"其他结余""非财政拨款结转"科目。年终结转时，本科目应无余额。其他预算收入中如有专项资金收入，还应按照具体项目进行明细核算，见表7-9。

表 7-9　"其他预算收入"会计科目编码设置

科目代码	总分类科目（一级科目）	二级科目	三级科目	四级科目	五级科目
6609	其他预算收入	—	—	—	—
660901	其他预算收入	政府支出功能分类的项级科目	捐赠预算收入	非专项收入	××项目
660902	其他预算收入	政府支出功能分类的项级科目	捐赠预算收入	专项收入	××项目
660903	其他预算收入	政府支出功能分类的项级科目	利息预算收入	同上	同上
660904	其他预算收入	政府支出功能分类的项级科目	租金预算收入	同上	同上
660905	其他预算收入	政府支出功能分类的项级科目	现金盘盈收入	同上	同上

行政事业单位发生的捐赠预算收入、利息预算收入、租金预算收入金额较大或业务较多的，可单独设置"6603 捐赠预算收入""6604 利息预算收入""6605 租金预算收入"等科目。

"其他预算收入"的主要账务处理，见表7-10。

表 7-10　"其他预算收入"的主要账务处理

业务情形	会计处理	
接受捐赠现金资产、收到银行存款利息、收到资产承租人支付的租金时	借：资金结存——货币资金 　贷：其他预算收入	
每日现金账款核对中如发现现金溢余	借：资金结存——货币资金 　贷：其他预算收入	
属于应支付给有关个人和单位的部分	借：其他预算收入 　贷：资金结存——货币资金	
收到其他预算收入时	借：资金结存——货币资金 　贷：其他预算收入	
年末结转时	专项资金收入转入非财政拨款结转	借：其他预算收入——专项资金收入 　贷：非财政拨款结转——本年收支结转
	非专项资金收入转入其他结余	借：其他预算收入——非专项资金收入 　贷：其他结余

【例 7-6】某高校科研部门发生以下与其他收入相关的经济业务。

（1）接到开户银行到账通知书，本期银行存款利息 35 600 元。

借：资金结存——货币资金　　　　　　　　　35 600
　　贷：其他预算收入——利息收入　　　　　　　　35 600

（2）现金盘盈 2 750 元，经核查无法查明原因，经批准作为单位其他预算收入。

借：资金结存——货币资金　　　　　　　　　2 750
　　贷：其他预算收入——现金盘盈　　　　　　　　2 750

7.2　预算支出类科目的设置与应用

　　预算支出就是指行政事业单位在预算年度内依法发生并纳入单位预算管理的现金流出。图 7-7 是具有关联关系的财务会计科目与预算会计科目费用类对照。

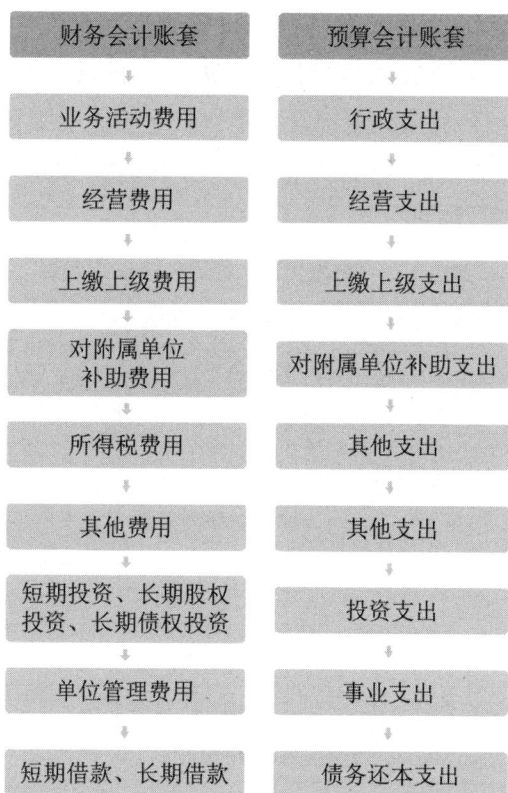

图 7-7　具有关联关系的财务会计科目与预算会计科目费用类对照

7.2.1　"行政支出"科目的应用

"行政支出"科目核算行政单位履行其职责实际发生的各项现金流出。

应当分别按照"财政拨款支出""非财政专项资金支出"和"其他资金支出""基本支出"和"项目支出"等进行明细核算，并按照《政府收支分类科目》中"支出功能分类科目"的项级科目进行明细核算；"基本支出"和"项目支出"明细科目下应当按照《政府收支分类科目》中"部门预算支出经济分类科目"的款级科目进行明细核算，同时在"项目支出"明细科目下按照具体项目进行明细核算。

有一般公共预算财政拨款、政府性基金预算财政拨款等两种或两种以上财政拨款的行政单位，还应当在"财政拨款支出"明细科目下按照财政拨款的种类进行明细核算。

对于预付款项,可通过在本科目下设置"待处理"明细科目进行核算,待确认具体支出项目后再转入本科目下相关明细科目。年末结账前,应将本科目"待处理"明细科目余额全部转入本科目下相关明细科目。年终结账时,将本科目本年发生额转入"其他结余"科目。年终结转后,本科目应无余额。具体科目设置见表7-11。

表 7-11   "行政支出"会计科目编码设置

科目代码	总分类科目 (一级科目)	二级科目	三级科目	四级科目	五级科目
7101	行政支出	—	—	—	—
710101	行政支出	财政拨款支出	—	—	—
71010101	行政支出	财政拨款支出	一般公共预算拨款支出	支出功能分类项级科目	基本支出
71010102	行政支出	财政拨款支出	一般公共预算拨款支出	支出功能分类项级科目	项目支出
71010103	行政支出	财政拨款支出	政府性基金预算支出	××基金拨款	支出功能分类项级科目
71010104	行政支出	财政拨款支出	政府性基金预算支出	××基金拨款	支出功能分类项级科目
710102	行政支出	非财政专项资金支出	—	—	—
71010201	行政支出	非财政专项资金支出	一般公共预算拨款支出	支出功能分类项级科目	项目支出
710103	行政支出	其他资金支出	—	—	—
71010301	行政支出	其他资金支出	一般公共预算拨款支出	—	—
71010302	行政支出	其他资金支出	一般公共预算拨款支出	支出功能分类项级科目	基本支出
71010303	行政支出	其他资金支出	一般公共预算拨款支出	支出功能分类项级科目	项目支出

"行政支出"账务处理见表7-12。

表 7-12 "行政支出"主要账务处理

业务情形		账务处理
支付单位职工薪酬	向单位职工个人支付薪酬时	借：行政支出 　贷：财政拨款预算收入/资金结存
	代扣社保及税金时	借：行政支出 　贷：财政拨款预算收入/资金结存
支付外部人员劳务费	按照实际支付给外部人员个人的金额	借：行政支出 　贷：财政拨款预算收入/资金结存
	按照规定代扣代缴个人所得税时	借：行政支出 　贷：财政拨款预算收入/资金结存
为购买存货、固定资产、无形资产等以及在建工程支付相关款项时		借：行政支出 　贷：财政拨款预算收入/资金结存
发生预付账款、发生其他各项支出时		借：行政支出 　贷：财政拨款预算收入/资金结存
因购货退回等发生款项退回，或者发生差错更正的		借：财政拨款预算收入/资金结存 　贷：行政支出
年末	财政拨款支出结转	借：财政拨款结转——本年收支结转 　贷：本科目下各财政拨款支出
	非财政专项资金支出转入非财政拨款结转	借：非财政拨款结转——本年收支结转 　贷：本科目下各非财政专项资金支出明细科目
	其他资金支出（非财政非专项资金支出）转入其他结余	借：其他结余 　贷：本科目下其他资金支出明细科目

【例 7-7】某市工商管理局按照基本预算购置复印机等办公设备，支付价款 8 000 元，用单位财政账户支付。

借：行政支出——财政拨款支出——基本支出——办公设备（复印机）

　　　　　　　　　　　　　　　　　　　　　　　8 000

　　贷：资金结存——财政应返还额度　　　　　8 000

7.2.2 "事业支出"科目的应用

"事业支出"科目核算单位开展专业业务活动及其辅助活动实际发生的各项现金流出。

➤ 1. 科目设置

单位发生教育、科研、医疗、行政管理、后勤保障等活动的，可在本科目下设置相应的明细科目进行核算，或单设"7201 教育支出""7202 科研支出""7203 医疗支出""7204 行政管理支出""7205 后勤保障支出"等一级会计科目进行核算。

"事业支出"科目应当分别按照"财政拨款支出""非财政专项资金支出"和"其他资金支出"，"基本支出"和"项目支出"等进行明细核算，并按照《政府收支分类科目》中"支出功能分类科目"的项级科目进行明细核算；"基本支出"和"项目支出"明细科目下应当按照《政府收支分类科目》中"部门预算支出经济分类科目"的款级科目进行明细核算，同时在"项目支出"明细科目下按照具体项目进行明细核算。有一般公共预算财政拨款、政府性基金预算财政拨款等两种或两种以上财政拨款的事业单位，还应当在"财政拨款支出"明细科目下按照财政拨款的种类进行明细核算。

对于预付款项，可通过在本科目下设置"待处理"明细科目进行明细核算，待确认具体支出项目后再转入本科目下相关明细科目。年末结账前，应将本科目"待处理"明细科目余额全部转入本科目下相关明细科目。年末结转后，本科目应无余额。

具体科目设置可参考"行政支出"科目。

➤ 2. 事业支出的主要账务处理

事业支出的主要账务处理可参考"行政支出"。

【例 7-8】某林业局用地方林业建设基金预算拨款购置价值 12 000 元的喷药设备，用于防治病虫害。收到账户代理银行通知，已通过财政直接支付购买喷药设备款项 12 000 元。

借：事业支出——财政拨款支出　　　　　　　　　　12 000
　　贷：财政拨款预算收入　　　　　　　　　　　　　　　12 000

7.2.3　"经营支出"科目的应用

"经营支出"科目核算单位在专业业务活动及其辅助活动之外开展非独立核算经营活动实际发生的各项现金流出。

"经营支出"科目应当按照经营活动类别、项目，《政府收支分类科目》中"支出功能分类科目"的项级科目和"部门预算支出经济分类科目"的款级科目等进行明细核算。

对于预付款项，可通过在本科目下设置"待处理"明细科目进行明细核算，待确认具体支出项目后再转入本科目下相关明细科目。年末结账前，应将本科目"待处理"明细科目余额全部转入本科目下相关明细科目。年末结转后，本科目应无余额。具体科目设置见表7-13。

表7-13 "行政支出"会计科目编码设置

科目代码	总分类科目 （一级科目）	二级科目	三级科目	四级科目	五级科目
7301	经营支出	—	—		
730101	经营支出	政府支出功能 分类的项级科目	—		
73010101	经营支出	政府支出功能 分类的项级科目	××活动	××项目支出	部门预算 支出经济 分类款级科目
73010102	经营支出	财政拨款支出	××活动		待处理
71010103	经营支出	财政拨款支出	××活动	××项目支出	同上

"经营支出"的主要账务处理见表7-14。

表7-14 "经营支出"主要账务处理

业务情形		账务处理
支付经营部门职工薪酬	向职工个人支付薪酬时	借：经营支出 　贷：资金结存
	支付职工社会保险费及代扣个人所得税时	借：经营支出 　贷：资金结存
为经营活动支付外部人员劳务费	按照实际支付给外部人员个人的金额	借：经营支出 　贷：资金结存
	按照规定代扣代缴个人所得税时	借：经营支出 　贷：资金结存
发生经营支出以及缴付税金时		借：经营支出 　贷：资金结存
开展经营活动中因购货退回等发生款项退回		借：经营支出 　贷：资金结存
年末，将本科目本年发生额转入其他结余		借：其他结余 　贷：经营支出

【例7-9】某科研部门支付外部人员劳务费29 000元。编制会计分录如下：

借：经营支出		29 000
贷：资金结存——货币资金		29 000

7.2.4 "上缴上级支出"科目的应用

"上缴上级支出"科目核算单位按照财政部门和主管部门的规定上缴上级单位款项发生的现金流出。

应当按照收缴款项单位、缴款项目，《政府收支分类科目》中"支出功能分类科目"的项级科目和"部门预算支出经济分类科目"的款级科目等进行明细核算。年末结转后，本科目应无余额。具体科目设置见表7-15。

表 7-15　"上缴上级支出"会计科目编码设置

科目代码	总分类科目 （一级科目）	二级科目	三级科目	四级科目
7401	上缴上级支出	—	—	—
740101	上缴上级支出	政府支出功能 分类的项级科目	—	—
74010101	上缴上级支出	政府支出功能 分类的项级科目	××上缴资金项目	部门预算支出经 济分类款级科目
74010102	上缴上级支出	财政拨款支出	××上缴资金项目	同上

上缴上级支出的主要账务处理如下：

（1）按照规定将款项上缴上级单位的，按照实际上缴的金额，借记本科目，贷记"资金结存"科目。

（2）年末，将本科目本年发生额转入其他结余，借记"其他结余"科目，贷记本科目。

【例 7-10】某环保单位通过银行转账，向上级主管单位缴纳罚款收入238 000元。

借：上缴上级支出——环保——其他支出		238 000
贷：资金结存——货币资金		238 000

7.2.5 "对附属单位补助支出"科目的应用

"对附属单位补助支出"科目核算事业单位用财政拨款预算收入之外的收入对附属单位补助发生的现金流出。

应当按照接受补助单位、补助项目、《政府收支分类科目》中"支出功能分类科目"的项级科目和"部门预算支出经济分类科目"的款级科目等进行明细核算。年末结转后，本科目应无余额。具体科目设置见表7-16。

表7-16 "对附属单位补助支出"会计科目编码设置

科目代码	总分类科目 （一级科目）	二级科目	三级科目	四级科目
7501	对附属单位补助支出	—	—	—
750101	对附属单位补助支出	政府支出功能分类的项级科目	—	—
75010101	对附属单位补助支出	政府支出功能分类的项级科目	××补助项目	部门预算支出经济分类款级科目
75010102	对附属单位补助支出	财政拨款支出	××补助项目	同上

对附属单位补助支出的主要账务处理如下：

（1）发生对附属单位补助支出的，按照实际补助的金额，借记本科目，贷记"资金结存"科目。

（2）年末，将本科目本年发生额转入其他结余，借记"其他结余"科目，贷记本科目。

【例7-11】某市立医院通过银行转账，向独立核算的分医院拨付购置医疗设备359 000元。

借：对附属单位补助支出   359 000

贷：资金结存——货币资金   359 000

7.2.6 "投资支出"科目的应用

"投资支出"科目核算事业单位以货币资金对外投资发生的现金流出。

应当按照投资类型、投资对象、《政府收支分类科目》中"支出功能分类科目"的项级科目和"部门预算支出经济分类科目"的款级科目等进行明细核算。年末结转后，本科目应无余额。具体科目设置见表7-17。

表7-17 "投资支出"会计科目编码设置

科目代码	总分类科目 （一级科目）	二级科目	三级科目	四级科目	五级科目
7601	投资支出	—	—	—	—

科目代码	总分类科目 (一级科目)	二级科目	三级科目	四级科目	五级科目
760101	投资支出	政府支出功能分类的项级科目	—	—	—
76010101	投资支出	政府支出功能分类的项级科目	股权投资	××企业	部门预算支出经济分类款级科目
76010102	投资支出	政府支出功能分类的项级科目	股权投资	××企业	同上
760102	投资支出	政府支出功能分类的项级科目	长期债券投资	××债券	同上
760103	投资支出	政府支出功能分类的项级科目	短期投资	同上	同上

对"投资支出"的主要账务处理见表 7-18。

表 7-18　"投资支出"主要账务处理

业务情形		账务处理
以货币资金对外投资时	按照投资金额和所支付的相关税费金额的合计数	借：投资支出 　贷：资金结存
本年度出售、对外转让	按照实际收到的金额	借：资金结存 　贷：投资支出 　　投资预算收益（或借）
	如果按规定将投资收益上缴财政的	借：资金结存 　贷：投资支出
以前年度出售、对外转让或到期收回对外投资	按照实际收到的金额	借：资金结存 　贷：其他结余 　　投资预算收益（或借）
	如果按规定将投资收益上缴财政的	借：资金结存 　贷：其他结余
年末，将本科目本年发生额转入其他结余		借：其他结余 　贷：投资支出

7.2.7　"其他支出"科目的应用

"其他支出"科目核算单位除行政支出、事业支出、经营支出、上缴上级支出、对附属单位补助支出、投资支出、债务还本支出以外的各项现金流出，包括利息支出、对外捐赠现金支出、现金盘亏损失、接受捐赠（调入）和对外捐赠（调出）非现金资产发生的税费支出、资产置换过程中发生的相关税费支出、罚没支出等。

"其他支出"科目应当按照其他支出的类别，"财政拨款支出"、"非财政专项资金支出"和"其他资金支出"，《政府收支分类科目》中"支出功能分类科目"的项级科目和"部门预算支出经济分类科目"的款级科目等进行明细核算。其他支出中如有专项资金支出，还应按照具体项目进行明细核算。

有一般公共预算财政拨款、政府性基金预算财政拨款等两种或两种以上财政拨款的事业单位，还应当在"财政拨款支出"明细科目下按照财政拨款的种类进行明细核算。

单位发生利息支出、捐赠支出等其他支出金额较大或业务较多的，可单独设置"7902 利息支出""7903 捐赠支出"等科目。具体科目见表 7-19。

表 7-19　"其他支出"会计科目编码设置

科目代码	总分类科目（一级科目）	二级科目	三级科目	四级科目	五级科目
7901	其他支出	—	—	—	—
790101	其他支出	利息支出	—	—	—
79010101	其他支出	利息支出	财政拨款支出	一般公共预算拨款支出	支出功能分类项级科目
79010102	其他支出	利息支出	非财政专项资金支出	一般公共预算拨款支出	支出功能分类项级科目
79010103	其他支出	利息支出	其他资金支出	一般公共预算支出	支出功能分类项级科目
790102	其他支出	对外捐赠现金支出	—	—	—
79010201	其他支出	对外捐赠现金支出	非财政专项资金支出	一般公共预算拨款支出	支出功能分类项级科目
79010202	其他支出	对外捐赠现金支出	其他资金支出	一般公共预算拨款支出	支出功能分类项级科目
760103	其他支出	现金盘亏损失	支出功能分类项级科目	一般公共预算拨款支出	基本支出

"其他支出"的主要账务处理见表7-20。

表7-20   "其他支出"主要账务处理

业务情形		账务处理
利息支出	支付银行借款利息时，按照实际支付金额	借：其他支出 　　贷：资金结存
对外捐赠现金资产	按照捐赠金额	借：其他支出 　　贷：资金结存
现金盘亏损失	按照短缺的现金金额	借：其他支出 　　贷：资金结存——货币资金
	属于应当由有关人员赔偿的	借：资金结存——货币资金 　　贷：其他支出
发生罚没等其他支出时	按照实际支出金额	借：其他支出 　　贷：资金结存
年末按照实际支出金额	本科目发生额属于财政拨款支出转入财政拨款结转	借：财政拨款结转——本年收支结转 　　贷：本科目下各财政拨款支出明细科目
	本科目发生额属于非财政专项资金支出转入非财政拨款结转	借：非财政拨款结转——本年收支结转 　　贷：本科目下各非财政专项资金支出明细科目
	其他资金支出（非财政非专项资金支出）转入其他结余	借：其他结余 　　贷：本科目下各其他资金支出明细科目

【例7-12】某科研部门经批准使用单位非财政拨款、非专项资金向某山区小学捐赠现金29 000元，已通过银行转账支付。

借：其他支出——捐赠支出——其他资金支出　　　　29 000
　　贷：资金结存——货币资金　　　　　　　　　　　　　29 000

7.3 | 预算结余类科目的设置与应用

《政府会计制度》中规定的预算结余涉及本期预算收支差额、各项结转结余、资金结存。

本期预算收支差额公式如下：

$$预算收入－预算支出＝本期预算收支差额$$

各项结转结余与本期预算收支差额的关系用公式表示如下：

$$期初各项结转结余＋本期预算收支差额＝期末各项结转结余$$

通常资金结存与预算收入和预算支出的关系可以用公式表示如下：

$$资金结存期间变动＝预算收入－预算支出$$

$$资金结存（账户为借方余额）＝各项结转结余（账户为贷方余额）$$

根据以上公式，可以推导出资金结存、预算收入、预算支出、各项结转结余的相互关系，如图 7-8 所示。

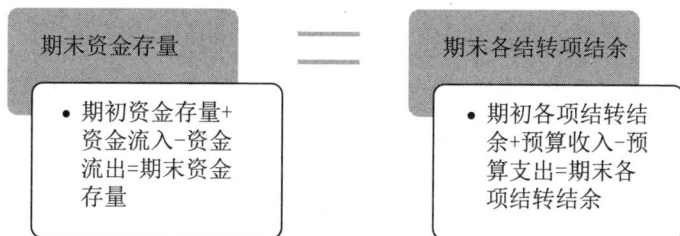

图 7-8 账务处理

7.3.1 "财政拨款结转"科目的应用

"财政拨款结转"科目核算单位取得的同级财政拨款结转资金的调整、结转和滚存情况。具体科目设备，见表 7-21。

表 7-21 "财政拨款结转"会计科目编码设置

科目代码	总分类科目（一级科目）	二级科目	三级科目	四级科目	五级科目
8101	财政拨款结转	—	—	—	—
81010101	财政拨款结转	年初余额调整	支出功能分类	基本支出结转	人员经费
81010102	财政拨款结转	年初余额调整	支出功能分类	基本支出结转	日常公用经费
81010103	财政拨款结转	年初余额调整	支出功能分类	项目支出结转	××项目
81010104	财政拨款结转	年初余额调整	支出功能分类	项目支出结转	××项目
810102	财政拨款结转	归集调入	同上	同上	同上

科目代码	总分类科目 （一级科目）	二级科目	三级科目	四级科目	五级科目
810103	财政拨款结转	归集调出	同上	同上	同上
810104	财政拨款结转	归集上缴	同上	同上	同上
810105	财政拨款结转	单位内部调剂	同上	同上	同上
810106	财政拨款结转	本年收支结转	同上	同上	同上
810107	财政拨款结转	累计结转	同上	同上	同上

（1）与会计差错更正、以前年度支出收回相关的明细科目。

"年初余额调整"明细科目核算因发生会计差错更正、以前年度支出收回等原因，需要调整财政拨款结转的金额。年末结账后，本明细科目应无余额。

【例 7-13】2024 年 1 月，某科研所一笔 2023 年度发生的设备维修费用 6 800元，是因对方报价清单有误，退回到零余额账户。2024 年 1 月会计处理如下：

借：资金结存——财政应返还额度　　　　　　　　　　6 800

　　贷：财政拨款结转——年初余额调整——科研设备——基本支
　　　　出——日常办公经费　　　　　　　　　　　　　　6 800

年末结账时。

借：财政拨款结转——年初余额调整——科研设备——基本支出——日
常办公经费　　　　　　　　　　　　　　　　　　　6 800

　　贷：财政拨款款结转——累计结转——科研设备——基本支出——
　　　　日常办公经费　　　　　　　　　　　　　　　　6 800

（2）与财政拨款调拨业务相关的明细科目："归集调入""归集调出""归集上缴""单位内部调剂"，年末结账后，无余额，如图 7-9 所示。

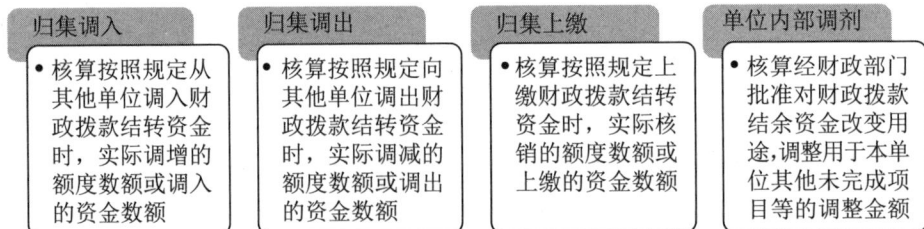

归集调入	归集调出	归集上缴	单位内部调剂
• 核算按照规定从其他单位调入财政拨款结转资金时，实际调增的额度数额或调入的资金数额	• 核算按照规定向其他单位调出财政拨款结转资金时，实际调减的额度数额或调出的资金数额	• 核算按照规定上缴财政拨款结转资金时，实际核销的额度数额或上缴的资金数额	• 核算经财政部门批准对财政拨款结余资金改变用途,调整用于本单位其他未完成项目等的调整金额

图 7-9　明细科目含义

【例7-14】接上例，年初，财政部门拨来财政调剂资金120 000元，增加单位财政应返还额度，用于重点实验室及相关设施的建设。

借：资金结存——财政应返还额度 120 000
  贷：财政拨款结转——归集调入——重点实验室及相关设施——项目支出结转 120 000

借：财政拨款结转——归集调入——重点实验室及相关设施——项目支出结转 120 000
  贷：财政拨款结转——累计结转——重点实验室及相关设施——项目支出结转 120 000

（3）与年末财政拨款结转业务相关的明细科目包括"本年收支结转""累计结转"。

"本年收支结转"核算单位本年度财政拨款收支相抵后的余额。年末结账后，本明细科目应无余额。

"累计结转"核算单位滚存的财政拨款结转资金。年末贷方余额，反映单位财政拨款滚存的结转资金数额。

"本年收支结转"科目设置明细科目如图7-10所示。

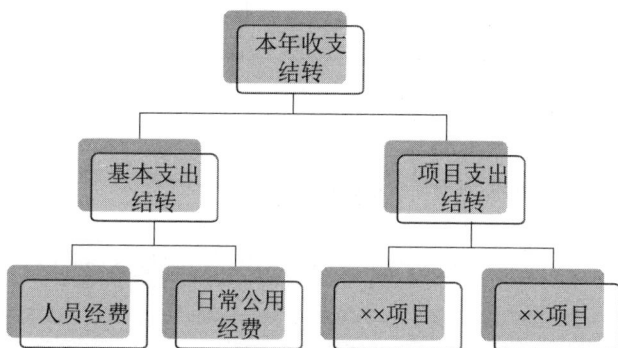

图7-10 "本年收支结转"明细科目设置

同时，还应按照《政府收支分类科目》中"支出功能分类科目"的相关科目进行明细核算。有一般公共预算财政拨款、政府性基金预算财政拨款等两种或两种以上财政拨款的，还应当在本科目下按照财政拨款的种类进行明细核算。

【例7-15】某科研机构年末有关预算收支科目的财政拨款预算收入和支出发生额见表7-22。

表 7-22　科研机构预算收支科目发生额明细表　　　　　单位：元

总账科目	二级科目	三级科目	四级科目	五级科目	借方金额	贷方金额
财政拨款 预算收入	基础研究		—	—	—	1 093 000
		基本支出	人员经费	—	—	845 000
			日常办公 经费	—	—	248 000
		项目支出	重点实验室 及相关设施	—	—	1 080 000
		—	—	—		2 173 000
事业支出	财政拨款 支出	基础研究	基本支出	基本工资	327 000	—
				五险一金	86 500	—
				办公费	36 200	—
				差旅费	72 300	—
				水电费	10 920	—
				专用设备 购置费	590 000	—
					1 122 920	
			项目支出	重点实验室 及相关设施	560 000	
					560 000	
				—	1 682 920	—

根据表中数据，分别结转收入与支出。

①结转财政拨款预算收入。

借：财政拨款预算收入——科研项目管理——基本支出——人员经费

　　　　　　　　　　　845 000

　　　　——科研项目管理——基本支出——日常办公经费　　　　　　　248 000

　　　　——科研项目管理——项目支出——新材料开发　　　　　　　1 080 000

贷：财政拨款结转——本年收支结转——基础研究——基本支出结转——人员经费　　　　845 000

　　　　——本年收支结转——基础研究——基本支出结转——日常办公经费　　248 000

　　　　——本年收支结转——基础研究——项目支出结转——重点实验室及相关设施　1 080 000

②结转财政拨款支出。

借：财政拨款结转——本年收支结转——基础研究——基本支出结转
　　——人员经费　　　　　　　　　　　845 000
　　——本年收支结转——基础研究——基本支出结转
　　——日常公用经费　　　　　　　　277 920
　　——基础研究——项目支出结转——重点实验室及相
　　关设施　　　　　　　　　　　　560 000
　贷：事业支出——财政补助支出——基础研究——基本支出
　　　　　　　　　　　　　　　　　1 122 920
　　——基础研究——项目支出——重点实验室及相关设施
　　　　　　　　　　　　　　　　560 000

③根据表7-23明细科目余额转入"累计结转"。

表7-23　财政拨款结转明细科目余额表　　　　　单位：元

二级科目	三级科目	四级科目	五级科目	借方余额	贷方余额
本年收支结转	基础研究	基本支出结转	人员经费	—	0
			日常公用经费	—	29 920
		项目支出结转	重点实验室及相关设施	—	520 000
归集调入	重点实验室及相关设施	项目支出结转	—	—	0
年初余额调整	基础研究	基本支出结转	日常公用经费	—	0

借：财政拨款结转——本年收支结转——基础研究——基本支出结转
　　——日常办公经费　　　　　　　　29 920
　　——重点实验室及相关设施——项目支出结转　520 000
　贷：财政拨款结转——累计结转——基础研究——基本支出结转
　　——日常办公经费（29 920＋0）　　29 920
　　——累计结转——项目支出结转——重点实验室及相关设施
　　（520 000＋0）　　　　　　　　520 000

7.3.2 "财政拨款结余"科目的应用

"财政拨款结余"科目核算单位取得的同级财政拨款项目支出结余资金的调整、结转和滚存情况。

❦ 1. 与会计差错更正、以前年度支出收回相关的明细科目

"年初余额调整"：本明细科目核算因发生会计差错更正、以前年度支出收回等原因，需要调整财政拨款结余的金额。年末结账后，本明细科目应无余额。

❦ 2. 与财政拨款结余资金调整业务相关的明细科目

（1）"归集上缴"，核算按照规定上缴财政拨款结余资金时，实际核销的额度数额或上缴的资金数额。年末结账后，本明细科目应无余额。

（2）"单位内部调剂"，核算经财政部门批准对财政拨款结余资金改变用途，调整用于本单位其他未完成项目等的调整金额。年末结账后，本明细科目应无余额。

❦ 3. 与年末财政拨款结余业务相关的明细科目

（1）"结转转入"，核算单位按照规定转入财政拨款结余的财政拨款结转资金。年末结账后，本明细科目应无余额。

（2）"累计结余"，核算单位滚存的财政拨款结余资金。年末贷方余额，反映单位财政拨款滚存的结余资金数额。

具体科目设置，见表 7-24。

表 7-24 "财政拨款结余"会计科目编码设置

科目代码	总账科目（一级科目）	二级科目	三级科目	四级科目	五级科目
8102	财政拨款结余	—	—	—	—
810201	财政拨款结余	一般公共预算拨款结余	—	—	—
81020101	财政拨款结余	一般公共预算拨款结余	年初余额调整	支出功能分类项级科目	××项目
81020102	财政拨款结余	一般公共预算拨款结余	结转转入	支出功能分类项级科目	××项目

科目代码	总账科目（一级科目）	二级科目	三级科目	四级科目	五级科目
81020103	财政拨款结余	一般公共预算拨款结余	归集上缴	同上	××项目
81020104	财政拨款结余	一般公共预算拨款结余	单位内部调剂	同上	××项目
81020105	财政拨款结余	一般公共预算拨款结余	累计结余	同上	—
810202	财政拨款结余	政府性基金预算拨款结余	同上	同上	同上

【例 7-16】接【例 7-15】，2024 年初，上年结余自然科学基金专项款 120 000元，经批准，将其调剂用于本年度该科研单位重点实验室项目。

借：财政拨款结余——内部调剂——重点实验室及相关设施

120 000

贷：财政拨款结转——内部调剂——自然科学基金　120 000

借：财政拨款结余——累计结余——重点实验室及相关设施

120 000

贷：财政拨款结余——内部调剂——重点实验室及相关设施

120 000

7.3.3 "非财政拨款结转"科目的应用

"非财政拨款结转"科目核算单位除财政拨款收支、经营收支以外各非同级财政拨款专项资金的调整、结转和滚存情况。年末贷方余额，反映单位滚存的非同级财政拨款专项结转资金数额。

具体科目设置见表 7-25。

表 7-25 "非财政拨款结转"会计科目编码设置

科目代码	总账科目	二级科目	三级科目	四级科目
8201	非财政拨款结转	—	—	—
820101	非财政拨款结转	年初余额调整	支出功能分类	××项目
820102	非财政拨款结转	缴回资金	支出功能分类	××项目

科目代码	总账科目	二级科目	三级科目	四级科目
820103	非财政拨款结转	项目间接费用或管理费	支出功能分类	××项目
820104	非财政拨款结转	本年收支结转	支出功能分类	××项目
820105	非财政拨款结转	累计结转	支出功能分类	××项目

非财政拨款结转（累计结转）如图 7-11 所示。

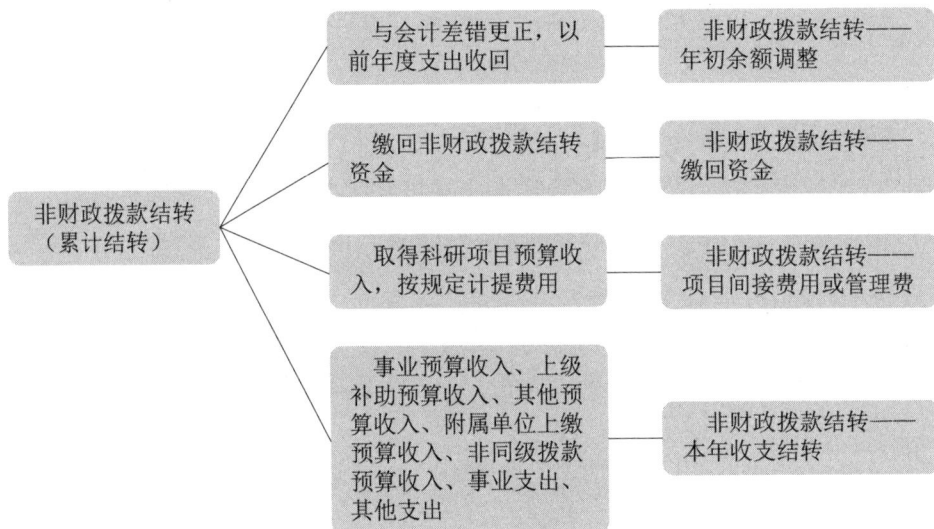

图 7-11　非财政拨款结转

非财政拨款结转的主要账务处理见表 7-26。

表 7-26　非财政拨款结转的主要账务处理

业务情形	账务处理
从科研项目预算收入中提取项目管理费或间接费时	借：项目间接费用或管理费 　　贷：非财政拨款结余——项目间接费用或管理费
因会计差错更正收到或支出非同级财政拨款货币资金，属于非财政拨款结转资金的	借：资金结存——货币资金（或贷） 　　贷：非财政拨款结转（年初余额调整）
缴回非财政拨款结转资金的	借：非财政拨款结转（缴回资金） 　　贷：资金结存——货币资金

业务情形	账务处理
年末，将收入中专项资金收入转入	借：事业预算收入/上级补助预算收入/附属单位上缴预算收入/非同级财政拨款预算收入/债务预算收入/其他预算收入 贷：非财政拨款结转（本年收支结转）
年末，将支出中非专项资金支出转入	借：非财政拨款结转——本年收支结转 贷：行政支出/事业支出/其他支出等
年末冲销有关明细科目余额	借：非财政拨款结转——累计结转 贷：非财政拨款结转——年初余额调整 ——项目间接费用或管理费缴回资金 ——本年收支结转
年末完成上述结转后	借：非财政拨款结余——累计结转 贷：非财政拨款结余——结转转入

【例 7-17】根据表 7-27，对非财政拨款专项资金进行预算收支转账，见表 7-27。

表 7-27　科目余额表

总账科目	二级科目	三级科目	四级科目	五级科目	借方金额	贷方金额
事业预算收入	—	—	—	—	—	1 239 000
	基础研究	非专项收入	—	—	—	143 000
	重点基础研究规划	项目收入	××项目	—	—	1 096 000
上级补助预算收入	—	—	—	—	—	948 300
	基础研究	非专项收入	—	—	—	154 300
	专项基础科研	专项收入	—	—	—	794 000
其他预算收入	专项基础科研	项目收入	××项目	—	—	458 000
事业支出	财政拨款支出	—	—	—	1 682 920	—
	—	基础研究	基本支出	—	1 122 920	—

总账科目	二级科目	三级科目	四级科目	五级科目	借方金额	贷方金额
事业支出	财政拨款支出	基础研究	基本支出	基本工资	327 000	—
				五险一金	86 500	—
				办公费	36 200	—
				差旅费	72 300	—
				水电费	10 920	—
				专用设备购置费	590 000	—
			项目支出	—	560 000	—
				重点实验室及相关设施	560 000	—
	非财政专项资金支出	—	—	—	2 101 340	—
		重点基础研究规划	××项目	—	912 340	—
		专项基础科研	××项目	—	1 189 000	—
	其他资金支出	—	—	—	150 000	—
上缴上级支出	基础研究	—	—	—	138 900	—
其他支出	基础研究	—	—	—	97 800	—

（1）专项收入转账。

借：事业预算收入——项目收入——重点基础研究规划——××项目

　　　　　　　　　　　　　　　　　　　　1 096 000

　上级补助预算收入——项目收入——专项基础科研——××项目

　　　　　　　　　　　　　　　　　　　　794 000

　其他预算收入——项目收入——专项基础科研——××项目

　　　　　　　　　　　　　　　　　　　　458 000

贷：非财政拨款结转——本年收支结转——重点基础研究规划——

　　××项目　　　　　　　　　　　　1 096 000

　　　　——专项基础科研——××项目（794 000＋

　458 000）　　　　　　　　　　　　1 252 000

（2）专项支出转账。

借：非财政拨款结转——本年收支结转——重点基础研究规划——
　　××项目　　　　　　　　　　　　　　912 340
　　　　——专项基础科研——××项目　　1 189 000
　　贷：事业支出——非财政专项资金支出——重点基础研究规划——
　　　　××项目　　　　　　　　　　　　912 340
　　　　　　——专项基础科研——××项目　1 189 000

（3）年末，将上述业务形成的非财政拨款结转明细科目余额转入累计结转明细科目。

借：非财政拨款结转——本年收支结转——重点基础研究规划——××
　　项目（1 096 000－912 340）　　　　183 660
　　　　——专项基础科研——××项目（1 252 000－1 189 000）
　　　　　　　　　　　　　　　　　　　　63 000
　　贷：非财政拨款结转——累计结转——重点基础研究规划——××
　　　　项目　　　　　　　　　　　　　　183 660
　　　　　——专项基础科研——××项目　　63 000

7.3.4　"非财政拨款结余"科目的应用

"非财政拨款结余"科目核算单位历年滚存的非限定用途的非同级财政拨款结余资金，主要为非财政拨款结余扣除结余分配后滚存的金额。本明细科目年末贷方余额，反映单位非同级财政拨款滚存的非专项结余资金数额，具体科目设置见表7-28。

表 7-28　非财政拨款结余科目设置

科目代码	总分类科目 （一级科目）	明细分类科目	
		二级科目	三级科目
8202	非财政拨款结余	—	—
820201	非财政拨款结余	年初余额调整	××单位
820202	非财政拨款结余	项目间接费用或管理费	××单位
820203	非财政拨款结余	结转转入	—
820204	非财政拨款结余	累计结余	—

非财政拨款结余的主要账务处理见表 7-29。

表 7-29　非财政拨款结余账务处理

业务情形	账务处理
按照规定从科研项目预算收入中提取项目管理费或间接费时	借：非财政拨款结转——项目间接费用或管理费 　　贷：非财政拨款结余——项目间接费用或管理费
有企业所得税缴纳义务的事业单位实际缴纳企业所得税时	借：非财政拨款结余——累计结余 　　贷：资金结存——货币资金
因会计差错更正收到或支出非同级财政拨款货币资金，属于非财政拨款结余资金的	借：资金结存——货币资金 　　贷：非财政拨款结余——年初余额调整
年末，将留归本单位使用的非财政拨款专项（项目已完成）剩余资金转入	借：非财政拨款结转——累计结转 　　贷：非财政拨款结余——结转转入
年末冲销有关明细科目余额	借：非财政拨款结余——累计结余 　　贷：非财政拨款结余——（年初余额调整、项目间接费用或管理费、结转转入）
年末，事业单位将"非财政拨款结余分配"科目余额转入非财政拨款结余	借：非财政拨款结余（累计结余）（或贷） 　　贷：非财政拨款结余分配（或借）
年末，行政单位将"其他结余"科目余额转入非财政拨款结余	借：非财政拨款结余（累计结余）（或贷） 　　贷：其他结余（或借）

【例 7-18】该科研单位根据表 7-27 年末收支科目发生额表，分别结转非财政非专项资金收支中的经营收支和非经营收支。

（1）结转非专项经营的预算收入。

借：事业预算收入——基础研究——非专项收入　　143 000

　　上级补助预算收入——基础研究——非专项收入 154 300

　　其他预算收入——基础研究——非专项收入　　458 000

　　　贷：其他结余　　　　　　　　　　　　　　　755 300

（2）结转非专项非经营的支出。

借：其他结余　　　　　　　　　　　　　　　　386 700

　　贷：事业支出——其他资金支出　　　　　　　150 000

　　　上缴上级支出　　　　　　　　　　　　　138 900

　　　其他支出　　　　　　　　　　　　　　　　97 800

7.3.5 "资金结存"科目的应用

"资金结存"科目核算单位纳入部门预算管理的资金的流入、流出、调整和滚存等情况，本科目年末借方余额，反映单位预算资金的累计滚存情况。"资金结存"科目明细分类如图 7-12 所示。

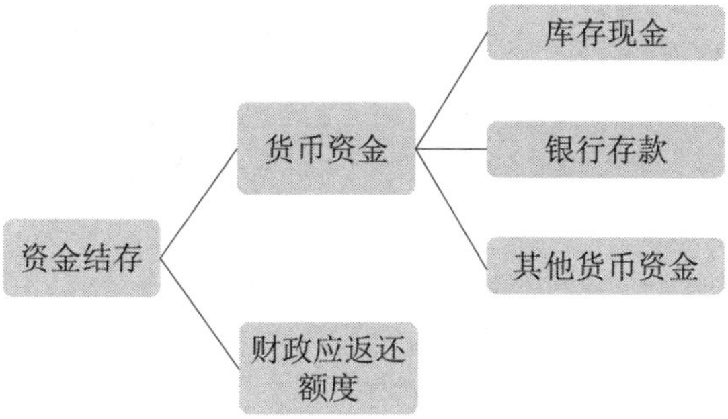

图 7-12 "资金结存" 科目明细分类

资金结存的主要账务处理见 2.4.1 节内容，此处不再赘述。

【例 7-19】2024 年 1 月 13 日，甲事业单位会计人员从财政资金账户向单位实有资金账户划转 40 000 元，其中代扣代缴的个人所得税 25 000 元，使用以前年度预算指标支付；委托收款电费 15 000 元，使用本年度预算指标支付。会计人员根据收到的支付凭证及实有资金账户入账凭证进行账务处理。1 月 15 日，银行从实有资金账户代扣个人所得税 25 000 元，税款已缴纳至税务部门，会计人员根据银行委托收款回单进行账务处理。2 月 19 日，银行从实有资金账户委托收款电费 15 000 元，会计人员根据银行委托收款回单进行账务处理。

（1）2024 年 1 月 13 日，划转代扣代缴的个人所得税、委托收款的电费时。

	财务会计	预算会计
业务情形	借：银行存款——财政拨款资金　40 000　　贷：财政应返还额度　25 000　　　　财政拨款收入　15 000	借：资金结存——货币资金——财政拨款资金　40 000　　贷：资金结存——财政应返还额度　25 000　　　　财政拨款预算收入　15 000

（2）2024 年 1 月 15 日，银行从实有资金账户代扣代缴个人所得税时。

业务情形	财务会计	预算会计
	借：其他应交税费——应交个人所得税 25 000 　　贷：银行存款——财政拨款资金 25 000	借：事业支出 25 000 　　贷：资金结存——货币资金——财政拨款资金 25 000

（3）2024 年 1 月 19 日，银行从实有资金账户委托收款电费时。

业务情形	财务会计	预算会计
	借：单位管理费用 15 000 　　贷：银行存款——财政拨款资金 15 000	借：事业支出 15 000 　　贷：资金结存——货币资金——财政拨款资金 15 000

7.3.6　"专用结余"科目的应用

专用结余是指事业单位按照规定从非财政拨款结余中提取的具有专门用途的资金。

为核算和监督专用结余的变动和滚存情况，事业单位应当在预算会计中设置"专用结余"科目，见表 7-30。

表 7-30　"专用结余"会计科目编码设置

科目代码	总账科目	二级科目	三级科目	四级科目
8301	专用结余	—	—	—
820201	专用结余	职工福利基金	支出功能分类	××项目
820202	专用结余	医疗基金	支出功能分类	××项目

专用结余科目处理如图 7-13 所示。

计提专用基金 ➡ 使用专用基金时

- 借：非财政拨款结余分配
　　贷：专用结余

- 借：专用结余
　　贷：资金结存——货币资金

图 7-13　账务处理

【例7-20】某市医院计提医疗基金340 000元，专门用于癌症研究。

①提取时。

借：非财政拨款结余分配   340 000

  贷：专用结余   340 000

②使用时。

借：专用结余——医疗基金   340 000

  贷：资金结存——货币资金   340 000

第8章
行政事业单位决算报表编制

《政府会计准则——基本准则》第五条规定,"行政事业单位应当编制决算报表和财务报告。"决算报表包括预算收入支出表、预算结转结余变动表和财政拨款预算收入支出表,这三张报表是年度报表,仅在年底时编制。

	会政决 01 表	预算收入支出表	年度
预算会计报表	会政决 01 表附表	预算结转结余变动表	年度
	会政决 02 表	财政拨款预算收入支出表	年度

8.1 | 预算收入支出表

预算收入支出表,反映单位在某一会计年度内各项预算收入、预算支出和预算收支差额的情况。此表是全口径预算收支表，与财政拨款预算收入支出表区别在于后者仅指财政性拨款，本表财政拨款预算收入与财政拨款预算收入支出表中的本年财政拨款收入行数据要保持一致。

8.1.1 预算收入支出表项目填列方法

"本年数"栏反映各项目的本年实际发生数。"上年数"栏反映各项目上年度的实际发生数，根据上年度预算收入支出表中"本年数"栏内所列数字填列。如果本年度预算收入支出表规定的项目的名称和内容同上年度不一致，对上年度预算收入支出表项目的名称和数字按照本年度的规定进行调整，将调整后的金额填入本年度预算收入支出表的"上年数"栏。

预算收入支出表编制方法见表 8-1。

表 8-1　预算收入支出表
会政决 01 表

编制单位：_____　　　　　　_____年　　　　　　单位：元

项目	本年数（填制方法）	上年数（略）
一、本期预算收入	合计数①	—
（一）财政拨款预算收入	总账本期发生额	—
其中：政府性基金	明细账本期发生额	—
（二）事业预算收入	总账本期发生额	—
（三）上级补助预算收入	总账本期发生额	—
（四）附属单位上缴预算收入	总账本期发生额	—
（五）经营预算收入	总账本期发生额	—
（六）债务预算收入	总账本期发生额	—
（七）非同级财政拨款预算收入	总账本期发生额	—
（八）投资预算收益	总账本期发生额	—
（九）其他预算收入	总账本期发生额	—
其中：利息预算收入明细	明细账本期发生额	—
捐赠预算收入	明细账本期发生额	—

项目	本年数（填制方法）	上年数（略）
租金预算收入	明细账本期发生额	—
二、本期预算支出	合计数②	—
（一）行政支出	总账本期发生额	—
（二）事业支出	总账本期发生额	—
（三）经营支出	总账本期发生额	—
（四）上缴上级支出	总账本期发生额	—
（五）对附属单位补助支出	总账本期发生额	—
（六）投资支出	总账本期发生额	—
（七）其他支出	总账本期发生额	—
其中：利息支出	明细账本期发生额	—
捐赠支出	明细账本期发生额	—
三、本年预算收支差额	合计数①－合计数② （如为负数，以"－"号填列）	—

8.1.2 预算收入支出表编制案例

【例 8-1】某事业单位 2023 年预算收入、支出类科目发生额见表 8-2。该事业单位无所得税缴纳义务。

表 8-2 收入、支出类科目预算发生额表

2023 年 单位：元

支出类	本年数	收入类	本年数
事业支出	2 650 000	财政拨款预算收入	6 000 000
经营支出	1 270 000	事业预算收入	3 400 000
上缴上级支出	870 000	上级补助预算收入	540 000
对附属单位补助支出	770 000	附属单位上缴预算收入	280 000
投资支出	260 000	经营预算收入	2 350 000
债务还本支出	60 000	债务预算收入	120 000
其他支出	23 900	非同级财政拨款预算收入	54 000
其中：利息支出	10 000	投资预算收益	76 000

続上表

支出类	本年数	收入类	本年数
捐赠支出	13 900	其他预算收入	68 900
		其中：利息预算收入	32 000
		租金预算收入	12 900
		捐赠预算收入	24 000
支出合计	5 903 900	收入合计	12 888 900

根据上述资料，计算下列项目。

（1）本年预算收入。

本年预算支出＝6 000 000＋3 400 000＋540 000＋280 000＋2 350 000＋120 000＋54 000＋76 000＋68 900＝12 888 900（元）

（2）本年预算支出。

本年预算支出＝2 650 000＋1 270 000＋870 000＋770 000＋260 000＋60 000＋23 900＝5 903 900（元）

（3）本年预算收支差额。

本年预算收支差额＝12 888 900－5 903 900＝6 985 000（元）

根据上述资料编制预算收入支出表，见表8-3。

表 8-3　预算收入支出表

会政决 01 表

编制单位：某事业单位　　　　　　　2023 年　　　　　　　单位：元

项目	本年数	上年数（略）
一、本期预算收入	12 888 900	—
（一）财政拨款预算收入	6 000 000	—
（二）事业预算收入	3 400 000	—
（三）上级补助预算收入	540 000	—
（四）附属单位上缴预算收入	280 000	—
（五）经营预算收入	2 350 000	—
（六）债务预算收入	120 000	—
（七）非同级财政拨款预算收入	54 000	—
（八）投资预算收益	76 000	—

项目	本年数	上年数（略）
（九）其他预算收入	68 900	—
其中：利息预算收入	32 000	—
捐赠预算收入	24 000	—
租金预算收入	12 900	—
二、本期预算支出	5 903 900	—
（一）行政支出	—	—
（二）事业支出	2 650 000	—
（三）经营支出	1 270 000	—
（四）上缴上级支出	870 000	—
（五）对附属单位补助支出	770 000	—
（六）投资支出	260 000	—
（七）债务还本支出	60 000	—
（八）其他支出	23 900	—
其中：利息支出	10 000	—
捐赠支出	13 900	—
三、本年预算收支差额	6 985 000	—

8.2 预算结转结余变动表

预算结转结余变动表，反映单位在会计年度内预算结转结余的变动情况，区分财政拨款资金和其他资金的结转结余情况，注意两年以上的结转资金视同结余资金，财政会视情况收回统筹使用。

8.2.1 预算结转结余变动表项目填列方法

预算结转结余变动表"本年数"反映各项目的本年实际发生数。"上年数"反映各项目的上年实际发生数，根据上年度预算结转结余变动表中本年数所列数字填列。

如本年度预算结转结余变动表规定的项目的名称和内容同上年度不一致，应当对上年度预算结转结余变动表项目的名称和数字按照本年度的规定进行调整，将调整后金额填入本年度预算结转结余变动表的"上年数"栏。表内钩稽关系如下：

年末预算结转结余＝年初预算结转结余＋年初余额调整＋本年变动金额

预算结转结余变动表填列方法：

（1）年初预算结转结余：根据本项目下"财政拨款结转结余""其他资金结转结余"项目金额的合计数填列。

①财政拨款结转结余：根据"财政拨款结转""财政拨款结余"科目本年年初余额合计数填列。

②其他资金结转结余：根据"非财政拨款结转""非财政拨款结余""专用结余""经营结余"科目本年年初余额的合计数填列。

（2）年初余额调整：根据本项目下"财政拨款结转结余""其他资金结转结余"项目金额的合计数填列。

①财政拨款结转结余：根据"财政拨款结转""财政拨款结余"科目下"年初余额调整"明细科目的本年发生额的合计数填列；如调整减少年初财政拨款结转结余，以"－"号填列。

②其他资金结转结余：根据"非财政拨款结转""非财政拨款结余"科目下"年初余额调整"明细科目的本年发生额的合计数填列；如调整减少年初其他资金结转结余，以"－"号填列。

（3）本年变动金额：根据本项目下"财政拨款结转结余""其他资金结转结余"项目金额的合计数填列。

①财政拨款结转结余：根据本项目下"本年收支差额""归集调入""归集上缴或调出"项目金额的合计数填列。

本年收支差额：根据"财政拨款结转"科目下"本年收支结转"明细科目本年转入的预算收入与预算支出的差额填列；差额为负数的，以"－"号填列。

归集调入：本项目应当根据"财政拨款结转"科目下"归集调入"明细

科目的本年发生额填列。

归集上缴或调出：根据"财政拨款结转""财政拨款结余"科目下"归集上缴"明细科目，以及"财政拨款结转"科目下"归集调出"明细科目本年发生额的合计数填列，以"－"号填列。

②其他资金结转结余：根据本项目下"本年收支差额""缴回资金""使用专用结余""支付所得税"项目金额的合计数填列。

本年收支差额：本项目应当根据"非财政拨款结转"科目下"本年收支结转"明细科目、"其他结余"科目、"经营结余"科目本年转入的预算收入与预算支出的差额的合计数填列；如为负数，以"－"号填列。

缴回资金：根据"非财政拨款结转"科目下"缴回资金"明细科目本年发生额的合计数填列，以"－"号填列。

使用专用结余：根据"专用结余"科目明细账中本年使用专用结余业务的发生额填列，以"－"号填列。

支付所得税：根据"非财政拨款结余"明细账中本年实际缴纳企业所得税业务的发生额填列，以"－"号填列。

（4）年末预算结转结余：根据本项目下"财政拨款结转结余""其他资金结转结余"项目金额的合计数填列。

①财政拨款结转结余：根据本项目下"财政拨款结转""财政拨款结余"项目金额的合计数填列。

本项目下"财政拨款结转""财政拨款结余"项目，根据"财政拨款结转""财政拨款结余"科目的本年年末余额填列。

②其他资金结转结余：根据本项目下"非财政拨款结转""非财政拨款结余""专用结余""经营结余"项目金额的合计数填列。

本项目下"非财政拨款结转""非财政拨款结余""专用结余""经营结余"项目，根据"非财政拨款结转""非财政拨款结余""专用结余""经营结余"科目的本年年末余额填列。

8.2.2　预算结转结余变动表编制案例

【例8-2】某单位2023年12月31日结账后各资产、负债和净资产类会计科目余额见表8-4。

表 8-4　会计科目余额表

2023 年 12 月 31 日　　　　　　　　　　　　　　　　　　　　　　单位：元

会计科目	年初数	年末数	本年变动数（依据本年明细科目发生数）
财政拨款结转	550 000	1 270 000	720 000
——年初余额调整	0	0	0
——归集调入	0	0	777 000
——归集调出	0	0	25 000
——归集上缴	0	0	32 000
——单位内部调剂	0	0	0
——本年收支结转	0	0	0
——累计结转	550 000	1 270 000	720 000
财政拨款结余	930 000	1 180 000	250 000
——年初余额调整	0	0	250 000
——归集上缴	0	0	0
——单位内部调剂	0	0	0
——结转转入	0	0	0
——累计结转	930 000	1 180 000	250 000
非财政拨款结转	140 000	200 000	60 000
——年初余额调整	0	0	11 000
——缴回资金	0	0	11 000
——项目间接费用或管理费	0	0	0
——本年收支结转	0	0	60 000
——累计结转	140 000	200 000	60 000
非财政拨款结余	220 000	310 000	90 000
——年初余额调整	0	0	90 000
——项目间接费用或管理费	0	0	0
——结转转入	0	0	0
——累计结转	220 000	310 000	90 000
专用结余	189 000	286 000	97 000
经营结余	539 000	471 000	68 000

上述科目余额表中专用结余、经营结余、其他结余科目的本年变动额均未涉及转入预算收入与预算支出的差额，各项目均可根据各账户的期末余额、发生额分析填列。编制完成的年度预算结转结余变动表见表8-5。

表 8-5　预算结转结余变动表

会政决 01 表附表

编制单位：　××事业单位　　　　　　　　　　2023　年　　　　　　　　　　单位：元

项　　目	本年数	上年数（略）
一、年初预算结转结余	2 693 000	—
（一）财政拨款结转结余	1 480 000（550 000＋930 000）	—
（二）其他资金结转结余	1 088 000（140 000＋220 000＋189 000＋539 000）	—
二、年初余额调整（减少以"—"号填列）	351 000	—
（一）财政拨款结转结余	250 000（0＋250 000）	—
（二）其他资金结转结余	101 000（11 000＋90 000）	—
三、本年变动金额（减少以"—"号填列）	771 000	—
（一）财政拨款结转结余	720 000	—
1. 本年收支差额	0	—
2. 归集调入	777 000	—
3. 归集上缴或调出	−57 000［−25 000＋（−32 000）］	—
（二）其他资金结转结余	49 000（60 000−11 000）	—
1. 本年收支差额	60 000	—
2. 缴回资金	−11 000	—
3. 使用专用结余	0	—
4. 支付所得税	0	—
四、年末预算结转结余	3 285 000	—
（一）财政拨款结转结余	2 450 000	—
1. 财政拨款结转	1 270 000	—
2. 财政拨款结余	1 180 000	—
（二）其他资金结转结余	835 000	—
1. 非财政拨款结转	200 000	—
2. 非财政拨款结余	310 000	—
3. 专用结余	286 000	—
4. 经营结余（如有余额，以"—"号填列）	−471 000	—

8.3 财政拨款预算收入支出表

财政拨款预算收入支出表，反映单位本年财政拨款预算资金收入、支出及相关变动的具体情况。

8.3.1 财政拨款预算收入支出表项目填列方法

财政拨款预算收入支出表仅指财政拨款预算的收支情况，并要求对项目支出按各项目明细进行列示，应与"财政拨款结转""财政拨款结余"等科目账面余额保持一致。

"基本支出"中人员经费指政府收支分类经济科目中的"工资福利支出"和"对个人和家庭的补助"；"日常公用经费"指政府收支分类经济科目中除"工资福利支出"和"对个人和家庭的补助"外的其他支出。单位应按取得的财政拨款种类分项设置。其中"项目支出"项目下，根据每个项目设置；单位取得除一般公共财政预算拨款和政府性基金预算拨款以外的其他财政拨款的，应当按照财政拨款种类增加相应的资金项目及其明细项目。

填列方法如下：

（1）年初财政拨款结转结余：各项目按"财政拨款结转""财政拨款结余"及其明细科目的年初余额填列。本栏中各项目的数额应当与上年度财政拨款预算收入支出表中"年末财政拨款结转结余"栏中各项目的数额相等。

（2）调整年初财政拨款结转结余：各项目按"财政拨款结转""财政拨款结余"科目下"年初余额调整"明细科目及其所属明细科目的本年发生额填列；如调整减少年初财政拨款结转结余，以"—"号填列。

（3）本年归集调入：各项目按"财政拨款结转"科目下"归集调入"明细科目及其所属明细科目的本年发生额填列。

（4）本年归集上缴或调出：各项目按"财政拨款结转""财政拨款结余"科目下"归集上缴"科目和"财政拨款结转"科目下"归集调出"明细科目，及其所属明细科目的本年发生额填列，以"—"号填列。

（5）单位内部调剂：各项目按"财政拨款结转"和"财政拨款结余"科目下的"单位内部调剂"明细科目及其所属明细科目的本年发生额填列；对

单位内部调剂减少的财政拨款结余金额，以"一"号填列。

(6) 本年财政拨款收入：各项目按"财政拨款预算收入"科目及其所属明细科目的本年发生额填列。

(7) 本年财政拨款支出：各项目按"行政支出""事业支出"等科目及其所属明细科目本年发生额中的财政拨款支出数的合计数填列。

(8) 年末财政拨款结转结余：各项目按"财政拨款结转""财政拨款结余"科目及其所属明细科目的年末余额填列。

8.3.2 财政拨款预算收入支出表编制案例

【例 8-3】某单位 2023 年 12 月 31 日结账财政拨款结转结余会计科目见表 8-6。

表 8-6 会计科目余额表

2023 年 12 月 31 日 单位：元

会计科目	年初数	年末数	本年变动数（依据本年明细科目发生数）
财政拨款结转	550 000	1 270 000	720 000
——年初余额调整	0	0	0
——归集调入	0	0	777 000
——归集调出	0	0	25 000
——归集上缴	0	0	32 000
——单位内部调剂	0	0	0
——本年收支结转	0	0	0
——累计结转	550 000	1 270 000	720 000
财政拨款结余	930 000	1 180 000	250 000
——年初余额调整	0	0	250 000
——归集上缴	0	0	0
——单位内部调剂	0	0	0
——结转转入	0	0	0
——累计结转	930 000	1 180 000	250 000

根据上述资料，编制财政拨款预算收入支出表，见表 8-7。

表 8-7　财政拨款预算收入支出表

会政决 02 表

编制单位：　　　　　　　　　　2023 年 12 月 31 日　　　　　　　　　　单位：元

项目	年初财政拨款结转结余		调整年初财政拨款结转结余	本年归集调入	本年归集上缴或调出	单位内部调剂		本年财政拨款收入	本年财政拨款支出	年末财政拨款结转结余	
	结转	结余				结转	结余			结转	结余
一、一般公共预算财政拨款	550 000	930 000	250 000	777 000	57 000	0	0	550 000	550 000	1 270 000	1 180 000
（一）基本支出	200 000	320 000	250 000	200 000	17 000	0	0	300 000	300 000	370 000	300 000
1. 人员经费	150 000	150 000	0	70 000	7 000	0	0	100 000	100 000	150 000	100 000
2. 公用经费支出	50 000	170 000	250 000	130 000	10 000	0	0	200 000	200 000	220 000	200 000
（二）项目支出	350 000	610 000	0	577 000	40 000	0	0	250 000	250 000	900 000	880 000
1. ××项目	110 000	110 000	0	300 000	25 000	0	0	50 000	50 000	500 000	300 000
2. ××项目	240 000	500 000	0	270 000	15 000	0	0	200 000	200 000	400 000	580 000
二、政府性基金预算财政拨款	—	—	—	—	—	—	—	—	—	—	—
（一）基本支出	—	—	—	—	—	—	—	—	—	—	—
1. 人员经费	—	—	—	—	—	—	—	—	—	—	—
2. 公用经费支出	—	—	—	—	—	—	—	—	—	—	—
（二）项目支出	—	—	—	—	—	—	—	—	—	—	—
××项目	—	—	—	—	—	—	—	—	—	—	—
总计	550 000	930 000	250 000	777 000	57 000	0	0	550 000	550 000	1 270 000	1 180 000

第 9 章
行政事业单位财务报告编制

政府财务报告以权责发生制为基础编制，包括政府部门财务报告和政府综合财务报告。

9.1 │ 政府部门财务报告

政府部门财务报告包括会计报表、报表附注。

政府财务报告按公历年度编制，即每年1月1日至12月31日。

政府财务报告应当以人民币作为报告币种。采用外币计量的项目，应当将有关外币金额折算为人民币金额计量。政府财务报告格式应当符合财政部统一规定。

政府部门财务报告由本部门所属单位逐级编制。政府各单位应当以经核对无误的会计账簿数据为基础编制本单位财务报表。

政府各部门应当对所属各单位财务报表进行合并编制本部门财务报表。

政府部门财务报表种类见表 9-1。

表 9-1　财务会计报表的内容

类别	编　号	报表名称	编制期
财务会计报表	会政财 01 表	资产负债表	月度、年度
	会政财 02 表	收入费用表	月度、年度
	会政财 03 表	净资产变动表	年度
	会政财 04 表	现金流量表	年度
	附注		年度

9.2 ┃ 资产负债表

资产负债表重点反映政府部门年末财务状况。资产负债表应当按照资产、负债和净资产分类分项列示。其中,资产应当按照流动性分类分项列示,包括流动资产、非流动资产等;负债应当按照流动性分类分项列示,包括流动负债、非流动负债等。

9.2.1　资产负债表项目填列方法

资产负债表反映单位在某一特定日期全部资产、负债和净资产的情况。

资产负债表"年初余额"栏内各项数字,应当根据上年年末资产负债表"期末余额"栏内数字填列。如果本年度资产负债表规定的各个项目的名称和内容同上年度不相一致,应对上年年末资产负债表各项目的名称和数字按照本年度的规定进行调整,填入本表"年初余额"栏内。

资产负债表各项目的内容和填列方法如下:

(1)资产类"期末余额"栏项目填列方法,见表 9-2。

表 9-2　资产类"期末余额"栏项目填列方法

栏　目	填　列　方　法
"货币资金"项目	应当根据"库存现金""银行存款""其他货币资金"科目的期末余额合计填列;若单位受托代理资产通过"库存现金""银行存款"科目核算,还应当扣减"库存现金""银行存款"科目中"受托代理资产"明细科目的期末余额

栏　　目	填　列　方　法
"财政应返还额度"项目	应当根据"财政应返还额度"科目的期末余额填列
"短期投资"项目	应当根据"短期投资"科目的期末余额填列
"应收票据"项目	应当根据"应收票据"科目的期末余额填列
"应收账款净额"项目	应当根据"应收账款"科目期末余额减去"坏账准备"科目中对应收账款计提的坏账准备的期末余额中金额填列
"预付账款"项目	应当根据"预付账款"科目期末余额合计填列
"应收股利"项目	应当根据"应收股利"科目的期末余额填列
"应收利息"项目	应当根据"应收利息"科目的期末余额填列
"其他应收款净额"项目	应当根据"其他应收款"科目的期末余额减去"坏账准备"科目中对其他应收款计提的坏账准备的期末余额后的金额填列
"存货"项目	应当根据"在途物品""库存物品""加工物品"科目的期末余额合计数填列
"待摊费用"项目	应当根据"待摊费用"科目的期末余额填列
"一年内到期的非流动资产"项目	应当根据"长期债券投资"等科目的明细科目的期末余额分析填列
"其他流动资产"项目	应当根据有关科目的期末余额填列
"长期股权投资"项目	应当根据"长期股权投资"科目期末余额填列
"长期债券投资"项目	应当根据"长期债券投资"科目的期末余额减去其中将于1年内(含1年)到期的长期债券投资余额后的金额填列
"固定资产净值"项目	应当根据"固定资产"科目期末余额减去"固定资产累计折旧"科目期末余额后的金额填列
"固定资产原值"项目	应当根据"固定资产"科目的期末余额填列
"固定资产累计折旧"项目	本项目应当根据"固定资产累计折旧"科目的期末余额填列
"在建工程"项目	应当根据"在建工程"科目的期末余额填列
"工程物资"项目	应当根据"工程物资"科目的期末余额填列

栏　　目	填　列　方　法
"无形资产净值"项目	应当根据"无形资产"科目期末余额减去"无形资产累计摊销"科目期末余额后的金额填列
"无形资产原价"项目	应当根据"无形资产"科目的期末余额填列
"无形资产累计摊销"项目	应当根据"累计摊销"科目的期末余额填列
"研发支出"项目	应当根据"研发支出"科目期末余额填列
"公共基础设施净值"项目	应当根据"公共基础设施"科目期末余额减去"公共基础设施累计折旧"科目期末余额后的金额填列
"公共基础设施原价"项目	应当根据"公共基础设施"科目的期末余额填列
"公共基础设施累计折旧（摊销）"项目	应当根据"公共基础设施累计折旧（摊销）"科目的期末余额填列
"政府储备物资"项目	应当根据"政府储备物资"科目的期末余额填列
"文物文化资产"项目	应当根据"文物文化资产"科目的期末余额填列
"长期待摊费用"项目	应当根据"长期待摊费用"科目的期末余额减去1年内（含1年）摊销的数额后的金额填列
"待处理财产损溢"项目	应当根据"待处理财产损溢"科目的期末借方余额填列；如"待处理财产损溢"科目期末为贷方余额，则以"－"填列
"其他非流动资产"项目	应当根据有关科目的期末余额填列
"受托代理资产"项目	应当根据"受托代理资产"科目的期末余额，加上"库存现金""银行存款"科目中属于受托代理资产的库存现金余额和银行存款余额的合计数填列

（2）负债类"期末余额"栏项目填列方法，见表9-3。

表9-3　负债类"期末余额"栏项目填列方法

栏　　目	填　列　方　法
"短期借款"项目	应当根据"短期借款"科目的期末余额填列

栏　　目	填　列　方　法
"应交增值税"项目	应当根据"应交增值税"科目的期末贷方余额合计数填列
"应缴财政款"项目	应当根据"应缴财政款"科目的期末余额填列
"应付职工薪酬"项目	应当根据"应付职工薪酬"科目的期末余额填列
"应付票据"项目	应当根据"应付票据"科目的期末余额填列
"应付账款"项目	应当根据"应付账款"科目期末余额填列
"应付财政补贴款"项目	应当根据"应付财政补贴款"科目的期末余额填列
"应付利息"项目	应当根据"应付利息"科目的期末余额填列
"预收账款"项目	应当根据"预收账款"期末余额填列
"其他应付款"项目	应当根据"其他应付款"科目的期末余额填列
"预提费用"项目	应当根据"预提费用"科目的期末余额填列
"一年内到期的非流动负债"项目	应当根据"长期应付款""长期借款"等科目的明细科目的期末余额分析填列
"其他流动负债"项目	应当根据有关科目的期末余额合计数填列
"长期借款"项目	应当根据"长期借款"科目的期末余额减去其中将于1年内（含1年）到期的长期借款余额后的金额填列
"长期应付款"项目	应当根据"长期应付款"科目的期末余额减去其中将于1年内（含1年）到期的长期应付款余额后的金额填列
"预计负债"项目	应当根据"预计负债"科目的期末余额填列
"其他非流动负债"项目	应当根据有关科目的期末余额合计数填列
"受托代理负债"项目	应当根据"受托代理负债"科目的期末余额填列

（3）净资产类项目填列方法，见表9-4。

表9-4　"净资产"项目净资产类项目填列方法

栏　　目	填　列　方　法
"累计盈余"	应当根据"累计盈余"科目的期末余额填列
"本期盈余"项目	应当根据明细科目的期末余额填列，如为借方余额，以"—"号填列

栏　目	填　列　方　法
"专用基金"项目	应当根据"专用基金"明细科目的期末余额填列
"无偿调入净资产"项目	应当根据"无偿调入净资产"期末余额填列，如为借方余额时，以"—"号填列
"权益法调整"项目	应当根据"权益法调整"科目的期末余额填列。如"权益法调整"科目期末为借方余额，则以"—"填列
"本期盈余"项目	本项目仅在月度报表中列示，年度报表不列示，根据本项目期末余额填列，若为借方余额时，以"—"号填列

9.2.2　资产负债表编制案例

【例9-1】某事业单位2024年1月31日结账后各资产、负债和净资产类会计科目余额，见表9-5。据此编制该事业单位资产负债表。

表9-5　科目余额表

2024年1月31日　　　　　　　　　　　　　　　　单位：元

资　产	借方余额	负债和净资产	贷方余额
库存现金	2 800	短期借款	200 000
银行存款	349 200	应交增值税	25 600
财政应返还额度	12 600	其他应交税费	3 520
短期投资	21 900	应缴财政款	12 700
应收账款	45 000	应付职工薪酬	0
预付账款	5 600	应付账款	78 900
其他应收款	23 100	其他应付款	12 650
存货	593 870	长期借款	1 000 000
长期股权投资	154 000	长期应付款	420 000
固定资产	1 659 000	累计盈余	986 000
固定资产累计折旧	−92 700	专用基金	60 000
无形资产	42 800	权益法调整	32 000

资　　产	借方余额	负债和净资产	贷方余额
无形资产累计摊销	−9 400		
待处置财产损溢	23 600		
合计	2 831 370	合计	2 831 370

（1）货币资金项目＝2 800＋349 200＝352 000（元）。

（2）固定资产、无形资产项目：

固定资产、无形资产按扣除累计折旧、累计摊销的数额填列。

固定资产＝1 659 000−92 700＝1 566 300（元）

无形资产＝42 800−9 400＝33 400（元）

（3）长期借款项目：

长期借款中，将于1年内（含1年）偿还的借款为124 500元，应列入其他流动负债项目。

长期借款＝1 000 000−124 500＝875 500（元）

其他流动负债＝124 500（元）

（4）其他项目：

其他项目均可根据各账户期末余额直接填列。资产总计、负债总计、净资产合计等项目的数额按其内容汇总后填列。

根据上述资料，编制资产负债表，见表9-6。

表9-6　资产负债表　　　　会政财01表

编制单位：　　　　2024年1月31日　　　　单位：元

资　　产	期末余额	年初余额	负债和净资产	期末余额	年初余额
流动资产：			流动负债：		
货币资金	352 000	224 000	短期借款	200 000	300 000
财政应返还额度	12 600	24 500	应缴增值税	25 600	12 800
短期投资	21 900	0	其他应交税费	3 520	4 500
应收票据	0	0	应缴财政款	12 700	22 780
应收账款	45 000	54 000	应付职工薪酬	0	—

资　产	期末余额	年初余额	负债和净资产	期末余额	年初余额
减：坏账准备	0	0	应付票据	—	—
预付账款	5 600	3 890	应付账款	78 900	56 900
应收股利	—	—	应付财政补贴款	—	—
应收利息	—	—	应付利息	—	—
其他应收款	23 100	12 890	预收账款		22 300
存货	593 870	443 700	其他应付款	12 650	19 800
待摊费用	—	—	预提费用	—	—
一年内到期的非流动资产	—	—	一年内到期的非流动负债	—	—
其他流动资产	—	—	其他流动负债	124 500	
流动资产合计	1 054 070	762 980	流动负债合计	457 870	439 080
非流动资产：			非流动负债：		
长期股权投资	154 000	154 000	长期借款	875 500	1 000 000
长期债券投资	—	—	长期应付款	420 000	450 000
固定资产	1 566 300	1 849 100	预计负债		
固定资产原值	1 659 000	1 928 000	其他非流动负债	—	—
减：固定资产累计折旧	−92 700	−78 900	非流动负债合计	1 295 500	1 450 000
在建工程	—	—	受托代理负债		
工程物资	—	—	负债合计	1 753 370	1 889 080
无形资产	33 400	34 200	—		
无形资产原价	42 800	42 800	—		
减：累计摊销	−9 400	−8 600	—		
研发支出	—	—			
公共基础设施	—	—			
公共基础设施原价	—	—			
减：公共基础设施累计折旧	—	—	净资产：		
政府储备物资	—	—	累计盈余	986 000	779 200

资　产	期末余额	年初余额	负债和净资产	期末余额	年初余额
文物文化资产	—	—	专用基金	60 000	78 000
长期待摊费用	—	—	权益法调整	32 000	54 000
待处理财产损溢	23 600	—	无偿调拨净资产	—	—
其他非流动资产	—	—	本期盈余	—	—
非流动资产合计	1 777 300	2 037 300	净资产合计	1 078 000	911 200
受托代理资产	—	—			
资产总计	2 831 370	2 800 280	负债和净资产总计	2 831 370	2 800 280

9.3 | 收入费用表

收入费用表重点反映政府整体年度运行情况。收入费用表应当按照收入、费用和盈余分类分项列示。

9.3.1 收入费用表项目填列方法

收入费用表反映单位在某一会计期间内全部收入、费用及净资产变动情况。

收入费用表"本月数"栏反映各项目的本月实际发生数。在编制年度收入费用表时，应当将本栏改为"本年数"栏，反映本年度各项目的实际发生数。

收入费用表"本年累计数"栏反映各项目自年初起至报告期末止的累计实际发生数。

编制年度收入费用表时，应当将本栏改为"上年数"，反映上年度各项目的实际发生数；如果本年度收入费用表规定的各个项目的名称和内容同上年度不一致，应对上年度收入费用表各项目的名称和数字按照本年度的规定进行调整，填入本年度收入费用表的"上年数"栏内。

（1）本期收入各项目的内容和填列方法，见表9-7。

表 9-7　本期收入"本月数"栏各项目的内容和填列方法

栏　　目	填　列　方　法
"本期收入"项目	应当根据本表中"财政拨款收入""事业收入""上级补助收入""附属单位上缴收入""经营收入""非同级财政拨款收入""投资收益""捐赠收入""利息收入""租金收入""其他收入"项目金额的合计数填列
"财政拨款收入"项目	应当根据"财政拨款收入"科目的本期发生额填列 "政府性基金收入"项目，反映单位取得的财政拨款收入中来自政府性基金预算拨款的部分。本项目应当根据"财政拨款收入"相关明细科目的本期发生额填列
"事业收入"项目	应当根据"事业收入"科目的本期发生额填列
"上级补助收入"项目	应当根据"上级补助收入"科目的本期发生额填列
"附属单位上缴收入"项目	应当根据"附属单位上缴收入"科目的本期发生额填列
"经营收入"项目	应当根据"经营收入"科目的本期发生额填列
"非同级财政拨款收入"项目	应当根据"非同级财政拨款收入"科目的本期发生额填列
"投资收益"项目	应当根据"投资收益"科目的本期发生额填列；如为投资净损失，以"－"填列
"捐赠收入"项目	应当根据"捐赠收入"科目的本期发生额填列
"利息收入"项目	应当根据"利息收入"科目的本期发生额填列
"租金收入"项目	应当根据"租金收入"科目的本期发生额填列
"其他收入"项目	应当根据"其他收入"科目的本期发生额填列

（2）本期费用各项目的内容和填列方法，见表9-8。

表 9-8　本期费用"本月数"栏各项目的内容和填列方法

栏　　目	填　列　方　法
"本期费用"项目	应当根据本表中"业务活动费用""单位管理费用""经营费用""上缴上级费用""对附属单位补助费用""所得税费用""资产处置费用"和"其他费用"项目金额的合计数填列

栏　　目	填　列　方　法
"业务活动费用"项目	本项目应当根据"业务活动费用"科目本期发生额填列
"单位管理费用"项目	应当根据"单位管理费用"科目的本期发生额填列
"经营费用"项目	应当根据"经营费用"科目的本期发生额填列
"所得税费用"项目	应当根据"所得税费用"科目的本期发生额填列
"资产处置费用"项目	应当根据"资产损失"科目的本期发生额填列
"其他费用"项目	应当根据"其他费用"科目的本期发生额填列

（3）本期盈余各项目的内容和填列方法。

"本期盈余"项目，反映单位本期收入扣除本期费用后的净额，本项目应当根据本表中"本期收入"项目金额减去"本期费用"项目金额填列。如为负数，以"－"号填列。

9.3.2　收入费用表编制案例

【例 9-2】某事业单位 2024 年 1 月 31 日收入、费用类科目发生额见表 9-9。该企业无所得税纳税义务。其他资产如下。

表 9-9　收入、费用类科目发生额表

2024 年 1 月 31 日　　　　　　　　　　　　　　　单位：元

费用类	本年累计数	收入类	本年累计数
业务活动费用	980 000	财政拨款收入	589 000
单位管理费用	340 000	其中：公共预算性收入	358 000
经营费用	446 000	政府性基金收入	231 000
资产处置费用	32 780	事业收入	1 124 000
上缴上级费用	62 890	上级补助收入	945 000
对附属单位补助费用	94 300	附属单位上缴收入	532 000
所得税费用	0	经营收入	913 000
其他费用	12 640	非同级财政拨款收入	64 300

费用类	本年累计数	收入类	本年累计数
—	—	投资收益 ·	72 600
—	—	捐赠收入	31 700
—	—	利息收入	24 900
—	—	租金收入	32 800
—	—	其他收入	13 750
合　计	1 968 610	合　计	4 343 050

（1）本期收入。

本期收入＝589 000＋1 124 000＋945 000＋532 000＋913 000＋64 300＋

72 600＋31 700＋24 900＋32 800＋13 750

＝4 343 050（元）

（2）本期费用。

本期费用＝980 000＋340 000＋446 000＋32 780＋62 890＋94 300＋

12 640＝1 968 610（元）

（3）本期盈余。

本期盈余＝4 343 050－1 968 610＝2 374 440（元）

根据上述资料，编制收入费用表，见表9-10。

表 9-10　收入费用表

会政财02表

编制单位：某事业单位　　　　　2024 年 1 月 31 日　　　　　单位：元

项　目	本月数	本年累计数
一、本期收入	4 343 050	4 343 050
（一）财政拨款收入	589 000	589 000
其中：政府性基金	231 000	231 000
（二）事业收入	1 124 000	1 124 000
（三）上级补助收入	945 000	945 000
（四）附属单位上缴收入	532 000	532 000
（五）经营收入	913 000	913 000

项　　目	本月数	本年累计数
（六）其他类收入	240 050	240 050
1. 非同级财政拨款收入	64 300	64 300
2. 投资收益	72 600	72 600
3. 捐赠收入	31 700	31 700
4. 利息收入	24 900	24 900
5. 租金收入	32 800	32 800
6. 其他收入	13 750	13 750
二、本期费用	1 968 610	1 968 610
（一）业务活动费用	980 000	980 000
（二）单位管理费用	340 000	340 000
（三）经营费用	446 000	446 000
（四）所得税费用	0	0
（五）资产处置费用	32 780	32 780
（六）上缴上级费用	62 890	62 890
（七）对附属单位补助费用	94 300	94 300
（八）其他费用	12 640	12 640
三、本期盈余	2 374 440	2 374 440

9.4 现金流量表

现金流量表反映单位在某一会计年度内现金流入和流出的信息。

9.4.1 现金流量表项目填列方法

（1）本表所指的现金，是指单位的库存现金以及其他可以随时用于支付的款项，包括库存现金、可以随时用于支付的银行存款、其他货币资金、财政应返还额度，以及通过财政直接支付方式支付的款项。

（2）现金流量表应当按照日常活动、投资活动、筹资活动的现金流量分别反映。本表所指的现金流量，是指现金的流入和流出。

（3）单位应当采用直接法编制现金流量表。

现金流量表"本年金额"栏反映各项目的本年实际发生数。本表"上年金额"栏反映各项目的上年实际发生数，应当根据上年现金流量表中"本年金额"栏内所列数字填列。"本年金额"栏各项目的填列方法如下。

▶ 1. 日常活动产生的现金流量

日常活动产生的现金流量，见表9-11。

表9-11　日常活动产生的现金流量项目填列方法

栏　　目	填　列　方　法
"财政基本支出拨款收到的现金"项目	本项目应当根据"财政拨款收入""银行存款"等科目及其所属明细科目的记录分析填列
"财政非资本性项目拨款收到的现金"项目	本项目应当根据"银行存款""财政拨款收入"等科目及其所属明细科目的记录分析填列
"事业活动收到的除财政拨款以外的现金"项目	本项目应当根据"库存现金""银行存款""其他货币资金""应收账款""应收票据""预收账款""事业收入"等科目及其所属明细科目的记录分析填列
"收到的其他与日常活动有关的现金"项目	本项目应当根据"库存现金""银行存款""其他货币资金""上级补助收入""附属单位上缴收入""经营收入""非同级财政拨款收入""捐赠收入""利息收入""租金收入""其他收入"等科目及其所属明细科目的记录分析填列
"日常活动的现金流入小计"项目	本项目应当根据本表中"财政基本支出拨款收到的现金""财政非资本性项目拨款收到的现金""事业活动收到的除财政拨款以外的现金""收到的其他与日常活动有关的现金"项目金额的合计数填列
"购买商品接受劳务支付的现金"项目	本项目应当根据"库存现金""银行存款""财政拨款收入""预付账款""在途物品""库存物品""应付账款""应付票据""业务活动费用""单位管理费用""经营费用"等科目及其所属明细科目的记录分析填列
"支付给职工以及为职工支付的现金"项目	本项目应当根据"库存现金""银行存款""财政拨款收入""应付职工薪酬""业务活动费用""单位管理费用""经营费用"等科目及其所属明细科目的记录分析填列

栏　　目	填　列　方　法
"支付的各项税费"项目	本项目应当根据"库存现金""银行存款""应交增值税""其他应交税费""业务活动费用""单位管理费用""经营费用""所得税费用"等科目及其所属明细科目的记录分析填列
"支付的其他与日常活动有关的现金"项目	本项目应当根据"库存现金""银行存款""财政拨款收入""其他应付款""业务活动费用""单位管理费用""经营费用""其他费用"等科目及其所属明细科目的记录分析填列
"日常活动的现金流出小计"项目	本项目应当根据本表中"购买商品接受劳务支付的现金""支付给职工以及为职工支付的现金""支付的各项税费""支付的其他与日常活动有关的现金"项目金额的合计数填列
"日常活动产生的现金流量净额"项目	"日常活动的现金流入小计"项目金额减去"日常活动的现金流出小计"项目金额后的金额填列；如为负数，以"—"号填列

▶▶ 2. 投资活动产生的现金流量

投资活动产生的现金流量，见表 9-12。

表 9-12　投资活动产生的现金流量项目填列方法

栏　　目	填　列　方　法
"收回投资收到的现金"项目	本项目应该根据"库存现金""银行存款""短期投资""长期股权投资""长期债券投资"等科目的记录分析填列
"取得投资收益收到的现金"项目	本项目应当根据"库存现金""银行存款""应收股利""应收利息""投资收益"等科目的记录分析填列
"处置固定资产、无形资产、公共基础设施等收回的现金净额"项目	本项目应当根据"库存现金""银行存款""待处理财产损溢"等科目的记录分析填列
"收到的其他与投资活动有关的现金"项目	本项目应当根据"库存现金""银行存款"等有关科目的记录分析填列

栏　目	填　列　方　法
"投资活动的现金流入小计"项目	本项目应当根据本表中"收回投资收到的现金""取得投资收益收到的现金""处置固定资产无形资产、公共基础设施等收回的现金净额""收到的其他与投资活动有关的现金"项目金额的合计数填列
"购建固定资产、无形资产、公共基础设施等支付的现金"项目	本项目应当根据"库存现金""银行存款""固定资产""工程物资""在建工程""无形资产""研发支出""公共基础设施""保障性住房"等科目的记录分析填列
"对外投资支付的现金"项目	本项目应当根据"库存现金""银行存款""短期投资""长期股权投资""长期债券投资"等科目的记录分析填列
"上缴处置固定资产、无形资产、公共基础设施等净收入支付的现金"项目	本项目应当根据"库存现金""银行存款""应缴财政款"等科目的记录分析填列
"支付的其他与投资活动有关的现金"项目	本项目应当根据"库存现金""银行存款"等有关科目的记录分析填列
"投资活动的现金流出小计"项目	本项目应当根据本表中"购建固定资产、无形资产、公共基础设施等支付的现金""对外投资支付的现金""上缴处置固定资产、无形资产、公共基础设施等净收入支付的现金""支付的其他与投资活动有关的现金"项目金额的合计数填列
"投资活动产生的现金流量净额"项目	按照本表中"投资活动的现金流入小计"项目金额减去"投资活动的现金流出小计"项目金额后的金额填列；如为负数，以"—"号填列

▶▶ 3. 筹资活动产生的现金流量

筹资活动产生的现金流量填列说明，见表 9-13。

表 9-13　筹资活动产生的现金流量项目填列方法

栏　目	填　列　方　法
"财政资本性项目拨款收到的现金"项目	本项目应当根据"银行存款""财政拨款收入"等科目及其所属明细科目的记录分析填列
"取得借款收到的现金"项目	本项目应当根据"库存现金""银行存款""短期借款""长期借款"等科目记录分析填列

栏　　目	填　列　方　法
"收到的其他与筹资活动有关的现金"项目	本项目应当根据"库存现金""银行存款"等有关科目的记录分析填列
"筹资活动的现金流入小计"项目	本项目应当根据本表中"财政资本性项目拨款收到的现金""取得借款收到的现金""收到的其他与筹资活动有关的现金"项目金额的合计数填列
"偿还借款支付的现金"项目	本项目应当根据"库存现金""银行存款""短期借款""长期借款"等科目的记录分析填列
"偿付利息支付的现金"项目	本项目应当根据"库存现金""银行存款""应付利息""长期借款"等科目的记录分析填列
"支付的其他与筹资活动有关的现金"项目	本项目应当根据"库存现金""银行存款""长期应付款"等科目的记录分析填列
"筹资活动的现金流出小计"项目	本项目应当根据本表中"偿还借款支付的现金""偿付利息支付的现金""支付的其他与筹资活动有关的现金"项目金额的合计数填列
"筹资活动产生的现金流量净额"项目	应当按照本表中"筹资活动的现金流入小计"项目金额减去"筹资活动的现金流出小计"金额后的金额填列；如为负数，以"－"号填列

▶▶ 4. "汇率变动对现金的影响额"项目

"汇率变动对现金的影响额"项目，反映单位本年外币现金流量折算为人民币时，所采用的现金流量发生日的汇率折算的人民币金额与外币现金流量净额按期末汇率折算的人民币金额之间的差额。

▶▶ 5. "现金净增加额"项目

"现金净增加额"项目，反映单位本年现金变动的净额。本项目应当根据本表中"日常活动产生的现金流量净额""投资活动产生的现金流量净额""筹资活动产生的现金流量净额"和"汇率变动对现金的影响额"项目金额的合计数填列；如为负数，以"－"号填列。

9.4.2　现金流量表编制案例

【例 9-3】某事业单位 2024 年 1 月现金流量日常活动、投资活动、筹资活动事项资料，见表 9-14。

表 9-14 日常活动、投资、筹资类科目发生额表

2024 年 1 月   单位：元

日期	摘　　要	借	贷	现金流入	现金流出
1 月 3 日	提现	—	1 200	—	—
1 月 5 日	支付税金	—	2 790	—	支付的各项税费
1 月 5 日	支付工资	—	45 000	—	支付给职工以及为职工支付的现金
1 月 6 日	财政基本拨款	89 000	—	财政基本支出拨款收到的现金	—
1 月 8 日	购买商品	—	95 000	—	购买商品、接受劳务等支付的现金
1 月 10 日	取得投资收益	24 000	—	取得投资收益收到的现金	—
1 月 11 日	收到财政资本性拨款	78 900	—	财政资本性项目拨款收到的现金	—
1 月 12 日	收到甲公司账款	76 500	—	收到的其他与日常活动有关的现金	—
1 月 14 日	取得借款	100 000	—	取得借款收到的现金	—
1 月 17 日	收回投资	83 400	—	收回投资收到的现金	—
1 月 21 日	收到财政资本性项目拨款	23 000	—	财政资本性项目拨款收到的现金	—
1 月 25 日	偿还利息	—	2 000	—	偿还利息支付的现金
1 月 26 日	购买固定资产	—	205 000	—	购建固定资产、无形资产、公共基础设施等支付的现金
1 月 30 日	事业活动收到的现金	46 900	—	事业活动收到的除财政拨款以外的现金	—

根据上述资料，编制该单位的现金流量表，见表9-15。

表 9-15 现金流量表

编制单位：某事业单位　　　　　　　2024 年 1 月 31 日　　　　　　　单位：元

项　　　目	本年金额	上年金额（略）
一、日常活动产生的现金流量：		
财政基本支出拨款收到的现金	89 000	—
财政非资本性项目拨款收到的现金	0	—
事业活动收到的除财政拨款以外的现金	46 900	—
收到的其他与日常活动有关的现金	76 500	—
日常活动现金流入小计	212 400	—
购买商品、接受劳务支付的现金	95 000	—
支付给职工以及为职工支付的现金	45 000	—
支付的各项税费	2 790	—
支付的其他与日常活动有关的现金	0	—
日常现金支出小计	142 790	—
日常活动产生的现金流量净额	69 610	—
二、投资活动产生的现金流量：		
收回投资收到的现金	83 400	—
取得投资收益收到的现金	24 000	—
处置固定资产、无形资产、公共基础设施等收回的现金净额	0	—
收到的其他与投资活动有关的现金	—	—
投资活动现金流入小计	107 400	—
购建固定资产、无形资产、公共基础设施等支付的现金	205 000	—
对外投资支付的现金	0	—
上缴处置固定资产、无形资产、公共基础设施等净收入支付的现金	0	—
支付的其他与投资活动有关的现金	0	—

项　目	本年金额	上年金额（略）
投资活动的现金流出小计	205 000	—
投资活动的现金净额	−97 600	—
三、筹资活动产生的现金流量：		
财政资本性项目拨款收到的现金	23 000	—
取得借款收到的现金	100 000	—
收到其他与筹资活动有关的现金	0	—
筹资活动现金流入小计	123 000	—
偿还借款支付的现金	—	—
偿还利息支付的现金	2 000	—
支付的其他与筹资活动有关的现金	0	—
筹资活动的现金流出小计	2 000	—
筹资活动产生的现金流量净额	121 000	—
四、汇率变动对现金的影响额	0	—
五、现金净增加额	93 010	—

9.5 净资产变动表

净资产变动表，反映单位在报告期净资产项目的变动情况，包括累计盈余、专用基金和权益法调整三个内容，属于年报，可以说我们比较陌生，此表可以分析单位国有资产保值增值情况，区分经常性和非经常性的经营管理活动对净资产的影响程度。

9.5.1 净资产变动表项目填列方法

"本年数"栏反映本年度各项目的实际变动数。"上年数"栏反映上年度各项目的实际变动数，根据上年度净资产变动表中"本年数"栏内所列数字填列。

如果上年度净资产变动表规定的项目的名称和内容与本年度不一致，应对上年度净资产变动表项目的名称和数字按照本年度的规定进行调整，将调整后金额填入本年度净资产变动表"上年数"栏内。

（1）上年年末余额：根据"累计盈余""专用基金""权益法调整"科目上年年末余额填列。

（2）以前年度盈余调整：本行"累计盈余"项目根据本年度"以前年度盈余调整"科目转入"累计盈余"科目的金额填列；如调整减少累计盈余，以"－"号填列。

（3）本年年初余额：反映经过以前年度盈余调整后，单位净资产各项目的本年年初余额。本行"累计盈余""专用基金""权益法调整"项目根据其各自在"上年年末余额"和"以前年度盈余调整"行对应项目金额的合计数填列。

（4）本年变动金额：本行"累计盈余""专用基金""权益法调整"项目根据其各自在"本年盈余""无偿调拨净资产""归集调整预算结转结余""提取或设置专用基金""使用专用基金""权益法调整"行对应项目金额的合计数填列。

（5）本年盈余：本行"累计盈余"项目应当根据年末由"本期盈余"科目转入"本年盈余分配"科目的金额填列；如转入时借记"本年盈余分配"科目，则以"－"号填列。

（6）无偿调拨净资产：本行"累计盈余"项目应当根据年末由"无偿调拨净资产"科目转入"累计盈余"科目的金额填列；如转入时借记"累计盈余"科目，则以"－"号填列。

（7）归集调整预算结转结余：本行"累计盈余"项目应当根据"累计盈余"科目明细账记录分析填列；如归集调整减少预算结转结余，则以"－"号填列。

（8）提取或设置专用基金：本行"累计盈余"项目应当根据"从预算结余中提取"行"累计盈余"项目的金额填列。本行"专用基金"项目应当根据"从预算收入中提取""从预算结余中提取""设置的专用基金"行"专用基金"项目金额的合计数填列。

从预算收入中提取：本行"专用基金"项目应当通过对"专用基金"科目明细账记录的分析，根据本年按有关规定从预算收入中提取基金的金额填列。

从预算结余中提取：本行"累计盈余""专用基金"项目应当通过对"专用基金"科目明细账记录的分析，根据本年按有关规定从本年度非财政拨款结余或经营结余中提取专用基金的金额填列；本行"累计盈余"项目以"—"号填列。

设置的专用基金：本行"专用基金"项目应当通过对"专用基金"科目明细账记录的分析，根据本年按有关规定设置的其他专用基金的金额填列。

使用专用基金：本行"累计盈余""专用基金"项目应当通过对"专用基金"科目明细账记录的分析，根据本年按规定使用专用基金的金额填列；本行"专用基金"项目以"—"号填列。

（9）权益法调整：本行"权益法调整"项目应当根据"权益法调整"科目本年发生额填列；若本年净发生额为借方时，以"—"号填列。

（10）本年年末余额：本行"累计盈余""专用基金""权益法调整"项目根据其各自在"本年年初余额""本年变动金额"行对应项目金额的合计数填列。

（11）净资产合计：根据所在行"累计盈余""专用基金""权益法调整"项目金额的合计数填列。

9.5.2　净资产变动表项目编制案例

【例9-4】某单位2023年12月31日本年运营增加的累计盈余124 000元，政府下拨的专用基金180 000元，购买的长期股权投资除净损益和利润分配以外的所有者权益变动而调整长期股权投资账面余额为25 000元。其他资料见表9-16。根据以上资料编制本单位的净资产变动表。

表9-16　净资产变动表

会政财03表

编制单位：××单位　　　　　　　2023年12月31日　　　　　　　单位：元

项目	本年数				上年数（略）			
	累计盈余	专用基金	权益法调整	净资产合计	累计盈余	专用基金	权益法调整	净资产合计
一、上年年末余额	1 100 000	950 000	12 000	2 062 000	—	—	—	—

项目	本年数				上年数（略）			
	累计盈余	专用基金	权益法调整	净资产合计	累计盈余	专用基金	权益法调整	净资产合计
二、以前年度盈余调整（减少以"一"号填列）	0	—	—	0	—	—	—	—
三、本年年初余额	1 100 000	950 000	12 000	2 062 000	—	—	—	—
四、本年变动金额（减少以"一"号填列）	124 000	180 000	25 000	329 000	—	—	—	—
（一）本年盈余	120 000	—	—	120 000	—	—	—	—
（二）无偿调拨净资产	4 000	—	—	4 000	—	—	—	—
（三）归集调整或预算结转结余	0	—	—	0	—	—	—	—
（四）提取或设置专用基金	0	180 000	—	180 000	—	—	—	—
其中：从预算收入中提取	—	0	—	0	—	—	—	—
从预算结余中提取	0	0	—	0	—	—	—	—
设置的专用基金	0	180 000	—	180 000	—	—	—	—

项目	本年数				上年数			
	累计盈余	专用基金	权益法调整	净资产合计	累计盈余	专用基金	权益法调整	净资产合计
（五）使用专用基金	0	0	—	0	—	—	—	—
（六）权益法调整	—	—	25 000	25 000	—	—	—	—
五、本年年末余额	1 224 000	1 130 000	37 000	2 391 000	—	—	—	—

9.5.3 附 注

单位的会计报表附注应当至少披露下列内容：

（1）遵循《政府会计准则——基本准则》《政府会计制度》的声明；

（2）单位整体财务状况、业务活动情况、预算执行情况的说明；

（3）会计报表中列示的重要项目的进一步说明，包括其主要构成、增减变动情况等；

（4）有助于理解和分析单位情况的其他附表；

（5）重要资产处置、资产重大损失情况的说明；

（6）事业单位重大投资、借款活动的说明；

（7）以名义金额计量的资产名称、数量等情况，以及以名义金额计量理由的说明；

（8）或有负债情况的说明、1年以上到期负债预计偿还时间和数量的说明；

（9）以前年度结转结余调整情况的说明；

（10）事业单位将单位内部独立核算单位的会计信息纳入本单位财务报表情况的说明；

（11）政府会计具体准则中有关披露的其他要求；

（12）有助于理解和分析会计报表需要说明的其他事项。

参 考 文 献

[1] 中华人民共和国财政部．政府会计准则制度（2024年版）［M］．上海：立信会计出版社，2024．

[2] 郝玮，郝建国，桂向东．政府会计实务与案例［M］．北京：中国市场出版社，2022．

[3] 政府会计制度编审委员会．政府会计制度主要业务与事项账务处理实务详解（全新升级版）［M］．北京：人民邮电出版社，2021．

[4] 张庆龙．王彦．政府会计制度解读与操作实务指南［M］．北京：中国财政经济出版社，2018．

[5] 中华人民共和国财政部．政府会计制度：行政事业单位会计科目和报表［M］．北京：中国财政经济出版社，2017．